주님과 함께 걷는 하루는 기적을 낳습니다

하루 영성의 기적

임 교 희 지음

하나님의 사람을
만들어 가는 **엘맨**
ELMAN

주님과 함께 걷는 하루는 기적을 낳습니다

하루 영성의 기적

임 교 희 지음

인생의 산을 넘어, 하루의 기적으로

사랑하는 동생 사모의 걸어온 길을 돌아보면, 그것은 단순한 개인의 기록이 아니라 하나님의 은혜로 엮어낸 위대한 서사임을 느끼게 됩니다. 인생 제1막에서 상처와 갈등 속에서도 하나님이 주신 사모라는 비전을 붙들고 꿋꿋이 견뎌낸 것은, 마치 땅속의 씨앗이 보이지 않는 어둠을 뚫고 새 생명의 방향을 찾는 과정과 같았습니다. 그리고 제2막의 38년, 목회자의 곁에서 교회를 지키며 기도로 동역한 시간은 그 씨앗이 장대한 나무로 자라 수많은 영혼들에게 그늘과 열매를 내어 주는 은혜의 계절이었습니다.

특별히 청년 시절, 눈물로 기도하며 하나님의 뜻을 구하던 모습은 지금도 제 마음 깊이 남아 있습니다. 섬 목회를 이어가던 동안에도 육지로 나올 기회가 여러 차례 있었지만, 그때마다 하나님의 뜻을 묻고 기도하며 오직 주님의 인도하심을 따르려 했던 동생의 사역은 참으로 귀했습니다. 그리고 그 곁에서 지혜롭고 흔들림 없이 함께 걸으며 서로의 부족함을 채워주고 든든히 붙들어 준 남편 김옥태 원로 목사의 여정은, 한 부부가 서로를 의지하며 하나님 나라를 위해 살아 낸 아름다운 동역의 모범이 되었습니다.

이제 은퇴 이후 시작되는 제3막은, 겉으로 보기엔 단순하지만 실상은 가장 온전하고 치열한 사명의 길입니다. '열방을 품고 골방으로', '나보다 더 큰 일을 행할 자녀와 젊은이들을 위한 무릎의 삶으로' 부르심에 응답하는 이 길은 하루라는 짧은 시간을 영원의 깊이로 바꾸어내는 놀라운 여정입니다. 바로 그 길 위에서 탄생한 이 책 「하루 영성의 기적」은 당신의 삶이 증언하는 고백이자, 후대에게 남기는 유언 같은 선물이 될 것입니다.

나는 이 책을 통해 많은 이들이 깨닫게 되기를 바랍니다. 하루의 작은 기도가 얼마나 큰 기적을 낳는지, 단순한 무릎의 헌신이 어떻게 세대를 살리고 역사를 움직이는지, 그리고 마지막 인생의 장을 어떻게 가장 빛나는 장으로 만들 수 있는지를 말입니다. 동생 사모가 보여주듯, 기도는 더 이상 사역을 위한 수단이 아니라 존재 그 자체의 호흡이며, 하나님 앞에 나를 비워내는 삶의 방식입니다.

사랑하는 동생이여, 이제는 결과보다 과정이, 속도보다 깊이가 중요합니다. 하루의 순간을 무겁게 붙잡아 무릎의 기도로 녹여낼 때, 그 하루가 바로 한 평생이 될 것입니다. 당신의 삶이 해와 달처럼 언제나 어두움 속에서도 빛을 비추듯, 앞으로의 날들도 하나님의 은혜가 밤낮으로 함께하기를 간절히 기도합니다. 언젠가 마지막 장을 덮는 순간, 오늘의 하루들이 모여 한 편의 위대한 복음의 시가 되어 있음을 우리는 모두 확인하게 될 것입니다.

이 책은 바로 그 증언이자 초대입니다. 독자들이여, 이 책을 읽으며 하루를 새롭게 살아내는 기도의 기적에 동참하시기를 바랍니다.

임 석 순

한국중앙교회 담임목사
한국복음주의협의회 회장
백석대학교 대학원 부총장 겸 신학대학원장

“산을 품은 물, 물에 잠긴 산.”

이 한 문장 안에는 임교희 사모님이 걸어오신 그동안 삶의 여정과 영성의 깊이가 온전히 녹아 있습니다. 외딴 ‘섬’에서 40년 가까이 지내셨으니… 그간의 고난과 역경은 ‘죽음의 그늘이 짙게 드리운 음침한 골짜기’였겠고, 기도하시며 흘린 눈물은 ‘침상을 띄우며 요를 적셨을 것’입니다. 그럼에도 하나님 나라를 향한 열정과 주님의 몸 된 교회를 향한 헌신은 결국 임교희 사모님을 ‘믿음의 산꼭대기’에 오르게 하였습니다. 산을 오르며 흘린 땀방울이 결국 생명의 물줄기가 되었듯, 이 책 구석구석에는 임교희 사모님이 경험한 은혜의 물결이 잔잔히 흐릅니다. 그러므로 이 책은 단순한 회고가 아니라, ‘정상에서 내려오는 은혜’를 고백하는 믿음의 기록이자, 다음 세대에게 남기는 영적 유산입니다. 독자들이 이 책을 따라가다 보면 어느새 ‘정상에 이르는 지름길’을 걷게 될 것입니다.

앞으로 임교희 사모님은 인생의 3막을 ‘깊은 우물의 생수’로 살겠다고 다짐합니다. 또 다른 사역의 길을 걸어가려는 그 발걸음 위에, 하나님의 은혜가 풍성히 흐르기를 소망합니다. “기도는 내 인생의 완전 정복이었다”는 고백처럼, 앞으로의 여정도 하나님께 길을 묻고 응답을 따라 살아가셔서 선한 싸움을 싸우고 달려갈 길을 다 마친 자에게 주시는 ‘의의 면류관’의 주인공이 되시길 기원합니다.

은퇴라는 단어는 ‘마침표’가 아니라 ‘쉼표’입니다. 오랜 세월 교회와 하나님 나라를 위해 헌신하신 귀한 수고에 깊은 박수를 보내드리며, 이 책이 많은 이들에게 위로와 도전이 될 것을 확신합니다.

고신일 목사

기둥교회 담임, 중부연회 31대 감독

산을 품은 물, 물에 잠긴 산

몇 년 전, 미국에서 캐나다로 긴 여행을 하던 중 하나님께서 창조하신 자연을 보고 많이 감탄하고 행복해 했던 기억이 있다. 나는 7~8시간 이상을 차를 타고 지나가면서, 산과 물이 어우러진 자연 세계를 바라보며 감탄했다. 그중에 내가 꽂혔던 것은 '산을 품고 있는 호수(물)'이었다. 웅장한 산이 있는 곳에는 여전히 깊고 푸르고 조용한 호수의 물이 있었다. 육안으로 다 볼 수는 없지만 물에 잠긴 산은 푸르름으로 증명했고, 그 산속에 얼마나 많은 생명, 생물들이 증식하고 있을지가 느껴지니 너무도 은혜가 되었다. 그동안은 산과 그 옆을 지켜주는 호수를 각각의 다른 의미로 바라보았는데, 이후로 나는 산과 물을 동시에 보는 눈이 열렸다. 산의 생명력은 물이구나! 물이 위대함은 저 거대한 산을 품었기 때문이구나! 그 후, "산을 품은 물, 물에 잠긴 산"이라는 타이틀로 영성에 대입하여 나는 물이 되어 산과 같이 생명을 살리고 번성시킬 소수를 품어야겠다는 영적인 비전을 갖게 되었다.

실용주의 철학 창시자인 존 듀이는 90세에 생일 기념으로 논문을 발표하는 자리에서 기자의 질문을 받았다.

"교수님께서는 지금까지 많은 논문과 지식으로 사회에 공헌한 바가 매우 큰데 이제는 편히 쉬시는 것이 좋지 않을까요?"

그러자 존 듀이가 기자에게 조용히 대답했다.

"산 정상에 오르면 또 다른 정상이 보일 것입니다. 그리고 내려와서 그다음 산에 오르세요. 만일 더 이상 올라갈 산이 보이지 않을 때는, 내 인생은 이제

끝난 것으로 생각합니다. 하지만 감사하게도 내 눈앞에는 지금도 끝없는 산봉우리가 펼쳐져 있습니다.”

우리가 날마다 열심히 살아가는 이유는 각자가 이루어야 할 꿈(비전)이 있기 때문이다. 그래서 꿈과 비전을 위해 달려가야 한다. 인생 전반에 걸쳐 이루어야 할 커다란 꿈과 오늘 하루 성취해야 할 소소한 꿈을 만들어 가는 것이 인생이다. 꿈이 있고, 비전이 있는 사람은 명확한 목적이 있기에 험난한 장애물을 만난다 해도 포기하지 않게 된다. 그러나 꿈과 비전이 명확하지 않은 사람은 가장 순탄한 길에서조차 자기 인생을 끌고 나아가지 못한다. 나는 나의 인생 전체를 흰 도화지에 한 폭의 그림인 ‘큰 산’으로 그리고, 나의 지금까지의 삶을 한 폭에 담아 본다.

제1막의 인생

내 인생의 큰 산을 세 가지로 정의해 본다. 산으로 오를 준비를 하는 과정을 나는 인생의 1막으로 본다. 인생의 그 1막은 자신의 정체성을 수립하고 부모에게서 독립하여 나의 재능과 개성을 찾아가는 과정이다. 그래야 꿈과 비전이 현실이 되기 때문이다. 그런데 실제적으로 이것이 가능하던가? 그렇지 않다. 그리하여, 나는 내 인생의 1막은 ‘갈등의 시기’라고 붙여본다. 기독교 가정에서 자란 나는, 우리 부모님에게서 태어난 것을 의심하지 않는 것처럼, 한 하나님을 섬기고 예수님을 영접하고 성령님에 관하여 너무도 자연스럽게 믿는 믿음과 삼위일체 하나님에 대해 거리감 없이 받아들였다.

그렇다고 태어나면서부터 내적인 문제가 해결되는 것이 아니기에 나는 여전히 결핍과 공허 그리고 혼돈의 시기에서 오랫동안 머물게 되었다. 열정적으로 교회 일을 하면서도 채워지지 않는 공허함과 내적 갈등의 시기는 길었던 것 같다. 그러나 그런 갈등의 시기에 내가 놓지 않았던 막연한 꿈과 비전, 그것들이 나를 곁길로 가지 않게 하였고, 힘들고 지쳐 쓰러지고 순간순간 좌절은 했지만 한 번도 목표나 비전이 포기되지는 않았다. 환경에 흔들린 적이 있었다 해도, 내 인생의 참 행복이 무엇인지 잘 알고 있다는 것은 선물로 분별력을 주셨기 때문인 듯하다. 갈등 속에서 하나님을 찾고, 좌절 속에서 예수님을 찾고, 낙심 속에서 성령님의 찾아오심은 나를 늘 더 좋은 길로, 회복의 길로, 소망을 저버리지 않게 하셨다. 이것이 나의 큰 행복이었고 은혜였다.

나만의 인생의 그림을 그리며 기도로, 외로움도 공허도 무질서도 채우고, 해결하고 바로 잡아간 것이다. 외로움은 고독으로, 공허는 기도를 통해 하늘의 위로로, 무질서는 내 안에 상처를 직면해 가면서 상흔을 성흔으로 치유하시는 은혜로 힘겹게 나의 내면과의 싸움을 했다. 육이 영보다 강하다고 생각할 때는 여차 없이 금식으로 육을 지배하고 굶기는 기도를 했다. 물론, 지금은 금식에서 자유해졌다. 내적인 질서가 잡혔기 때문이다. 그래서 나에게 "기도는 내 인생의 완전 정복"이었다.

제2막으로의 인생

인생 제2막은 진짜 산에 오르는 시기였다. 1막에서 산을 오르기 위하여 워밍업을 했다면, 나는 결혼과 함께 나름 꿈을 안고 사모라는 사명의 짐을 지고 산에 오르게 되었다. "기도하는 사모, 설교하는 사모" 이것이 나의 꿈이자 비전이었다. "내 멍에는 쉽고 내 짐은 가벼움이라"(마 11:30). 물론 무슨 의미의 말씀인지를 충분히 안다. 무거운 짐은 이미 예수님께서 지시고 골고다 산으로 오르시면서 죄 짐을 벗겨 주셨기 때문이다. 내가 지고 가는 짐은 예수님의 부활의 십자가를 지고 가는 것이다. 예수님이 지신 나무 십자가는 인류의 죄의 무게였다면, 내가 지고 오르는 십자가는 승리의 십자가라는 것이다.

우리 부부는 섬 목회를 40년 가까이 하면서 교회를 두 번 옮기고, 세 번째 교회에서 은퇴를 맞이했다. 뒤를 돌아보면 한마디로 하나님과의 합작이었다. 내가 한 일은 다 성령님의 코치를 받아 순종하는 것이었다. 하나님을 위하여 맡겨진 성도들을 위하여 사역한다고 했지만, 지나고 보니 그것이 다 나의 꿈과 비전을 위한 성취였다. 나의 목회를 정의한다면, 나다운 나를 찾게 하셨고, 하나님 사랑은 곧 나, 자신을 사랑하는 것을 배우는 것이었다. 그렇다. 우리가 하나님을 위해 대단한 일을 한다고 생각하지만 하나님은 내가 아니어도 하나님의 일을 성취하시는분이시다. 그 사실을 이제 깨닫게 되었다. "하나님을 사랑하는 것은 나 자신을 건강하게 사랑하는 법이었다는 것을…" 나의 정체성을 확실하게 찾을 수 있었던 것은 하나님의 진심을 깨달았기 때문이다. 가장 큰 은혜는 첫째, 둘째로 순서가 매겨지는 것이 아니다. 구원도, 부르심도, 깨달음도 모두가 크기의 문제가 아니라. 그냥 은혜였고 사랑이었다.

사모로서의 나의 캐릭터는 '에제르 케네그도'였다. 나의 첫 번째 책, 『깨진 옥합』은 나를 깨는 훈련이었고, 두 번째 책인 『선비목사와 머슴사모』는 남편 목사님의 영적 머슴으로 섬기겠다는 의도를 담았다. 세 번째 책인 『흙과 씨앗의 만남』은 목회자와 성도의 관계의 중요성을 사역에 접목했던 책이었다.

이 모든 것들을 이루어가는 과정 속에서 기도와 성령의 도우심이 없이는 불가능하였기에 『기도는 내 인생의 완전 정복이다』라는 책으로 고백하게 되었다. 더 나아가 영성 훈련을 통해서 내면 정화를 통하여 초콜릿 같은 신앙이 된장 맛처럼 깊어지는 은혜를 입게 되어 『초콜릿 신앙에서 된장 맛 신앙으로』라는 책으로 기록을 남기게 되었다. 나의 내면이 에덴으로 정화되면서 이론이 아닌 실제적으로 예수님이 나의 첫사랑이고, 나는 예수님의 첫사랑이라고 하는 이 고백을 시집으로 고백하면서 『내 영혼의 애인』이라고 하는 영성 시집을 집필했다.

나는 예수님과의 첫사랑을 이루어가면서 나 자신과의 관계나 타인과의 관계 속에서 특히 사랑하는 영적인 자녀들과의 관계를 『행복한 동행』이라는 책으로 발간하여 함께 미래를 꿈꾸게 되었다. 한계적인 육체 속에 무한대의 마음을 성전화시키자라는 의미로 성막 교재를 성령의 감동으로 집필하면서 내면 성전화의 훈련을 지금도 계속하고 있다.

세포 하나하나가 형성되어 사람이 되듯이 목회라는 것을 세부적으로 디테일하게 들여다보면 스펙타클한 일들이 많았다. 문제가 생길 때마다 걱정, 근심거리를 기도 거리로 삼았고, 예수님의 자랑거리로 전환하여 간증 거리가 되게 하였다. 그때마다 역사하신 하나님과 더 친밀해지고, 깊어지고, 세상은 간데없고 예수만 보이는 삶이 되었다. 공동체의 문제는 나를 목자다운 길로의 인도하심이었다. 누구의 문제라기보다 성장과 성숙의 과정이었다. 나의 과거는 물이 바다 덮음같이 은혜로 덮어 주시는 사역이었다. 큰 비전 안에서 찾아가는 작은 꿈들이 나를 행복으로 안내한 것이다. 나는 나의 목회를 한 줄로 정의한다면, "하나님의 진심을 알게 하심이다."라고 말할 수 있다. 힘들고 지쳐 어려울 때는 '하나님이시라면, 예수님이시라면 어떻게 하실까요?' 성령님께 매달리고 묻고 도움을 구하는 과정 속에서 하나님의 진심을 좀 더 깨닫게 하셨다. 섬에서 40년 한 교회에서 32년 섬이라는 특수 지역에서 장기 목회는 쉽지 않았다. 여러 가지를 고려하여 나는 내 인생의 산 정상에서 은퇴하기를 기도하며 준비했다. 대단히 높은 고지의 산은 아니었어도 의미 있는 인생, 젊음의 시간을 40년 투자한 산이었다. 가장 안전하다고 느낄 때, 누리고 있다고 생각할 때, 힘이 가해진다고 생각될 때로 시간을 정했다. 올라가는 과정보다 더 위험한 곳은 정상이다. 이것을 알기에 정상에서의 시간을 줄이자는 것이었다. 정상은 짧게! 내려가는 인생의 기대(소망)을 가져본다. 은퇴 이후의 삶을 인생의 3막이라 여긴다.

제3막이 시작되다

우리 부부는 조기 은퇴를 꽤 오랫동안 준비했다. 가장 안정되고, 문제없이 행복하게 목회할 때를 산의 정상이라 여기고, 나이가 들면서 영혼에 대한 열정보다는 먹고 사는 것이 우선이 되어 미래에 대한 걱정이 들어올 때, 교회나 성도들에게 큰 문제가 없이 평안할 때, 그때가 우리 부부에게는 목회의 정상이고, 곧 내려가야 하는 은퇴의 시기라고 생각하기로 했다. 하지만 막상 결단하는 것은 말처럼 쉽지는 않았다. 교회를 핑계로, 조금만 더라는 생각이 들 때, 과감할 수 있었던 것은 전적으로 하나님의 은혜였다. 그동안 힘들고 어려웠던 시간도 있었겠지만, 우리에게 목회는 참으로 큰 행복이었고, 보람이었으며 삶의 의미였다. 안정된 교회 속에서 선교에 대한 비전, 적은 숫자이지만 일당백의 사명을 감당하는 소수의 훈련된 사람들, 서로를 향한 풍성한 섬김, 가족 같은 성도들과의 관계는 내 인생의 사랑의 빛으로 남겨 둘 것이다.

교회는 큰 가정이었고, 가정은 작은 교회였다. 하지만 이때가 우리 인생의 산의 정상(클라이막스)이라면 우리는 인생의 산, 전체를 보고 다음 스텝을 선택하고 결정해야 했다. "정상에서의 시간을 지체하지 말자. 정상은 머무는 곳이 아니라 잠깐 누리고, 힘들게 올라온 시간을 치유 받고 돌아갈 시간을 놓치지 않는 곳이다."라고 외치며 선포하였다. 40여 년 올라가는 과정이 때로는 힘들고, 때로는 눈물과 수고의 땀도 있었고, 올라가는 과정 가운데 고비가 있었겠지만 정상에서 돌아보니, 오르는 순간순간 속에서 아름답고 행복했던 일들이 훨씬 많았다. 풀 하나에도 의미를 찾고 외관으로 볼 수 없었던 것을 산속에서만 느낄 수 있어서 기쁨과 감사로 이 사명의 산을 올랐던 것이다.

정상은 머무는 곳이 아니다. 정상에서의 시간은 자칫하면 중독의 시간이 될 수 있다. 정신 차리고 짧지만 해지기 전에, 어두워지기 전에, 캄캄하여 길을 잃어버리기 전에 내려가야 한다. 정상에서 해가 지기까지 누리고 머무르면, 다음 스텝에서 길을 잃어버린다. 교회 사역의 은퇴는 우리에게 있어서 정상에서 내려옴이었다. 정상을 찍고 내려오는 발걸음은 산을 오를 때와는 아주 다른 풍경들을 만나게 된다. 내려감은 일단은 전인적으로 가볍다. 하나하나 내려놓는 것을 배우고 있다. 내려놓는 것이 행복이고 자유함이라는 것을 맛보고 행복이라는 것을 고백하는 시간이다. 올라갈때 보다 훨씬 더 가벼운 차림으로 말이다. 물론 물리적 나이로 인해 육체의 다리가 풀리고 에너지가 소진되지만 그것까지도 감사하다. 작은 것에 소중함과 소소한 것에 행복을 느끼게 된다.

우리의 행복은 '소유'보다는 '감사'에 있음을 안다. 그리하여 하루 영성의 틀은 '감사'이다. 감사는 풍요의 비밀을 가지고 있다. 내일이 보장되어 있지 않아도 감사한 것은 인생도 내일이 내 것이 아님을 알기 때문이다. 보이는 것이 넉넉하여 풍성한 것이 아니라, 내면의 채워짐이 은혜이기 때문이다. 세상 기준의 높은 산이 아니어도 나의 인생의 산은 아름다웠다. 사모로서의 삶에 만족한다. 그래서 더 감사하다. 나는 정상에서 두 깃발을 꽂고 내려간다. 은혜와 감사! 이 산을 내려가 시간이 주어지면 작은 천막, 영적인 주막집을 짓고 소수의 사람들과 함께 영적인 충전소 역할을 감당할 것이다. 그리고 그 작은 주막집은 성전이 되어 지치고 힘들어 하는 사람들에게 쉼터가 되어줄 것이다. 이것이 인생 3막의 작은 꿈이다.

나의 비전은 '산을 품은 물'이 되는 것이다. 다음 세대를 위하여, 사랑하는 자녀들과 훈련받는 소수의 사람들에게 주는 영적인 공급력으로 그들이 깊은 물에 뿌리를 내리고 많은 생명들을 살리는 구령 사역에 주역이 되길 기도할 것이다. 뿐만 아니라, 인생의 어두움을 만나고 길을 헤매는 나그네들에게 생명의 물을 제공하여 가던 길을 다시 용기 내어 갈 수 있도록 마중물이 되어줄 것이다. 끝까지 관계 사랑에 올인하는 한 사람 한 사람에게 디딤돌이 되어줄 것이다. 그리하여 남은 삶은 영적인 마중물로, 더 나아가 사모를 넘어 '깊은 우물의 생수'로 살 것이다. 그래서 산을 품은 물이 될 것이다.

내 인생에 큰 산을 돌파하게 하시는 분은 하나님이시다. 올라갈 때는 미숙하고 성화되지 않아 좌충우돌하며 때로는 길을 잃어버려 헤매고, 두려움과 맞서야 하는 일들도 많을 것이다. 하지만 그럴 때마다 GPS를 켜고 성령님의 동행을 요구할 것이다. 예수님만이 길이요 하나님께 영광돌리는 것만이 목표라 여길 것이다. 인생의 정상에서 기다리셨던 하나님, 험산 준령에서 길이 되어주신 예수님, 그 길을 따라 성령님의 손을 잡고 동행을 받은 세월이 참으로 감사하다. 앞으로 또 소망을 가져본다. 나의 인생의 3막을….

3막의 인생은 이렇게 시작되었다.

"하루에 일생을 담습니다. 하루 영성으로…"

그분의 지침에 따라 남은 3막의 인생도 하루 영성에 일생을 담아 살 것이다. 성령님의 시간은 오늘에 전부를 걸기를 원하시지만, 사단의 시간은 내일을 살라고 부추긴다. 나는 지금은 정상에서 내려가는 과정이다. 아주 천천히, 기쁘고 즐겁게, 감사하면서… 사모로서 돕는 배필, 에제르 케네그도의 삶을 감사한다. 이제는 진정한 영성의 고독을 벗 삼고 싶다. 깊은 우물의 생수로….

물은 모든 생물의 생존에 필수적인 물질이다. 물은 생물들의 생명이다. 물은 생물의 생체를 구성하는 중요한 성분이다. 하나님은 물을 만드신 다음에 식물을 만드셨다. 물이 없는 곳에 식물을 만드시고 자라서 열매를 맺으라고 하신 것이 아니라, 물을 먼저 만드시고 열매를 맺으라고 하셨다. 나는 이제 사모보다는 '깊은 우물의 생수'로 살아야 한다. 물이 식물을 성장하게 하고 생명의 공급원이듯 산을 품은 물로 물 댄 동산 같은 내 영혼을 삼위일체 하나님께 수로를 대고, 영적인 통로가 되어야 한다. 이것이 나의 남은 삶의 소망이다.

"물은 태초부터 창조의 근본 요소이다."

아르메니아 정교회의 신학자 구로디안은 물은 창조의 피라고 하였다. 물과 피… 물이 피가 되고 물이 생명이 되는 것! 생명을 살리는 물이 가진 능력이다. "그 배에서 생수의 강이 흘러나리라"고 예수님은 말씀하셨다. 고대로부터 물은 흙, 공기, 불과 더불어 자연계의 4대 구성 성분으로 꼽혔다. 생물이 지금도 번성하는 것은 물 덕분이다. 생명은 물의 본성이므로 물은 생물을 자라게 하고 번성하게 할 수 있게 한다. 하나님은 그 옛날 물에게 명령하신다.

"물들은 생물을 번성하게 하라"(창 1:20).

생물로 하여금 번성하게 하는 것은 물의 역할, 사명이다. 물은 하나님의 명령대로 생물을 번성하게 해야 하고, 물에 사는 생물들은 하나님의 명령대로 물에서 충만해야 한다. 그래서 물은 가장 번성케 하고 살아있는 창조의 숨결이 있는 생명의 자리이다. 식물은 흙이 없어도 살지만 물은 생명을 잉태하는 완벽한 물질이다. 영적인 생명을 공급하는 물이 고갈되어 가는 시대를 우리는 살아가고 있다. 마실 만한 물, 생명이 될 만한 살아 있는 생수의 물이 점점 말라가는 이때 예수 생명의 수로를 대고 깊은 우물의 생수로서 그리스도인의 생명 운동에 작게나마 쓰임 받기를 간절히 소망하고 있다.

나의 인생 3막은 하루 영성에 일생을 담고 사는 삶이다. 깊은 우물의 생수로….

2025년 끝자락에서

깊은우물의 생수 **임교희 사모**

목차

하루에 일생을 담아라

Part 1

새로운 영역, 내면의 세계

Part 2

목차 ────────

창조의 나다움을 찾아서
Part 3

인생의 최종 목적지, '사랑'

Part 4

목차

십자가로 관계를 완성하라

Part 5

목차

영적 건강 검진

Part 6

Part 1

하루에 일생을 담아라

삶에는 연습이 없다

순간순간, 하루하루가 진실한 삶이 되지 않는다면 이것은 인생의 낭비이다. 한 마리 누에가 나비가 되기 위하여 4번의 허물을 벗는 훈련이 있기에 그의 끝에서 비단을 만들어 낸다. 그것도 모자라서 다음 세대를 위해서 양 날개를 부지런히 저으며 꽃을 찾아 흔적을 남기고 죽는다. 그런데 어찌 삶이 연습이 될 수 있겠는가? 개인차가 있지만, 자기의 삶을 경영할 수 있는 지혜는 예수님으로부터 배우는 자가 명철에 속한 사람이고, 이 하루에 근면을 얻게 되어 하루가 쌓여 그 사람의 일생이 비단의 삶이 된다.

나는 과거형인가? 미래형인가? 현재형인가? 쇼펜하우어는 "미래와 과거는 환상일 뿐 현재를 살아라."라고 말했다. 지구상의 모든 피조물 중에 유일하게 미래를 걱정하고 과거를 후회하는 피조물은 인간뿐이다. 지구상의 어떠한 피조물도 미래를 미리 생각하고 불안해하거나 과거를 회상하며 그리워한다거나 후회하는 동물은 없다. 미래에 대한 환상이나 아니면 허상을 붙잡으면 욕망이 된다. 반면, 과거에 대한 그리움이나 후회를 붙잡고 있으면 오늘이 감옥이 된다. 미래에 대한 허상을 버려라. 과거에 대한 밑그림을 찢어 버려라. 희망과 목표가 없는 삶을 살라는 것이 아니다. 현재가 없는 과거나 미래는 번 아웃을 가져다 주는 사단의 통로이다. 내일이나 먼 미래가 아닌, 오롯이 오늘을 살아 내는 훈련이 하루 영성이다. 과거에 허비된 시간이 아깝다고 생각된다 면 지금, 오늘은 내일의 과거가 될 것이다.

　오늘을 실패하지 않고 잘 살아간다는 것은 쉬운 일은 아니다. 하루가 쌓여 일생이 된다. 그렇기 때문에 우리는 이 하루에 나의 일생을 담는 것이다. 이 하루의 삶이 생명의 삶이 되어야 한다. 오늘은 나에게 주어 진 최고의 선물이다. 나의 오늘은 과거와 미래를 연결하는 중심이다. 오늘을 어떻게 사느냐에 따라 나의 과거들이 상처가 될지, 과거가 나 의 삶의 거름이 될지가 결정이 된다. 그리고 오늘 어떻게 사느냐에 따 라, 걱정과 불안이 아닌 기대와 설렘이 될 것이다. 미래가 불안한가? 보이는 것에 대한 비교 때문일 것이다. 미래가 걱정된다는 것은 지금 까지 베풀어 주신 은혜가 안 보이기 때문이다. 오늘에 인생을 담고 사 는 사람은 과거는 감사와 은혜를 깨닫게 해준다.

　자기 성장은 오늘에 목숨을 거는 사람에게 주어진다. 오늘을 순교적 으로 사는 사람의 내일은 기대와 설렘이다. 내일을 살아가면 불안과 근심이 따라온다. 염려가 있기 때문이다. 그러나 오늘을 살아가면 감 사가 따라온다. 과거에서 후회가 따라온다. 오늘에 포커스를 두고 살 면 과거로부터 자유로워지고, 미래의 불확실성에서 자유로워진다. 오 늘은 내일의 선물이다. 나의 오늘이 나의 내일로 흘러가게 하라. 과거 미래를 바꾸는 오늘의 비밀은 사랑이다.

하루가 쌓여 인생이 되다

"여호와를 의뢰하고 선을 행하라 땅에 머무는 동안 그의 성실을
먹을거리로 삼을지어다" (시 37:3)

하루 영성의 힘은 작은 것부터 자기 초월의 실천이다. 하루 영성이란 내일의 시간을 온전히 하나님께 내어 드린다는 의미이고, 나의 과거를 은혜로 덮는다는 의미이며, 나의 오늘의 시간에 일생을 담는다는 결단이다. 은퇴 이후 시간의 자유함 속에 영성을 이어가는 패턴이다. 자유 속에 경건으로 하루에 일생을 담는다. 하루하루 반복의 총합이 그 사람의 인생이 된다. 작은 물방울이 모여 커다란 바다를 이루듯, 오늘 하루의 작은 습관의 루틴은 인생에 큰 변화를 가져다줄 것이다.

특히, 아침 루틴은 하루의 방향을 설정하도록 해주고, 저녁 루틴은 하루의 질을 높여준다. 예를 들어, 미라클 모닝의 루틴이 자리 잡혀 하루 마무리를 어떻게 하는가는 삶의 질적인 효과를 높여줄 뿐 아니라 인생의 방향을 바꾸어 준다. 정돈되지 않은 하루는 인생의 낭비 되는 시간이지만 의식적 루틴으로 살아가는 하루는 삶의 리듬을 만들어 준다. 아침의 루틴이 영적으로 시작된다면 저녁도 반드시 영적으로 마무리해야 한다. 시작은 있지만 마무리가 없는 하루는 뭔가 정리가 안 되는 듯한 시간이다.

루틴은 인생을 관리하는 가장 강력한 도구이다. 아침과 저녁은 하루

의 양 끝이고, 루틴이 그 사이를 연결해 준다. 작은 습관이 쌓이면 루틴이 되고, 결국 삶의 틀이 된다. 루틴은 작게 시작해 크게 성장하는 습관이다. 루틴이 없거나 쉽게 무너지는 사람은 작심삼일형이다. 이런 사람은 심리적 스트레스나 피로가 생기면 포기한다. 다시 말하면 혼이 약한 사람이다. 그리고 완벽주의형이다. 실천이 중요하지, 처음부터 완벽할 필요는 없다. 완벽주의형의 사람은 스스로 완벽함 안에 갇혀 시작조차도못 하는 성향이 있다. 그리고 자기만의 틀에서 벗어나지 못한다. 믿음의 한계점에 서 있는 사람이다. 깊이 들여다보면, 믿음의 뿌리가 약하여 자신감 결여와 두려움이 만들어 놓은 올무가 완벽주의라는 허울을 만들어 놓은 것이다.

정돈된 나만의 루틴을 만들어 보자. 나는 육체의 잠에서 참 여러 번 깬다. 그런데 첫 번째 눈을 뜨는 순간에 나의 혼과 영의 대화가 가슴으로 울린다. 그 찰나를 놓치지 않으려 노력한다. 정돈된 인생이 되려면 나만의 루틴을 만들어 규모 있지만 변화가 확실한 하루 루틴을 만들어 가야 한다. 인생은 정리되는 만큼 단순해지고 투명해진다. 삶은 늘 일정하지 않다. 그래서 인생이 복잡해지는 것이다. 그러나 루틴이 있는 삶은 유연하지만 끈기가 있어 목표를 달성시킨다. 루틴의 기술은 유연성이다. 넘어질 수 있지만 부러지지 않는 유연성, 이것이 성공하는 인생이다.

나의 하루 에세이

에세이는 형식에 얽매이지 않고 듣고 본 것, 체험한 것, 느낀 것들을 산문식으로 기록하는 글이다. 나의 하루에 주어지는 쉐마를 에세이로 피어내는 데는 엄청난 집중이 필요한데, 집중력에서 포인트를 잡고 하루를 살아가는 것을 적은 것이 하루 영성의 에세이이다.

우리는 성령님의 파트너이자 동역자이다. 늘 성령님이 나의 동역자, 에제르가 되어 달라고 기도한다. 이것이 나의 하루의 영성의 열매이기도 하다. 창조의 자아상에서, 영적으로 남녀 할 것 없이 예수님의 신부로 신성한 그날을 위하여, 나는 성령님의 도우심을 받고, 그분의 파트너가 되어야 한다.

먼저, 창조적 자아상의 장애물에서 나는 자유한가? 인간의 정신은 마치 컴퓨터처럼 작동한다. 하루하루 입력한 모든 정보들을 저장하고 이 정보들을 활용하여 우리의 생각을 형성한다. 이 말은 다음과 같은 의미이다. 당신의 현재 즉 오늘, 바로 지금 당신이 누구인지 그리고 어디에 있는지는 과거 당신이 했던 선택들의 결과라는 것이다. 당신의 미래는 당신이 지금 생각하고 있는 것들의 결과물이 나올 것이다. 우리의 자아상은 당신이 스스로 제공하고 입력하여 잠재의식 속에 저장돼 온 모든 자료의 직접적인 결과이다. 지금 당신이 부정적인 자아상을 갖고 있다면 그것은 당신이 부정적인 반응들을 선택해 왔기 때문이고, 당신이 긍정적인 자아상을 갖고 있다면 그것은 당신이 긍정적으로 사고하고 행동하는 것을 선택해 왔기 때문이다.

다시 말해, 당신은 당신의 자아상에 책임이 있다. 우리 하나님은 처음부터 인간에게 선택이라는 자유의지를 주시면서 인생의 날개를 스스로 그려나가길 원하셨다. 중요한 것은 당신이 어떤 사람이 되고자 하는가이다. 그것에는 당신의 배경은 아무 상관이 없다. 자아상은 당신이 무엇을 믿느냐와 어떤 사람이 되고자 하느냐에 크게 좌우된다. 그런데 어떤 사람들은 자신의 엄청난 잠재력을 제한하는 장애물들을 스스로 만든다. 왜 그들은 스스로 장애물을 만들까? 나는 하나님의 형상대로 창조된 인간에게 잠재된 능력이 있다고 본다. 그 잠재력은 공부를 얼마나 했느냐, 안 했느냐보다 더 중요한 것이 나 자신을 향한 신뢰이다. 하나님의 거울로 보는 자아이다. 하지만 내 안에서 하나님의 형상을 보지 못한다면 우리는 날마다 자신을 보고 실망만 하다가 실패한 인생으로 끝나게 될 것이다. 스스로 쳐 놓은 장애물을 걷어 내는 오늘 하루가 되자.

나의 하루의 영성의 에세이는 나를 참 의로운 길로 인도한다. 하루가 쌓여서 일생이 되는 삶이 아닌가? 나는 하루 영성의 에세이가 마치 요셉의 창고에 영적인 양식으로 쌓여감이 감사할 뿐이다.

하루 영성의 밀키트

"이스라엘 자손이 보고 그것이 무엇인지 알지 못하여 서로 이르되 이것이 무엇이냐 하니 모세가 그들에게 이르되 이는 여호와께서 너희에게 주어 먹게 하신 양식이라" (출 16:15)

음식에는 분명히 영성이 담겨 있다. 세례 요한처럼 규정된 음식만 먹는 음식 영성, 예수님처럼 육신의 음식보다 영적인 음식으로 하나님의 일을 우선시하는 모습 안에서 우리는 영성을 느끼게 된다. 예수님은 우선순위가 먹고 입는 것이 아니라, 하나님의 일이었다. 사마리아 여인을 구하는 일이 굶주린 배를 채우는 것보다 더 우선이었던 예수님이시다. 음식과 영성은 늘 함께 간다. 우리의 삶의 우선순위는 무엇인가? 하나님의 일이다. 그 일을 위하여 우리에게 음식이 필요할 뿐이다.

밀키트란, 소비자가 쉽게 요리를 할 수 있도록 요리에 알맞게 손질된 식재료와 배합된 양념 따위를 모아 놓은 세트를 말한다. 요즘 젊은이들, 맞벌이들이 즐겨 찾는 이 밀키트는 간편하고, 맛도 뛰어나다. 하루 영성은 검증된 영적인 밀키트이다. 단순한 인스턴트가 아니라 하늘의 재료, 성경적 근거, 그리고 삼위일체 하나님을 근본으로 성령님의 손길로 만들어진 영적인 밀키트이다. 이에, 믿음이 없으면 사용 불가이다. 필요 가치성을 느끼지 못하면 사용 불가이다. 고정관념이 있으면 외면하게 된다.

하루 영성의 가장 큰 유익이 있다면 받아먹는 사람의 존재의 가치를 높여준다는 것이다. 이제는 이 음식에는 입보다 존재가 말할 것이다. 존재만으로도 충분히 어두움은 불편해 할 것이다. 영성의 사람은 모든 사람에게 편한 존재가 아니다. 어두움의 사람들은 불편할 것이고, 거짓된 사람들은 피하고 싶을 것이고, 겉과 속이 다른 사람들은 자세를 가다듬을 것이다.

말이 아닌, 존재로 말하라. 이것이 같은 세상에서 다른 세상을 사는 사람들이다. 기도하는 입술, 은혜를 나누는 입술, 사랑을 고백하는 입술은 곧 그 사람의 존재에서 나오는 축복의 통로이다. 예수님의 캐릭터는 분명한 존재감이었다. 예수님이 나타나시는 곳에는 귀신도 떨고, 어두움에 있는 자들은 반항도 했다. 예수님이 나의 삶의 모델로서 충분하다. 그러나 나는 예수님이 아니다. 나의 나, 창조의 나 역시 멋진 모습이 아니겠는가?

하루 영성의 밀키트를 만드는 사람은 사랑을 전제로 만들었다. 나로서는 최고의 재료요, 한 번도 맛보지 못한 신비로운 재료를 사용할 때가 많다. 할 수만 있으면 많이 먹고 소화시켜서 자신과 가족, 그리고 주변 사람들에게도 전하라. 하루 영성을 소비하는 소비자가 복음의 선교사가 되길 소망한다.

의심하지 말아라. 선입견을 버려라. 즐겁고 행복하게 먹어라. 사랑의 전달자로 이 하루 영성의 만나와 메추라기를 성실하게 받아먹어 존재감 있는 자로 변화를 받길 소망한다.

좁은 문, 하루 영성의 기적

"좁은 문으로 들어가라 멸망으로 인도하는 문은 크고 그 길이 넓어 그리로 들어가는 자가 많고, 생명으로 인도하는 문은 좁고 길이 협착하여 찾는 자가 적음이라"(마 7:13-14)

하루 영성이란, 하루에 일생을 담는 것이다. 그래서 이 하루에 일생을 담는 것은 좁은 문이다. 마태복음 7장 13-14절의 말씀을 중심으로 좁은 문과 좁은 길을 묵상해 본다. 흔히들 좁은 문에 대해 말할 때 많은 사람들은 어려움과 핍박을 견디며 열심히 신앙생활하는 것이 곧 좁은 문으로 들어가고 좁은 길을 걷는 것이라고 생각한다. 종교적 열심으로 건물 교회의 주일예배뿐 아니라 수요예배, 철야 기도회, 새벽기도회까지 빠짐없이 참석하고 각종 행사에 참여하는 곳이 더 좁은 길을 가는 것이라 생각하기도 한다. 여기에 더 많은 봉사와 헌신으로 교회를 섬기는 것이 곧 좁은 길을 걷는 것이라고 여긴다. 그러나 만약 우리의 노력과 의지로 힘써 들어갈 수 있는 문과 길이라면, 그것은 예수님께서 말씀하신 좁은 문과 좁은 길이 될 수 없다. 다시 말해, 주님은 단순히 고행과 자기희생의 길을 말씀하신 것이 아니다.

'좁은'이라는 단어 '스테노스'는 '폭이 좁은, 얇은, 가난한'이라는 뜻으로 '장애가 서 있음으로 좁다'는 의미를 담고 있다. '문'을 뜻하는 '퓔레'는 주로 '성문'을 지칭한다. 또한, '좁은 문으로'라는 표현은 '그 좁은 문을 통하여' 혹은 '그 좁은 문과 함께'라는 의미로 이해할 수 있다.

누가복음 13장 24절의 "좁은 문으로 들어가기를 힘쓰라"는 말씀에 우리가 초대를 받은 것이다. 그러나 예수님은 이어서 "내가 너희에게 이르노니 들어가기를 구하여도 못하는 자가 많으리라"라고 말씀하셨다. 이는 우리가 아무리 힘써도 우리 자신의 힘으로는 그 문에 들어갈 수 없음을 분명히 보여준다.

문을 열고 닫는 권한은 오직 집주인 되신 하나님께 있다. 우리에게는 이 좁은 문이 하루 안에 일생을 담는 것이다. 몸을 줄여야 들어 간다. 몸을 줄이는 것은 집중이다. 혼합된 체로는 들어갈 수가 없다. 좁은 문 입구에서 우리의 투명함을 확인하신다. 가장 자유할 때는 정직하고 진실할 때이다. 왜 예수님과 성인들이 목에 칼이 들어와도 당당할 수 있었겠는가? 투명체의 믿음을 소유했기 때문이다. 예수님의 보혈은 순수 그 자체이다. 그 보혈에 왜 이리 많은 것이 섞여 있을까? 그리고 가벼워야 한다. 왜냐하면, 내게 보여주신 그 세계는 발을 땅에 닿지 않고 공중에 날아다니는 세계이기 때문이다. 최고로 자유로운 세상, 진리만이 법이 되는 세상 그래서 진리가 우리를 자유케 한다는 것이 실상이 된 나라이다.

하루 안에 나의 일생을 담는다는 것, 하루 영성에 나의 삶을 올인 한다는 것, 하루 영성이 좁은 문이라는 것, 그 문을 통과하면, 자유의 세계가 펼쳐진다. 그 세계는 이 땅에 살면서 발을 땅에 딛지 않고 살 수 있는 나라이다. 그것은 하루 영성(좁은 문)의 기적이다.

예수님의 하루 영성

"예수께서 나가사 습관을 따라 감람산에 가시매 제자들도 따라갔더니" (눅 22:39)

예수님의 일생은 하루 안에 담겨 있었다. 예수님의 삶은 숫자로 계산하는 것이 아니라 삶의 질로 계산되어야 한다. 영원 속에서 오신 예수님은 한계적이고 한시적인 세상에 짧은 시간 머물다 가셨지만 그분의 삶의 영향력은 창조의 근원을 회복시키시는 재창조를 이루셨다. 우리는 예수님으로부터 영적으로 시간을 쓰는 비결을 배워야 한다. 그것은 바로 혼의 시간을 쓰는 것이다. 나는 이것이 인간이 영적 시간을 사용할 수 있는 선물이라 생각한다. 물리적 시간 안에서 돌아가는 영혼의 시간을 느껴본 적이 있는가? 마치 하나님의 세계와 땅의 세계의 간격을 줄이듯 말이다.

선하게 창조된 나는 죄인으로 태어났고, 예수님은 하나님이시지만 죄인으로 죽으셨다. 주님과 나의 차이를 알고, 주님과 나를 동일시 할 수 있는 것을 찾아라. 이것이 우리가 가는 안전한 길, 영적인 세계이다. 자신의 일에 의미를 찾고, 즐겁게 배우고 훈련하는 비결은 내가 하는 일을 전문성으로 발전시키는 것이다. 기도의 전문성, 말씀의 전문성, 전도와 사랑의 전문성, 은사의 전문성, 자기 학문의 전문성을 찾아라. 위대한 업적을 남긴 이들도 처음에는 작은 흥미와 관심에서 시작했다. 어떤 분야에 흥미가 있는지, 좋아하는 게 뭔지를 아는 것은 진로를 결정하는 데 아주 중요하다. 이제는 흥미를 넘어 자신이 행복하게 잘 할 수 있는 부분에 올인하는 것이 전문성을 찾아가는 것이다.

진로 전문가들은 직업을 고를 때 크게 세 가지를 고려하라고 말한다. 흥미, 성격, 적성이 그것이다. 흥미는 마음에 끌리는 분야, 관심이 가는 일, 하고 싶은 일 등을 말한다. 나는 하나 더 추가하고 싶다. 내가 잘할 수 있는 부분이다. 성격은 자신의 타고난 심리적 성향을, 적성은 남과 다르게 자신만이 잘하는 것, 재능이나 능력을 의미한다. 자신의 내면에서 꿈틀대는 작은 불씨를 찾아라. 흥미를 찾는 것은 아주 중요하다. 하지만 흥미를 그저 흥미로만 끝내지 않고 그 흥미를 전문성으로 발전시킬 수 있다면 금상첨화일 것이다.

나의 영적 자본은 이 하루, 하루 영성이다. 나는 이 하루에 일생을 담고 살아가고 있다. 우리는 이 하루가 내일을 보장한다는 사실을 명심해야 한다. 그리고 계속해서 혼과 육을 가지치기를 해야 한다. 가지치기 상태의 사람이나 꽃이 피어 있는 상태에 있는 사람이라면 반드시 날씨에 민감해야 한다. 바람을 대비하고 비를 대비하지 않으면 열매를 맺기 전에 꽃이 다 떨어진다. 열매를 맺는 시기라면, 열매를 솎아 준다. 극상품을 만들려면, 아깝다고 다 그대로 두면 그 열매는 제대로 된 값을 받을 수가 없다. 아까워하지 말고, 건강하게 자랄 수 있는 송이만 남기고 과감하게 잘라내고 감싸주어야 한다. 지혜로운 사람은 인생의 시기를 알고, 그 시기에 적절한 행동을 한다. 오늘도 나의 인생의 계절에 맞게 단기 계획과 장기 계획을 철저히 세워보자.

경건이 쌓여 거룩이 되다

거룩은 선택이 아니라 필수이다. 거룩함 없이는 결코 하나님을 볼 수 없다는 것을 알면서도 우리는 이것을 위해 얼마나 힘쓰고 애쓰고 있는가? 하나님은 거룩하시고, 성경은 거룩한 책이고, 천국은 거룩한 나라이고, 주일은 거룩한 날이고, 성도는 거룩한 자라는 것을 알지만, 왠지 현실에서 우리의 모습과 괴리감이 크다.

경건이 쌓여 거룩을 이룬다는 사실을 명심하자. 경건의 모양은 있으나 경건의 능력이 없어지는 시대에 우리는 살고 있다. 겉모습은 신앙이 있는 것 같은데, 경건의 능력은 왜 부인할까? 겉으로는 종교 행위를 잘하는 것 같지만, 내면은 영적인 영향을 받지 못한다는 것이다. 종교적 외식, 형식주의, 자기중심적 신앙 등은 하나님의 능력을 거부하는 것이다. 나를 바꾸려 하지 않고, 하나님이 나에게 맞추어 달라는 것이다.

그러나 신앙은 하나님의 성품을 닮아가는 것이고, 참다운 나를 찾아가는 것이다. 그 참다운 나는 하나님의 형상이다. 그것이 우리가 신앙생활에서 증명해 내야 하는 과제이다. 다시 말하면, 경건의 능력이다. 나의 내면 세계의 베이스는 사랑이다. 사랑이 없는 땅은 폐허이다. 그 씨앗은 생명이다. 말씀으로 생명은 자라서 생명나무가 되는 것이고, 그 열매로 자신이 누구인지, 무슨 나무인지를 증명하는 것이다. 경건은 믿음과 인내로 뿌리를 내린다. 생명의 씨앗을 사랑으로 가꾸어라. 겸손하게 손질하라. 순종은 온유한 사람의 몫이다. 이런 사람에게는 지혜와 총명을 주신다. 이 지혜와 총명이 경건의 능력이다. 내적인 힘이 외적인 이미지로, 내적인 영향력이 외적인 풍미로, 사랑, 겸손, 순종, 인내, 온유, 지혜(분별력)가 모아져서 거룩이 된다.

 거룩은 전체를 의미하고 경건은 디테일 속에서 만들어 내는 거룩의 세포와 같다. 하나님의 성품에서 비롯된 거룩은 경건의 삶 속에서 태어난다. 사람들은 흔히 성공과 부와 명예를, 인생의 목표로 삼고 있다. 그러나 성경은 하나님의 백성들에게 있어서 가장 중요한 것은 거룩이라고 말씀한다. 거룩은 단순히 도덕적인 선행이나 외적인 의식이 아니라, 하나님의 성품을 닮아가는 삶을 의미한다. 거룩은 단순한 선택이 아니라, 하나님의 백성으로서의 필수인 정체성이다. 우리가 거룩하게 살 때, 세상 속에서 빛과 소금의 역할을 감당하게 된다.

 경건의 작은 선택들이 거룩의 산물을 만들어 낸다. 선을 선택하는 것이 경건이다. 사랑을 선택하고 용서를 선택하는 것이 경건이다. 그러나 거룩은 선택이 아니다. 내가 선택한 것들의 결과물이다. 우리가 거룩하게 살 때, 하나님은 우리의 거룩한 삶을 통해서, 세상 속에서 영광 받으시는 것이다.

거룩은 '선택'이 아니라 '필수'이다

"기록되었으되 내가 거룩하니 너희도 거룩할지어다 하셨느니라" (벧전 1:16)

거룩은 히브리어로 '코데쉬'이다. 이는 '잘라냄', '분리함', '성별된 것'을 의미한다. 거룩은 단순히 죄를 멀리하는 것만이 아니라, 하나님께 속한 자로서 구별되어 사는 것을 말한다. 즉, 더러움과 분리된 상태를 말하며, 본래는 하나님에게만 있는 고유한 성품이다. 하나님과 인간의 거룩의 차이는 분명히 있다. 거룩하다는 것은, 모든 피조물과 완전히 다르게 구별되어 있다는 의미로서, 하나님과의 특별한 관계 속에서 거룩하게 된다. 성경에서 거룩은 하나님께서 백성들에게 요구하시는 첫 번째 명령 중 하나이다(레 19:2; 벧전 1:15~16). 이 세상에 존재하는 어떤 것도, 그 자체만으로 거룩하지 않으며, 오직 하나님과 관계됨으로써 거룩해질 수 있다.

거룩은 하나님과의 수직적 관계뿐만이 아니라, 이웃과의 수평적 관계에서도 드러나며, 단순히 죄를 짓지 않는 상태를 넘어서, 하나님께 속한 자로서 하나님과 사랑의 관계를 기반으로 하는 삶을 의미한다. 이것은 하나님이 먼저 부르셔서 거룩하게 하시고, 성령님의 역사로 이루어지는 것이기 때문에, 개인의 힘만으로 되어지는 것이 아니다. 하나님의 계획을 실제로 이루신 예수님의 행적을 따라가는 것이 경건이다. 그 경건을 거룩으로 승화시켜 주시는 성령님의 역할에 우리는 적극적으로 따라야 한다.

하나님께서는 특정한 시간과 장소와 사람들을 거룩하게 구별했다. 하나님의 백성들도 하나님께서 구별하신 뜻을 따라서 경건한 삶을 살아야 한다. 거룩은 하나님께 속하여 하나님과 특별히 구분된 상태로 하나님과 이웃 앞에서 올바른 관계와 삶을 사는 것을 포함하는 분리되고 구별된 신성한 상태이다. 거룩은 세상과 구별되어 하나님께 속한 삶이다. 거룩은 깨끗함이다. 죄에서 떠나, 하나님 앞에서 흠이 없는 삶이다. 육신의 DNA로 사는 삶은 죄성뿐이다. 그러나 예수님의 생명으로 사는 삶은 경건을 통한 거룩의 삶이 된다.

거룩은 하나님 형상을 닮는 것이다. 하나님의 성품을 본받아서 살아가는 것이다. 하나님의 성품에서 비롯된 거룩함은 하나님 자신이 고유하게 지니고 계시는 순결하고 흠이 없으며, 완전한 성품을 의미한다. 거룩함은 하나님의 본성에서 나오며, '하나님은 거룩하시다.'라고 성경에서 표현하는데, 이는 하나님의 절대적인 완전함과 순결을 강조하는 것이다. 그러므로 모든 성도들이 거룩해진다는 것은, 바로 이 하나님의 거룩한 성품을 닮아 가는 것을 의미한다. 그러나 피조물인 인간의 거룩은 그럴 수가 없다. 다만, 성령의 능력을 힘입어 사는 삶이 거룩으로 이끌 것이다.

거룩함은 단순한 외적인 행위나 도덕적인 규범을 넘어서 내면의 성품과 전체적인 삶의 변화까지를 포함하고 있다. 거룩함은 영적 정신적 육체적으로 깨끗하고, 온전한 상태를 말한다.

거룩은 '상황'이 아니라 '관계'이다

"…너희는 거룩하라 이는 나 여호와 너희 하나님이 거룩함이니라" (레 19:2)

은혜받은 자의 삶의 현장에서 거룩을 실천하라. 거룩은 제도가 아니라 사랑이다. 하나님의 사랑과 거룩의 본질에는 그리스도 예수님이 실제화 되어 있다. 예수님의 신성과 인성, 그리고 그분의 삶은 나의 모델이시다. 예수님의 상징은 십자가 사랑이다. 하나님의 사랑은 세상적인 사랑과는 다르다. 세상적인 사랑이 쾌락이라면, 하나님의 사랑은 거룩함이다. 세상의 사랑은 감정적이고 외적이고 시각적이라면, 하나님의 사랑은 영혼에 대한 사랑이고, 마음 중심의 사랑이다.

거룩함과 사랑은 하나님의 성품이시다. 하나님의 사랑은 정의와 질서가 함께하고 있다. 죄에 대한 단호함 속에서도 구원을 제공하시는 사랑이다. 이것이 세상의 떠도는 사랑과의 차원이 다른 사랑의 속성이다. 사랑 안에 온전함이 있다. 현대 사회에서 하나님의 사랑을 축소시키는 것이 큰 죄악이며 다음과 같은 문제를 낳는다.

첫째, 하나님의 사랑의 왜곡이다. 사랑이 단순히 인간의 욕구를 충족시켜 주는 도구로 전락되어 올바른 관계보다는 개인의 만족에 초점을 둔다. 하나님과의 관계가 우선이 되지 않으면 사랑은 완성될 수가 없다.

둘째, 감정적 사랑의 축소이다. 사랑의 본질을 하나님께 두지 않는다. 자신의 감정이 기준이 된다는 것은 참으로 위험하다. 그 사랑을 확대시킨다 해도 단순히 자비와 용서 정도로 생각한다. 사랑은 하나님의 본질이고, 그분의 성품이시다. 그분의 본질이신 거룩을 축으로 사랑을 경영하신다.

셋째, 사랑의 분리, 균형이다. 다시 말하면 사랑의 양면성이다. 사랑이라는 명분 안에 심판도 포함되어 있다는 것을 경이 여긴다. 죄를 미워하시고, 의를 귀히 여기시는 사랑의 본질을 희석시켜서는 안 된다. 조건 없는 사랑이라는 것은 인간의 행위와 조건에 기준하지 않고, 모든 사람에게 공평하게 기회를 주신다는 의미이다. 사랑에 조건은 없다. 누구나 하나님의 그 사랑을 받을 자격이 주어졌다. 그렇다고 사랑의 가치를 값싼 것으로 여기지 말아야 한다. 사랑 자체는 거룩이고, 하나님의 본성이 담겨 있으며 가장 고귀한 고차원의 영성이기 때문이다. 이 사랑은 거룩함을 향한 초청이다.

우리를 거룩함으로 이끄시며 그분과의 관계에서 성결을 추구하도록 새 옷으로 갈아입혀 주시는 것이 사랑이다. 하나님의 사랑은 거룩함과 분리될 수 없다. 사랑 그 자체가 거룩함의 꽃이기 때문이다. '사랑'이 거룩함의 꽃이라면, '관계'는 하나님과 나를 연결해 주는 줄기, 가지이다. 관계가 연결되지 않는다면, 거룩함의 꽃으로 인한 향기가 나지 않을 것이고 사랑이라는 열매가 맺힐 수가 없다. 사랑이 하나님의 본질적인 것으로 연결이 되면, 거룩이라는 향기가 난다. 그 거룩은 사랑의 열매를 가져다주고, 그 열매는 거룩의 완성이 된다. 거룩은 상황이 아니라, 관계이다. 사랑은 거룩함을 향한 초청이다.

징계는 거룩함으로의 초대

징계의 수위도 여러 가지이다. 말씀으로 권면하며, 때로는 강한 감정으로, 때로는 내면에 심령을 끌어올리는 강권으로… 계속해서 하루 영성이라는 말씀으로 신호를 보내지만 자신에게 얼마나 타이트하게 적용하는지는 습관의 변화나 인격의 변화 그리고 삶의 열매를 통해 나타난다.

징계는 단순한 고통이 아니라 거룩함으로의 초대이다. 징계는 내면의 죄성을 다듬고 인격을 빚는다. 하루의 말씀이 나에게 주어지는 따뜻한 징계라면 그 말씀에서 변화가 일어나지 않을 때, 찬바람의 징계를 맞게 될 것이다. 다만, 우리가 하나님의 사람이라면, 때로는 답답함이 느껴질 때, 크로노스의 시간에 머물러 있을 때, 실천되지 않고 자가진단이 안 될 때, 지도자로서 두려움이 엄습한다. 징계는 하나님과의 관계를 깨트리지 않으시려는 방어선이다. 작은 신호에 반응하고 순종하는 사람은 반드시 깨달음과 회개가 같이 간다. 후회는 사람을 작게 만들지만, 깨달음은 사람에게 용기를 주고, 활기와 열정을 주고 회개로 이끌어 준다. 회개의 열매는 기쁨이고, 거룩이고 성화로의 열매이다. 정결함과 방향 수정, 사랑과 확신, 열매의 누림, 작은 신음에도 응답하는 것은 세상에서 가장 지혜로운 자의 삶이다.

징계에도 성공과 실패가 있다. 징계에 대한 진심을 아는 사람과 오해하는 미숙의 차이는 엄청나다. 징계를 오해하는 사람은 늘 갈등 속에서 소망 없는 삶을 산다. 그리고 자신을 파괴하고 관계를 쉽게 깨트린다. 이런 사람은 영적인 무감각과 내면의 공허함이 특징이다. 자신 안에 있는 은밀한 죄가 드러날 것을 두려워하여 미리 피하는 사람이다. "주의 징계하심을 경이 여기지 말며 그에게 꾸지람을 받을 때에 낙심하지 말라"(히 12:5)는 경고의 말씀은 그 경고를 등지고 반대 방향으로 행동하는 성향이 사람에게 있는 죄의 속성임을 아시기 때문이다.

그리스도인이 당하는 징계는 하나님 사랑의 광대함을 알게 한다. 그러나 반드시 깊은 깨달음과 자기 성찰로 인한 회개가 동반될 때만이 가능하다. 징계와 깨달음 그리고 회개는 한 세트로 나아가는 성화의 길이다. 하나님의 징계가 오기 전에, 전환과 변화 그리고 거룩을 위한 성화의 삶을 살자. 제비새끼가 어미가 물어다 주는 먹이만 먹고 그 둥지에서 벗어나지 못한다면 주인은 그 둥지를 헐어버리게 될 것이다. 하나님의 말씀을 사랑의 경고로 여기고, 순종하는 사람은 큰 징계를 피할 수 있는 도구가 될 것이다. 하나님의 관심 속에 있는 사람이라면, 하나님은 그냥 두시지 않는다. 징계는 불편하고 아프고, 대가를 치러야 한다. 하지만 하루하루 주어지는 작은 과제를 성실하게 순종하다 보면, 큰 징계를 피하고도 목표점에 도달할 수가 있다.

내면의 성숙은 삶 속에서의 분화된 경건이다

경건은 단순한 감정이나 의식에 그치지 않고, 실제 삶의 태도와 행동으로 드러난다. 하나님을 예배하고 존경하는 태도로 나타나고, 하나님을 진심으로 예배하며 그 신앙이 일상 속 실천으로 이어진다. 경건은 세속과 구별된 삶으로, 세상의 죄와 불의로부터 자신을 지키고 하나님의 뜻에 순응하는 삶을 의미하며 개인의 영적 성장뿐 아니라, 이웃을 돌보고 사회적 책임을 다하는 구체적 실천, 태도까지 포함한다. 경건은 단순히 종교적 의식에 머무르지 않고, 일상생활 속에서 하나님의 말씀을 실천하며 바른 신앙과 감정, 행동이 통합된 삶을 지향한다.

하나님은 우리를 이 시대의 왕 같은 제사장으로 부르셨다. 우리가 서 있는 삶의 자리가 공동체의 생명을 살리고 죽이는 통로가 될 수 있다. 거룩은 구별된 존재로 살아가는 삶 전체를 의미한다. 경건은 말과 행동, 선택과 가치관까지 하나님께 속한 사람으로 살아가는 태도이다. 경건이 선택이라면, 거룩은 선택이 아니라 하나님 백성으로서의 정체성이다. 우리는 세상과 다르되, 세상을 위한 거룩함으로 부르심을 받았기에 그 거룩을 분화한 경건을 살아내야 한다. 예수님께서 바리새인들이나 서기관들의 거룩을 외면하셨던 이유는 그들의 내면에 경건이 없기 때문이었다.

거룩은 우리들의 비전이다. 비전은 나의 뜻을 이루는 것이 아니라, 하나님의 뜻을 받드는 것이다. 죄인으로 태어난 인간이 거룩을 달성하기는 턱없는 일이다. 그러나 우리가 경건을 선택하고 실천하며 우리의 진심이 상달될 때, 전능자의 임재를 받아 거룩을 달성할 수 있는 것이다. 나의 초월이 나의 내면의 세계에서 전능자의 임재를 받는다. 임재 속에서 깊은 교제를 느낀다. 내적인 성숙과 분화가 안 될 때에 은사 중심, 외적 기적을 사모했다면, 이제는 내적인 힘의 근원이 주는 능력은 삼위일체 하나님과 공감하는 것이다.

우리의 목표가 거룩이라면, 경건으로 내면을 분화해서 성령으로 점령해야 한다. 거룩은 숭고의 영역이다. 하나님을 경외하고 두려움으로 그분과 마주하는 것이다. 경건은 판단의 영역이고, 선택의 영역이다. 삶 속에서 하나님의 선을 선택하고, 그분의 진심을 공감하여, 이타적인 판단과 하나님의 관점에서의 선택이 나의 삶 속에서 취미판단의 영역이 되어야 한다. 그런 사람의 삶 속에서 하나님의 영광의 빛이 비추어지는 것이다. 경외하고 두려워하던 하나님을 아빠 아버지로 가까이 모실 수 있는 것은 내가 경건의 삶으로만이 좁힐 수 있는 것이다. 영성의 길은 분화된 경건으로 구별된 선택과 경건의 실천이 거룩을 총체적으로 이루어 내는 것이다. 성숙하여 인간과 하나님 사이의 진정한 교감과 공감이 연합을 경험하게 되는 것이다. 내면의 성숙과 그 삶의 분화는 오늘 하루의 경건이 쌓여 결과를 낳는다. 거룩은 하나님의 성품이고 경건은 인간이 하나님의 거룩을 분화하여 실천하는 것이다.

거룩한 습관 길들이기

투자 용어는 잘 모르지만, 영적으로 느껴지는 것이 있다. 거품과 폭락, 어쩌면 같이 가는 세트가 아닐까, 영적으로도 거품이나 폭락은 수치적 계산이 아니라 심리적인 것이고 잘못 길들인 습관이 문제이다. 더 나아가 영적인 문제로 진단을 한다. 거품식 사고가 비이성적이라면, 열정은 다르다. 열정은 거룩한 습관이다. 사람마다 어린 시절부터 형성된 습관이 있다. 습관은 반복적으로 행동함으로써 익숙한 행동을 만들어 낸다. 그래서 습관은 후천적인 것인데, 반복함으로 고착되는 성품이나 행동이다. 그래서 습관은 제2의 천성이라고 말한다. 생각은 행동을 낳고, 행동이 반복되면 습관이 되고, 습관은 인격을 만들고, 인격은 운명을 결정한다고 하지 않던가?

내가 늘 지적받는 영역이 있다면, 육적인 근육의 부실이다. 이 근육의 부실은 평소 운동을 하지 않았기에 만들어지지 않은 부실함이다. 삶의 90%는 습관으로 이루어진다. 이는 젖먹이 시절의 식사, 수면, 배설, 청결, 착탈(붙었다 떨어졌다 함)의 5가지 습관부터 시작해서 성장하면서 이루어진 수많은 습관들로 된 것이다. 어릴 적부터 좋은 습관을 만들어 주는 것은 참으로 복된 일이다. 좋은 습관을 위해 나쁜 습관을 버리기가 쉽지 않기 때문이다. 새로운 습관은 새로운 인생을, 거룩한 습관은 좋은 인생을 창조하게 된다. 다만 조심할 것은 아무리 좋은 습관이고 일이 잘 진행되고 있다 할지라도, 그것에 지나치게 집착하면 하나님께 순종하기 어렵게 된다는 사실이다. 따라서 어떤 습관일지라도 우리는 언제나 그것들을 하나님의 계시의 말씀 앞에서 내려놓을 수 있는 지혜와 유연함이 있어야 한다.

예수님의 영적 습관을 보자. 무엇보다 예수님은 기도하는 습관을 지니셨다(눅 22:39). 하나님의 아들이시지만, 인간으로 오셨기에 하나님께 간구하는 기도의 삶을 사셨다. 그리고 예수님의 습관 중, 질서 있는 사역과 생활의 습관을 본받자. 삼위일체 하나님의 사역의 핵심과 목적의식이 너무도 분명하신 그 질서 있는 모습은 균형을 이루고 견고함이 느껴진다. 사람의 습관이 얼마나 무서운지를 깨달으면서 고백한다.

우리는 모든 것을 끊임없는 영적 성숙을 목표로 한 습관 길들이기를 해야 한다. 우리 모든 삶 구석구석이 하나님의 선하시고 기뻐하시고 온전하신 뜻을 드러내는 습관들로 채워진다면, 성화의 기쁨이 얼마나 차고 넘칠까 하는 생각을 한다. 거룩한 습관이 몸에 밴 사람은 하나님의 비밀병기와 같다. 다니엘의 위대한 삶의 배후에는 기도하는 거룩한 습관이 있었다는 것을 알 수 있다. 우리의 몸을 거룩한 습관에 길들여야 한다. 어려서부터 거룩한 습관 길들이기에 시간을 투자해야 한다. 이것이 가장 값진 투자이며, 인생을 복되게 만드는 가장 현명한 길이다.

영적으로 미루는 습관을 잡아라

"좀 더 자자, 좀 더 졸자, 손을 모으고 좀 더 누워있자 하면 네 빈궁이 강도같이 오며
네 곤핍이 군사같이 이르리라" (잠 6:10-11)

영적인 안목과 근육은 참으로 중요한 훈련이다. 우리의 목표 의식이 담긴 거룩으로 가는 아주 중요한 두 축의 길이다. 영혼의 근육을 키우라. 영혼의 근육은 영적인 안목의 근육이다. 영적인 안목은 안약을 사서 바를 때, 분별력이 생기고 구별된 길을 걷게 된다. 우리는 죄인으로 태어났기에 우리의 육적인 안목은 정욕적이기에 영적인 안약을 발라야 안목이 바뀐다. 내가 좋아하는 것에서 하나님이 기뻐하시는 것으로, 나의 소욕이 아닌, 하나님의 거룩함을 위한 선택을 할 수 있다. 습관을 바꾸지 않으면 이러한 삼대 요소인 영적 근육을 소유할 수가 없다. 영혼의 내적 근육은 외적인 사역과의 연결점이 된다. 말하는 것도 습관, 생각하는 것도 습관으로 길들여진다. 특히 생활신앙에 있어서 영적인 습관은 거룩한 삶으로 이끌어준다. '왜 이렇게 훈련이 안 될까?'라는 질문의 답은 습관에 있다. 영적으로 더 깊어지고 비상하지 못하는 이유가 바로, 잘못된 습관에 있다. 이것이 실패한 사람들의 특징이다. 나쁜 습관은 인생을 불행하게 만든다. 좋은 습관은 삶을 행복하게 만들고, 인생을 성공으로 이끈다. 미루는 습관을 버리지 못하는 사람에게 오늘은 없다. 항상 내일만 바라본다. 오늘이 없는 내일은 존재

하지 않는다. 나쁜 습관은 노력 안 해도 잘 흘러간다. 그러나 좋은 습관은 많이 노력해야 고쳐진다. 누구에게 보이기 위한 것이 아니라 코람데오(하나님 앞에서)의 삶이요, 자신의 거룩을 위하여 좋은 습관 길들이기는 필수 덕목이다. 악습은 깊이 뿌리를 내리면 뽑기가 어렵다. 나쁜 습관이 깊이 뿌리를 내리면, 좋은 나무로 자라기가 어렵다. 성 어거스틴은 신앙이란, 거룩한 습관을 만들어 가는 것이라고 고백한다. 좋은 습관은 내 인생을 복되고 풍요롭게 만들어 준다. 성도의 거룩한 습관은 그리스도의 향기가 되고 하나님께 영광이 된다. 거룩한 습관은 코람데오의 신앙이다.

영적으로 미루는 습관을 버리라. 단순한 생활 습관이 아니라 사단의 계략이다. 하나님의 계획과 뜻에서 멀리하려는 작전이다. 하나님 앞에서 즉각적인 순종을 하는 사람은 사단에게 인생의 기회를 빼앗기지 않는다. 청교도들은 게으름이나 영적 무기력, 미루는 습관 등을 영적으로 심각한 질병이라 여겼다. 미루는 습관은 내가 주인이라는 착각의 질병이다. 그리고 미루는 습관의 병명을 교만의 질병, 일로 여겼다. 조나단 에드워즈는, 하루의 작은 거룩이 영원의 준비라고 했다. 모든 선택을 주님의 뜻 아래 두어라. 받은 말씀은 지금 실천하라. 미루는 유혹은 죄에게 밀리는 것임을 기억하라. 작고 반복되는 습관을 순종으로 체질을 바꾸라. 은혜가 충만할수록 순종은 가볍다. 오늘 하루만이 나에게 주신 기회라는 것을 아는 사람이 좁은 길을 가는 사람이다.

뜻을 세운 뒤,
마음을 해롭게 하는 습관을 버리라

"다니엘은 뜻을 정하여 왕의 음식과 그가 마시는 포도주로 자기를 더럽히지 아니하리라
하고 자기를 더럽히지 아니하도록 환관장에게 구하니" (단 1:8)

뜻을 세우는 일과 낡은 습관을 버리는 일은 동시에 이루어져야 한다. 다니엘이 승리한 이유는 뜻을 세우고 좋은 습관으로 평생을 믿음으로 살았기 때문이다. 가장 먼저 필요한 것은 뜻을 세우는 일이다. 하지만 뜻만으로는 부족하다. 뜻을 세운 다음에는 낡은 습관을 개혁하라. 결국 다짐을 지켜내는 힘은 마음을 해롭게 하는 습관을 버리고, 그 자리에 새로운 루틴을 심는 데서 비롯된다. 니체는, "인간이란 끊임없이 스스로를 넘어서는 존재"라고 했다. 나쁜 습관을 버리는 것으로 만족하지 않고, 익숙한 습관마저 의심하며 더 높은 단계로 향해야 한다는 것이다. 한쪽으로는 습관을 바로잡아 마음의 중심에 집중하고, 마음을 해롭게 하는 낡은 습관을 버려야 한다. 다른 한쪽은 좋은 습관을 격려하고 지지해줘야 한다.

 낡은 습관은 눈에 보이지 않게 마음을 흔든다. 작은 게으름, 무심코 집어 드는 스마트폰, 의미 없는 비교 심리는 하루를 서서히 잠식한다. 이런 습관은 겉으론 사소해 보이지만 마음을 해치고 뜻을 약하게 만든다. 그래서 낡은 습관을 개혁한다는 말은 곧 일상을 잠식하는 습관과

의 싸움을 뜻한다. 확신이 없는 말투, 미세한 말투 속에서 그 사람의 내면의 생각이나 마음을 알 수 있다. 어떤 사람은 늘 순종하지 못하고 이유를 대는 경우가 있다. 그러나 "맞습니다만, 내 생각, 내 형편, 내 상황은 이렇습니다. 그러나 순종을 할 것입니다." "그런 것 같습니다."를 "그렇습니다."로, "해보려고 합니다."가 아닌 "할 것입니다."로 바꾸자.

까마귀 둥지는 새들이 짓는 집 중에 가장 튼튼하다고 한다. 까마귀가 이렇게 튼튼한 둥지를 지을 수 있는 것은 좋은 재료를 쓰기 때문이고, 다른 둥지의 재료를 탐하지 않기 때문이다. 보통의 새들은 둥지 주변에서 찾기 쉬운 재료들을 모으지만 까마귀는 둥지에 적합한 재료가 아니면 눈길도 주지 않는다. 튼튼한 둥지를 만드는 재료를 구하는 것이 쉽지 않기에 다른 둥지에서 가져오는 방법이 가장 빠른 방법이지만 지혜로운 까마귀는 어떤 일이 있어도 다른 까마귀의 둥지를 건들지 않는다.

하나님을 위한 나를 찾으려면, 나를 위한 나가 먼저이다. 타인을 위한 나는 건강한 자아에서 가능하기 때문이다. 우리는 거룩한 뜻을 거룩한 마음에 세우고 그 거룩한 마음이 터전이 되어야 한다. 어떠한 뜻이든 생명이 전제가 되고 성령의 열매로 가득 찬 마음으로 흔들림 없는 믿음의 반석을 세워야 한다.

좋은 습관 길들이기의 성공은 뜻을 세우는 일이다. 거룩한 뜻이 견고할수록 거룩한 버릇이 나온다. 거룩한 생각이 경건의 삶으로 안내한다. 뜻이 약한 사람은 낡은 습관을 버리기가 쉽지 않다. 거룩한 뜻을 좋은 터에 세우라. 그리고 마음을 해롭게 하는 것은 작은 습관이든 큰 습관이든 해결하라. 해로운 습관이 당신의 인생을 망친다.

선을 선택하는 습관

영이 민감하다는 것은 눈앞에 이익보다 하나님의 뜻을 좇는 것이다. 눈앞의 이익만 좇다보면 결국 후회할 선택을 하게 된다. 작은 거짓말, 작은 부정이 결국 신뢰와 관계를 무너뜨린다. 선을 행하는 것이 결국 가장 지혜로운 선택이며 인생을 복되게 만든다. 지혜로운 선택은 단기적인 성공이 아니라, 장기적인 신뢰와 평안을 가져온다. 선한 선택이 결국 가장 큰 축복으로 돌아온다.

나는 오늘도 선한 선택을 하고 있는가? 순간의 이익을 좇으면 결국 후회하게 된다. 당장의 유혹이나 편법이 더 나아 보일 수 있지만, 잘못된 선택은 결국 더 큰 문제를 만들어 낸다. 올바른 길이 더 어려워 보여도, 결국 가장 안전한 길이다. 작은 거짓말 하나가 모든 것을 무너뜨린다. 한번의 작은 거짓이 더 큰 거짓을 만들고, 결국 신뢰를 잃게 된다. 신뢰는 수년이 걸려 쌓이지만, 순간의 실수로 단번에 무너질 수 있다. 선한 선택이 결국 가장 큰 축복이 된다. 선을 행하면 사람들의 신뢰를 얻고, 관계가 더 단단해진다. 어려운 상황에서도 양심에 거리낌 없는 평안을 누릴 수 있다.

삶의 중요한 순간, 지혜로운 선택을 하는 방법이 있다.

첫째, 눈앞의 이익보다 긴 안목을 가져라. 순간의 유혹을 이기고, 장

기적으로 올바른 선택을 해야 한다. 눈앞의 작은 이익이 아니라, 결국 내게 더 좋은 결과를 가져올 선택을 하라. 하나님의 뜻을 선택하면, 결과는 나에게 유익을 안겨줄 것이다.

둘째, 양심의 소리를 무시하지 마라. 양심에 찔리는 선택은 결국 후회로 돌아온다. "이 선택이 하나님 앞에서도 떳떳한가?"를 늘 고민해야 한다. 결정하기 전에, 한 번 더 기도하고 숙고하라. 양심에 찔리면 그 선택은 다시 생각해봐야 한다.

셋째, 선한 영향력을 끼치는 선택을 하라. 나만을 위한 선택이 아니라, 주변에도 좋은 영향을 주는 선택을 하라. 결국 선한 행동이 더 큰 신뢰와 좋은 관계를 만든다.

넷째, 신뢰를 쌓는 선택을 하라. 신뢰는 성공보다 더 중요한 자산이다. 한 깨진 신뢰는 회복하기 어렵지만, 성실함으로 쌓은 신뢰는 평생의 자산이 된다. 작은 약속도 철저히 지켜 신뢰를 쌓아가는 사람이 되어라. 성공보다 신뢰를 먼저 쌓는 것이 더 큰 축복을 가져온다.

다섯째, 기도하고 하나님의 뜻을 구하라. 인간적인 판단보다 하나님의 지혜를 구하는 것이 가장 안전하다. 기도하며 결정할 때, 더 후회 없는 선택을 할 수 있다. 중요한 선택 앞에서, 반드시 기도로 하나님의 뜻을 구하라. 내 생각보다 하나님의 뜻이 무엇인지 고민하라.

하나님의 지혜를 구하는 것이 가장 지혜로운 선택이다. 눈앞의 이익보다 선한 선택을 해야 한다. 하나님이 주시는 평강과 축복은 올바른 길을 선택할 때 온다. 진짜 후회 없는 삶을 살려면, 선을 선택하는 습관이 답이다.

의식혁명 자본이 충분한가?

“여호와의 사자가 기드온에게 나타나 이르되
큰 용사여 여호와께서 너와 함께 계시도다 하매” (삿 6:12)

내적으로 영성이 쌓여 가는 사람은 계산하고 움직이기보다는 순종하고 생각한다. 나의 의식의 우선순위는 ‘오늘이 최초의 날이자, 최후의 날이다.’라는 철학이다. 이것은 탈무드에 나오는 말로, 현재를 열심히 사는 사람의 의식이다. 매일이 최초의 날이라고 하는 것은, 오늘부터 새로운 창조의 나를 찾아가는 것이기 때문이다.

또 하나는 “영원히 살 것처럼 배우고 내일 죽을 것처럼 살아라.”는 것이다. 이것은 유대인들의 정신이다. 방대한 지식보다 배우려는 태도가 중요하다. 나의 의식 가운데 ‘배움은 정해진 시기와 때가 있는 것이 아니다.’라는 마인드가 있다. 배우려는 자세가 되어 있다면 나이가 많고 적음은 문제가 되지 않는다. 배움으로써 젊음을 유지할 수 있고, 어느 누구와도 조화를 이룰 수 있기 때문이다.

자신을 아는 것이 가장 큰 지혜이다. 영성은 어느 정도 차오를 때까지는 눈으로 확인하거나 손으로 만질 수 있는 성질의 것이 아니다. 아직 겉으로 드러내지 않고 자신의 내면에 간직되어 있는 영성은 자신을 보호할 든든한 무기를 지니고 있는 것과 같다. 진정한 아름다움은 겉으로 보이는 화려함에 있는 것이 아니라, 자연스럽지만 깊음이 있고,

질서가 있고 균형이 잡힌 의식구조이다.

영원히 살 것처럼 배우는 도전이 나의 의식혁명의 결과이다. 교만이 사라진 자리에 배우고자 하는 겸손으로, 게으름의 자리를 열정으로 채우고, 결핍의 자리에 풍요로 감사하게 되는 것이다. 사람은 자기 보존과 더불어 다른 사람을 돕기 위해 태어났다. 자기 자신만을 위해 사는 것도, 다른 사람만을 위해 사는 것도 바람직하지 못하다. 자기만을 생각하는 사람은 상스럽고, 자기희생만을 강조하는 사람은 광신자가 된다.

습관화된 타성에서 벗어나자. 자신을 뛰어넘자. 강한 사람이란 자신을 억제할 수 있는 사람이다. 다른 사람을 뛰어넘으려 하기보다는 자기 자신을 극복하기 위해 노력하는 사람이 결국 다른 사람들보다 뛰어나게 되는 법이다. 대부분의 사람들은 스스로 지니고 있는 창조의 힘을 끌어 쓰려고 하지 않는다. 세상을 바꾸겠다고 생각하지만, 자기 자신은 바꿀 생각을 하지 않는 것이다. 우리 안에 있는 생명, 그 생명이 창조의 힘을 가지고 있다. 배움의 고통을 견디지 못하는 사람은 반드시 무지의 고통을 겪게 될 것이다. 실패한 자가 패배하는 것이 아니라 포기한 자가 패배하는 것이다.

의식혁명 자본은 자신을 하나님의 시선으로 보는 데서부터 시작이 된다. 자기 자신을 똑바로 바라보기 위해서는 삼위일체 하나님을 제대로 아는 지식이 필요하다. 내일의 일을 훌륭하게 하기 위한 최선의 준비는 바로 오늘 일을 훌륭하게 완수하는 것이다. 의식혁명은 무질서한 내면을 창조의 질서대로 회복하는 것이다. 의식혁명은 삼위일체 하나님이면 충분하다.

당신의 쉐마는 무엇인가?

사람은 자신의 흔적을 두 가지 중 한 가지로 표식한다. 어떤 사람은 '상흔(상처의 흔적)'을 남긴다. 늘 자신이 받은 과거의 상처의 흔적을 현실에도 남긴다. 현실과 상관이 없는 과거를 불러들여 자신이 피해자 코스프레를 하다가 화가 치밀어 오르고 열을 올린다. 이런 사람은 상처의 흔적으로 오늘과 현재를 살아가는 사람이다. 기성세대의 시집살이 스토리는 자신에게 상흔을 남겨주는 레파토리였다. 그러나 '혈흔(보혈의 흔적)'으로 살아가는 사람이 있다. 보혈의 은혜로 과거를 다 덮는 사람이다. 왜냐면 현재, 오늘이 소중하기 때문이다. 우리가 오늘 행복할 수 있는 가장 큰 이유는 '혈흔'을 남기기 때문이다.

나는 인생에 어떠한 흔적을 남기길 원하는가? 내가 있던 자리에 어떤 흔적이 남아 있을까? 늘 갈팡질팡하고 어떤 길로 가야 하는지 주저하는 선택 장애를 가진 자신을 볼 때면 무력해 보일 것이다. 선택 장애는 트라우마로 인해 생기기 쉽다. 우리는 단순하게 성령께서 말씀하시는 쪽으로 과감하게 가면 된다. 내가 선택하는 것이 아니라 파란불이 켜진 곳으로 따라 가면 된다. 길이 하나뿐인 사람은 갈등도 잠깐이고, 선택할 일도 없게 된다. 다만, 자신이 갖고 있는 쉐마를 외치며 의심 없이 길을 걷는다.

"네 마음을 다하고 목숨을 다하고 힘을 다하여 주 너의 하나님을 사랑하라"(신 6:5). 이들의 쉐마는 하나님 외에 다른 우상을 섬기면 목숨을 희생할 것을 다짐하는 외침이다. 유대인들은 쉐마를 심장에 새긴 인장이라 여겼다. 쉐마는 단순히 반복적 외침이 아니라 목숨을 건 다짐이었다. 그들은 쉐마를 영혼을 지키는 유일함이라 여겼다. 신명기 6장은 유대인들에게 쉐마의 대표였다. 그들은 누워 있을 때든 일어날 때든, 아침과 저녁으로 암송하여 의식구조의 큰 영향을 받았다. 쉐마는 유대인의 사명 선언문이자 그 이상의 의미를 지니고 있으며 오랜 세월 동안 유대인의 정체성을 상징하는 단어이다. 자신만의 쉐마는 무엇일까? "여우 굴에는 무신론자가 없다"라는 말이 있듯이 위태로울 때 기도에 의지하지 않는 사람은 없다. 우리는 영혼의 저장 공간에 무엇이 쌓여가고 있는가? 힘들고 어려울 때, 나의 내면에서 나오는 것이 아직도 죄의 근성인가, 아니면 영혼의 양약인가?

나에게 쉐마는 하루 영성의 주제이다. 그래서 하루 영성에 일생을 담을 수 있는 듯하다. 새 아침의 기회가 주어질 때, 아침의 태양보다 먼저 찾아오시는 성령님을 맞이하며 하루의 쉐마를 받고 외치고 전인적 하루의 양식을 삼는다. 쉐마는 마음에 새기고 심장에 인장을 찍어 내면화한 것이다. 쉐마는 집중적으로 주의를 기울여 마음에 새긴 것을 녹여내는 것이다. 쉐마는 행동으로 답하는 것이다. 순종으로 증명하는 것이다. 자신만의 고유한 특징을 찾아가는 당신만의 쉐마는 무엇인가?

Part 2

새로운 영역, 내면의 세계

영원한 세계로 가는 길, 내면의 길

"우리가 주목하는 것은 보이는 것이 아니요 보이지 않는 것이니
보이는 것은 잠깐이요 보이지 않는 것은 영원함이라" (고후 4:18)

"태초에 하나님께서 천지를 창조하시니라"

나의 내면세계는 흑암이었다. 그러나 빛이신 예수님이 오심으로 빛이 비추어지기 시작했다. 육체, 죄에서 태어난 우리는 빛과 어두움이 공존하는 마음, 내면세계를 가지고 있다. 내면세계는 고정된 세계가 아니다. 태양이 보이지 않는 빛으로부터 빛의 공급을 받듯이 현시되지 않는 근원으로부터의 의식이 느껴지는 세계가 내면의 세계이다.

우리는 세상에서 두 종류의 사람을 만난다. 첫 번째, 내가 되고자 하는 나를 설정하고 그것이 성공이라 여기고 물불 가리지 않고 성공을 좇는 사람이다. 두 번째, 나를 찾는 길이 아니라 나의 잃어버린 형상, 하나님을 찾는 사람이다. 하나님을 찾아 그 얼굴에서 나를 발견하고, 그의 진심에서 나의 태도를 바꾸며 수정해 가는 사람이다. 나는 나의 내면의 빛, 그 빛의 야성을 느낀다. 내면의 아마존이 하나님 나라의 기운을 받는다는 것이다.

보이는 세상의 명예와 성공과 행복은 손에 잡힐 듯 말 듯 할 때, 가장 영적으로 위험하다. 눈앞에 행복이 잡힐 것 같은가? 잡을 수는 있지만 잠깐이다. 잠깐은 행복하고 만족할 수 있으나 또 반복적인 갈등이 일

어날 것이다. 왜냐하면 진정한 만족이나 행복은 보이는 세계가 아닌 영원한 세계에만 존재하기 때문이다.

영원한 세계로 가는 길, 우리는 반드시 이 길을 걸어야 하고, 이 길을 걷기 위한 훈련을 해야 한다. 좁은 길 그러나 영원한 세계요, 빛의 세계요, 거대한 나라 아마존의 세계이다. 창조의 나를 찾아야 한다. 고유성의 원리이다. 그러하기 위해서는 결단의 결단을 하는 단 하루의 삶이 되어야 한다.

나를 죽이지 못하는 고통은 나를 더 강하게 만든다. 고통과 자기 극복, 혼돈과 성장에 대한 성찰이 필요하다. 아직도 나를 죽이지 못하는 내가 있는가? 당신이 만나는 모든 얼굴이 당신을 만든다. 감정과 관계, 공감과 상처를 다루는 태도… 그러나 창조의 나를 만나려면 하나님의 얼굴을 구해야 한다. 그대의 시선이 삶의 크기를 정한다. 육안으로 보는 시력, 혼적으로 보는 시력, 영안으로 보는 시력의 차이를 느끼고 깨달아야 한다. 고통과 고난을 자기 성장과 성숙, 성화의 연료로 삼는 사람이 자기 초월의 삶을 산다. 불안, 결핍, 무기력, 열등감, 외부의 시선, 자기 파괴적 충동은 어두움이 내면의 세계를 장악하고 있다는 반증이다.

내면세계가 외부의 세계를 바꾼다

"…내가 보는 것은 사람과 같지 아니하니 사람은 외모를 보거니와
나 여호와는 중심을 보느니라 하시더라" (삼상 16:17)

우리의 내면이 외부 세계를 바꾼다. 이것이 창조의 비밀이다. 우리는 이제 내면과 외부 세계의 균형을 맞추어가는 훈련에 돌입해야 한다. 누군가가, "넌 못생겼어!"라는 말을 했다고 해보자. 이 말은 외부에서 일어난 하나의 사건이다. 그리고 그 말을 들은 사람은 자신의 내면과 상호작용하는데, 일반적으로 그런 말을 들었을 때에는 기분이 나쁠 것이다. 그러한 말을 들었을 때, 우리의 반응은 두 극단을 통해 살펴볼 수 있다. 첫 번째는 외부를 바꾸는 것이다. 그렇게 말한 사람을 가해를 입히거나 공론화할 것이다. 조금 더 소극적인 경우라면 그런 상황을 피해 다닐지도 모른다. 다른 극단의 경우는 내면을 수련, 훈련하는 것이다. 어떤 말을 들어도 마음이 동요하지 않는 경지를 추구하는 것이다. 동요하지 않는다는 것은 자기를 관찰하거나, 점검하지 않는다는 말이 아니다. 그 말로 인해 중심이 흔들리지 않는다는 의미이다. 이것은 내적인 힘이 있을 때만 가능하다. 수련, 훈련을 통해서 감정의 동요를 줄일 수 있을 것이다.

내면의 세계를 감정에 맡기는 사람, 이성에 맡기는 사람, 영성에 실려 가는 사람으로 분류한다. 영성으로 통전 된 사람은 외부의 세계보

다는 내면의 세계에 집중한다. 보이지 않은 그 내면의 세계는 성령의 빛으로만이 가능하다. 또는 말씀의 예리한 능력이 내면의 세계, 보이지 않는 세계를 보고 느끼게 한다. 보통의 평범한 사람은 현상에 잘 적응하고 맞추어 가는 스타일이다. 극단적인 사람은 감정에 실려 가는 사람이다. 그러나 영적인 사람은 그렇게 극단적으로 가지 않는다. 균형을 잘 맞추는 것은 외부 세계에 대해서 적절히 대응하면서 자신의 내면도 돌아볼 수 있는 것이다.

외부 세계(현상)에만 집중하는 것은 잘못된 관점이다. 왜냐하면 개인은 결코 외부 세계를 온전히 통제할 수 없기 때문이다. 내면에만 집중하는 것도 잘못된 관점이다. 왜냐하면 인간의 내면은 결코 외부 세계로부터 완전히 분리될 수 없기 때문이다. 더 좋은 방법은 외부 세계의 법칙에 대해 잘 이해하려 하고 상호작용하면서도 그 이해를 바탕으로 내면을 단단하게 하는 것이다. 외부 세계를 이해하는 것은 내면을 살피는 것과 분리될 수 없다. 사람의 감정과 생각이 어떻게 움직이는지 살펴보는 가장 좋은 방법 중 하나는 자신의 생각과 감정을 살피는 것이기 때문이다. 그리고 하나님에 대한 이해가 뚜렷해지면 자신에 대한 이해와 타인에 대한 이해도가 높아진다.

내면의 세계가 질서, 균형, 조화로 정리된 사람은 현실적 상황도 그에 잘 대응할 수 있을 뿐만 아니라 불합리하거나 억울한 일, 악한 일, 죽고 병드는 일, 그리고 모든 좋은 것들이 끝나는 일도 당연한 세상의 일이라는 것을 체감한다. 하나님 안에서 일어나는 모든 상황을 해석하는 지혜와 대처하는 능력은 내면의 힘이다.

두 세계가 만나는 곳

우리는 두 시간, 크로노스와 카이로스의 시간을 살아간다. 크로노스가 객관적, 물리적 시간이라면 카이로스는 주관적, 기회로서의 시간으로 우리에게는 하나님의 시간을 뜻한다. 눈앞의 시계는 크로노스의 시간, 초를 세지만 마음 깊은 곳에서는 하나님의 시간(때)이 뛴다. 이 시간은 성령님의 카이로스 시간이다. 우리는 흘러가는 크로노스 시간 속에서, 카이로스의 시간으로 나의 내면을 바라보아야 한다.

보이는 세계의 크로노스 시간과 보이지 않는 카이로스 시간의 만남을 생각해 본 적이 있는가? 시간 속에 흐르는 공간의 미묘한 영적 세계관이다. 성령님의 카이로스 시간은 하나님의 임재의 시간이다. 다시 말하면, 임재의 시간 곧 예수의 이름의 능력이 나의 내면에 주는 힘을 경험해 보자. 이것이 나의 삶의 크로노스와 만났을 때 내적으로 일어나는 새 힘, 그리고 그 힘의 능력으로 외적인 환경의 다스림, 이 공간이 기적인 것이다. 신령한 능력으로 공허, 공간을 채워주는 것이다.

보이는 크로노스의 시간만 가지고는 영적인 공허를 채울 수가 없다. 크로노스의 시간을 보이는 무대로 본다면 보이지 않는 힘은 카이로스의 시간이다. 무대 뒤에서 일하는 사람과의 조화, 발맞춤, 마음을 맞춤으로 하나로 움직일 때, 공허는 없어진다. 우리는 두 세계를 살아간다. 하지만 두 시간의 조화에는 미숙하다. 하나님의 창조 안에는 한 세계가 아니라 두 세계가 움직인다. 더 정확하게 말하면 죄가 들어 온 이후부터 말이다. 영성의 길을 가는 사람은 이 두 세계를 잘 사용해야 하지만 두 세계를 조화롭게 운영해야 한다.

크로노스의 시간 안에는 창조의 모든 것, 산과 바다, 육체를 가진 동물적인 것들과 물질이 속한 물리적 무대이다. 카이로스의 시공간은 하나님과 천사, 악한 영들이 사용하는 시공간이다. 이 두 세계를 연결할 수 있는 존재는 사람뿐이다. 예수님처럼 사람만이 두 세계에서 동시에 존재할 수 있다. 그리고 하나님과 성경, 성령의 일을 믿는 믿음만이 이 두 세계를 열 수 있는 키이다.

크로노스 시간 안에서 카이로스가 움직이는가? 아니면 크로노스에 끌려가고 있는가? 나의 내면의 세계가 열릴 때, 카이로스가 크로노스 안으로 들어온다. 그 순간 땅의 원리가 아니라 하늘의 원리로 우리의 육체의 세계를 지배한다. 하나님의 임재는 감정 이상의 실재이다.

이렇게 두 세계가 조화를 이루면 우리는 이것을 은혜라고 부르며 나를 초월하는 힘을 발휘한다. 은혜는 내적으로 평안과 기쁨의 감정만이 아니다. 현실을 뒤집어엎을 수 있는 힘, 두려움을 파괴하는 능력의 원천이다. 침체의 바닥에서 빛의 힘으로 일어서는 자신을 볼 것이다. 혼란의 혼돈 속에서 질서가 잡히고 보이지 않는 손이 느껴질 것이다.

우주는 기다려 주나?

"땅과 거기에 충만한 것과 세계와 그 가운데에 사는 자들은 다 여호와의 것이로다"
(시 24:1)

지구가 둥글다는 과학적 증거는 우리가 어려서부터 배워온 것이다. 외부적인 지구는 둥글다면 내면세계의 지구는 평면일까? 지구는 둥근데 바다가 수평선으로 보이는 것은 우리가 육신의 눈으로 보는 범위가 수평선까지의 거리이기 때문이다. 이 거리에서는 지구의 곡률이 매우 미세해서 거의 평평하게 보이는 것처럼 착각하게 된다. 인간의 육안은 작은 곡률을 감지하지 못한다. 지구가 둥글어도 우리가 서 있는 위치에서는 곡률이 미세해서 수평선처럼 평평하게 보이는 것이다. 사실 수평선은 지구가 둥글기 때문에 생기는 곡선의 시각적 결과물인 셈이다.

나는 물질세계를 보면서 마음속에 보이지 않는 세계를 생각한다. 자신의 마음속에 무슨 생각들이 들어 있는지를 들여다볼 수 있도록 세계는 창조되었다. 아니, 물질적인 세계를 보면서 보이지 않는 내면의 우주를 회복, 찾아가는 것이다. 그런데 나의 사명 안에도 우주가 있다는 것을 아는가? 우리의 마음의 세계는 신비롭기 그지없다. 미니멀리즘으로 단순화시켜야 하는 작업과 잠기고 묻힌 무의식의 세계를 재창조해야 하는 회복의 일들이 참 기이하기만 하다.

내 안에도 우주가 있다. 미니멀리즘과 우주에 대해 생각해 보자. 우리에게 미니멀 라이프는 우리를 찾아가는 여정의 깊은 영성이다. 더이상 타인의 삶과 사회적 통념이나 문화 속에서 비교하며 안주하고 안일한 시간을 보낼 여유가 없다. 타인에게 있던 기준점, 보이는 세계에 있던 기준점, 세상적인 성공의 기준점이 아닌 하나님의 렌즈로, 하나님의 목적과 방향, 오직 말씀의 레일을 타고 성령의 빛을 따라가야 하는 여정이다.

큰 우주와 작은 우주, 그리고 내가 살아가는 우주, 전체를 보고 집중해야 하는 삶의 영역이다. 내 안의 우주이든, 보이는 세계의 우주이든, 나의 사명 안에 우주이든, 하나님이 주인이시다. 하나님이 창조하셨고, 죄로 인해 묻혔다. 죄를 거두어 내고, 회복해야 하는 것이 우리의 사명이다. 우주와 그 안에 있는 모든 것을 창조하신 아버지가 나의 아버지이시다. 다만, 우리는 관리자로 부르심의 소명을 받았다.

물질적인 우주 속의 나, 책임감 있는 자로 살아야 한다. 나의 내면의 우주를 찾아가는 나, 내적인 영역의 세계를 탐험해가야 한다. 나의 사명 안에 담긴 우주를 관리하는 나, 삼위일체 하나님이 동역해 주셔야만이 가능하다.

크로노스 안에서 카이로스의 세계를 열라

카이로스 안에는 나를 향한 하나님의 인생 도면이 있다. 다만, 내가 두 세계의 시간을 조정하지 못하는 미숙함 때문에 그 설계도를 읽지 못하는 것이고, 나의 인생에서 하나님의 때를 놓치는 것이다. 우리는 크로노스의 시간을 살지만 그 안에서 카이로스의 세계를 열 수 있어야 한다.

크로노스 안에서 카이로스의 세계를 열기 위해 필요한 것이 있다면 '경건과 순종'이다. 경건은 율법적 결벽이 아니다. 하나님의 사랑에 대한 신뢰이다. 그 신뢰 안에서 순종하는 것이다. 크로노스 안에는 유혹이 많다. "너를 위하여 살아야지 후회하지 않아, 네가 좋아하는 것을 선택하는 것이 맞아." 크로노스는 우리를 위해 살라 손짓하지만, 그러나 그 시간 안에 카이로스는 다른 말을 한다. "순종은 하늘의 일을 이 땅으로 끌어 내리는 힘이다." 이 두 차이에서 우리는 선택을 하는 것이다.

크로노스 안에 카이로스가 열리면 불가능이 해제된다. 보호의 안전성으로 인한 평안, 치유와 해방, 이김, 승리를 안겨다 준다. 흘러가는 크로노스 안에 카이로스가 없다면, 이것이 세월을 낭비하는 것이다. 시간을 낭비하지 말아라. 모든 순간을 카이로스의 시간으로 만들어라.

이 카이로스 시간은 하나님의 시간이다. 성령님의 시간이다.

"세월을 아끼라 때가 악하니라"(엡 5:16).

세월을 아끼라! 카이로스가 없는 크로노스 시간만 쓰는 사람들을 향한 영적인 외침이다. 흘러가는 시간 속에 임재의 시간 카이로스가 만나면 모든 일에 의미가 있고 하나님과 교제하는 시간이 된다. 특히 주일을 보내고 난 후, 월요일은 그리스도인들에게 낭비되는 시간이 될 수 있다. 그러나 이 시간을 크로노스와 카이로스 두 세계의 조화를 경험하는 시간으로 만든다면 다름, 구별됨, 경건이 쌓여 거룩에 도달하게 될 것이다.

오늘은 모든 순간 속에서 의미를 얻고 하늘의 통치를 받는 내 인생의 단, 하루라는 것을 잊지 말자. 오늘은 다시 돌아오지 않는 시간이다. 어제의 오늘이 지나간 흔적이 오늘 나의 모습이다. "나의 크로노스 시간 안에 임재하시는 성령님의 시간 카이로스를 사용하게 하소서." 두 세계가 만나는 곳은 보이는 오늘과 보이지 않는 나의 마음에 흐르는 시간이다.

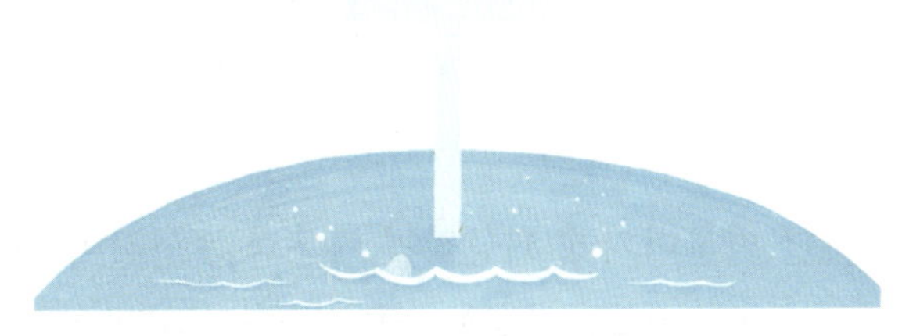

내적 갈등은 끝났는가?

"그러나 너희는 택하신 족속이요 왕 같은 제사장들이요 거룩한 나라요
그의 소유가 된 백성이니 이는 너희를 어두운 데서 불러 내어 그의 기이한 빛에 들어가게
하신 이의 아름다운 덕을 선포하게 하려 하심이라" (벧전 2:9)

앞으로 성령과 AI의 싸움의 시대가 일어날 것이다. 사람이 도저히 AI를 이길 수 없다는 생각이 강하게 드는 것은 기도하는 목회자들, 기도를 필요로 하는 성도들이 점점 줄어들기 때문이다. 아무리 설교를 잘하는 목사나 뛰어나게 강의를 잘하는 교수들보다 AI가 더 명설교를 할 수 있다. 그래서 앞으로 더욱 중요한 덕목이 될 것은 내가 하는 설교에 성령의 역사가 일어나지 않으면 어려운 시대가 온다. 성화는 칭의로 구원받은 자들이 필수적으로 훈련해야 하는 덕목이다. 예수 그리스도를 닮아가며 거룩해지는 과정을 말한다. 이는 죄에서 벗어나 하나님과의 관계를 회복하고, 하나님의 뜻에 따라 삶을 변화시키는 것을 목표로 해야 한다. 성화는 죄의 지배로부터 자유로워지는 과정이지만 여전히 죄의 유혹에 직면한다. 이 싸움은 성령의 능력과 하나님의 은혜로 승리할 수 있다. 내적인 승전가를 부를 수 있는 그날까지 이 싸움이 주는 기쁨과 평안 그리고 감사와 즐거움이 나의 내면을 빛나게 한다는 사실이다.

이 싸움은 선한 싸움이기에 세상적인 싸움과는 성질이 다르다. 세상적인 싸움은 이기적인 것을 기반하지만 이 영적인 싸움은 영화라는 빛

에 기반하기 때문이다. 나는 내면의 모호성 앞에 포기하지 않는 것은 성령 하나님을 믿고 의지하기 때문이다. 긍정적 관심을 가지고 끊임없이 내적 세계에 도전한다. 나는 어디로부터 와서 어디로 가는 인생인지를 알기 때문이다.

나는 이 길을 생명의 자기실현이라 붙여본다. 생명의 자기실현은 자기 통전, 자기 초월과 창조의 회복이다. 이 도전에 가장 중요한 시작은 자기 초월이다. 죄에서, 이기적인 자신에게서, 유혹에서의 자기 초월 말이다. 그리고 자기 통전은 삼위일체 하나님을 기준으로 나를 통일시켜 나아간다. 나의 이성과 감정과 의지, 그리고 육과 혼과 영, 나의 의식과 전의식과 무의식 안에서 창조의 나를 느끼고 발견하고 만나게 되는 것이다. 그래서 성령님과 황홀경에 빠지기를 소망하는 것이다.

하나님의 영, 성령님은 피조물의 생명 속에 임재하신다. 이것을 신적인 현존 즉 영적 현존이라 할 수 있다. 쉽게 말하면, 성령의 사람이다. 성령님은 인간의 실존에서 역사하셔서 자기 초월을 가능케 하고 자기실현의 은혜를 누리게 하신다. 자기실현의 통일성이 바로 통전이다. 그 영적인 수위에 오르면 성령의 황홀경에 이르는 것이다. 내면에 세계는 모호하다. 이 모호함을 현실화시키는 것이 성령의 역사이다. 모호성을 극복하는 성령의 일하심, 그것이 성령의 역동성이다. 그렇게 된다면 세속과 과학까지 초월하는 종말론적인 능력으로 성령의 황홀기에 들어갈 수 있을 것이다. 자기 통전에서 자아는 창조의 자아로의 회복이 가능한 것이다.

우리 안에 흐르는 두 물줄기

"그러므로 내가 한 법을 깨달았노니
곧 선을 행하기 원하는 나에게 악이 함께 있는 것이로다" (롬 7:21)

아벨은 잠깐 왔다가 간 듯 하지만 인류에 어마어마한 획을 그어 주었다. 그것이 바로 영적 DNA의 통로이다. 인간의 창조는 하나님의 DNA를 받고 창조되었다. 아벨은 DNA의 통로가 되었다. 그러나 인간의 죄, 이기, 탐욕, 욕망의 DNA을 가인이 받아 흘려보낸다. 그 후, 인간의 내면에는 두 물줄기가 흐르고 있다. 가인과 아벨의 물줄기로 말이다.

이 땅 위의 어떤 사람은 먹는 것과 입는 것이 삶의 본질인 듯 사는 사람이 있다. 아마도 대부분의 사람들이 가는 보통의 길이다. 자연스럽게 흘러 내려오는 육의 DNA가 흐르고 있기 때문이다. 그런데 참 아이러니하지 않은가? 십자가 이후 한쪽의 DNA는 죽지 않았나? 그런데 여전히 우리는 그 육의 흐름을 받아들이고 있다. 십자가 밑에서 두 흐름이 가능한가? 십자가에서 죽은 가인의 DNA는 왜 나에게서 존재하는가?

"영적인 DNA로 바꾸어라." 자신에게 강력한 외침을 해보자. 십자가에서 예수님의 죽으심은 우리의 육적인 DNA의 죽음이다. 얼마나 많은 그리스도인들이 여기에 속고 살고 있는가? 사람은 하나님의 형상대로 창조되어 영을 가진 존재, 만물을 다스릴 수 있는 만물의 영장으로 창조되었다. 많은 것을 갖고 있지 않아도 창조주 하나님과 예배를 통해 교제하므로 행복을 누릴 수 있는 단순한 관계였다. 그런데 이 단순한 관계를 복잡하게 만든 것은 바로 인간의 잘못된 선택이 만든 결과이다. 죄로 인해 근본의 문제가 바뀐 DNA, 이것이 문제이다. 우리의 머리, 이성과 혼의 영역에서 지령을 한다. "너는 육의 DNA를 가지고 태어나서 살아가는 거야."

맞는 말이다. 그러나 그것이 정답은 아니다. 왜냐하면 우리는 십자가의 죄사함을 통과한 사람들이기 때문이다. 그래서 그 십자가 위에서 인간의 죄가 사해짐으로 그 십자가 밑에 사는 사람들은 이제는 육적인 DNA는 죽은 것이다. 그런데 왜 그 육적인 흐름의 통로를 차단하지 않을까? 의식적으로 속고 있었기 때문이다. 혼이 고장난 상태로 회복이 부분적으로 덜 되어서 그렇다. 혼이 정상으로 작동이 된다면 우리는 반드시 영의 선포가 있었으리라. 나의 육의 DNA는 죽었고, 이제 내 안에는 영의 DNA만 흐르고 있다.

십자가 그 이후를 살아가는 우리는 한 줄기의 흐름만이 존재해야 한다. 지긋지긋한 육체의 DNA는 이제 인정하지 말자. 우리는 다시 태어나 다른 길을 가는 아벨의 흐름을 받는 영의 사람들이 아니던가? 육의 흐름을 거부하자. 육신의 부모라 해서 그 흐름을 당연하게 받아들여 혼과 육에 길들인 육혼이 나의 영으로 가는 길을 막고 있다. 입으로 시인하고 선포하여 나의 육의 DNA는 십자가에서 죽었음을 선포하라.

영적인 DNA로 바꾸라

"내가 그리스도와 함께 십자가에 못 박혔나니 그런즉 이제는 내가 사는 것이 아니요 오직 내 안에 그리스도께서 사시는 것이라 이제 내가 육체 가운데 사는 것은 나를 사랑하사 나를 위하여 자기 자신을 버리신 하나님의 아들을 믿는 믿음 안에서 사는 것이라" (갈 2:20)

가인의 흐름은 시기, 질투, 미움이 자리 잡고, 철저히 자기중심적으로 나르시시즘에 사로잡혀 사망의 길로 나를 안내한다. 그러나 아벨의 길은 다르다. 비록 예배하다 순교한 최초의 순교자 아벨이지만, 그는 인류 역사에 엄청난 생명의 통로가 되어 영적 흐름의 기반이 되었다. 나의 영이 왕 노릇 하도록 차단해야 하는 가인의 통로, 나의 내면에 미치는 영향은 야곱과 에서의 갈림길이 있고, 야곱 안에 가인과 아벨이 같이 흐르고 있음을 보신 하나님이시다. 그러기에 야곱의 금의환향은 영적인 회복으로 이스라엘로의 영적인 존재가 된 것이다. 지상 생활에서의 영적 생활, 유·무형 세계에서의 인간의 존재, 인간 생명의 본질은 하나님으로부터 흘러 내려오는 아벨의 통로이다. 이것이 영적인 본질이요 인간의 본질이다. 어떤 하나의 핵심이 있으면 그것을 중심하여 돌고 있는 상대적인 존재는 반드시 있다. 이것이 이 세상에 존재하는 두 영으로 인한 것이고, 이것을 초래한 것도 인간의 잘못된 선택의 결과이다. 그러나 우리에게 다시 선택할 권한이 주어졌다는 것이 곧 기회이다. 양자를 중심하고 있다는 것을 인지하고 전자에 돌고 있는 것과 마주하라. 그리고 하나님과 연결된 것, 그 영적인 DNA로 연결됨을 깨닫고 육적의 DNA를 차단하라. 우리 인간의 마음이 양자의 흐름이라면 우리는 갈등만 하다가 목적지에 도달할 수 없을 것이다. 하나님 마음의 핵심과 관계를 맺어 작용하고 활동하게 하라. 그것 때문에 오신 예수님의 온전하심을 실행하는 것이 하나님께서 인간을 향하신 복귀 섭리일 것이다. 이 진리의 말씀을 찾아 나간다면 우리는 거기에서 하나님의 생명이 약동하는 것을 느끼고 하나님의 사랑이 화동하는 것을 느낄 수 있을 것이다.

이와 같이 진리의 길을 거쳐 하나님의 생명과 사랑을 찾아 나가는 길이 가치 있는 길이다. 바울의 말처럼 세상의 빛이 될 수 있는 내가 된 것도 속에 있는 하나님의 사랑 때문이었음을 알게 된다. 진리는 하나님의 DNA이다. 영원 불변의 중심을 갖춘 DNA이다. 우리는 영적인 DNA로 인해 이 악한 세상에서 어떻게 선악을 분별하면서 진리를 찾아가야 될 것인지를 알게 된다. 자신을 중심한 육적인 마음을 버리고, 항상 낮은 자리로 내려가야 한다. 물이 높은 곳에서 낮은 곳으로 흐르듯 높아지고자 하는 자는 스스로 낮아져야 한다는 진리를 잘 수용해야 한다.

인간의 본질은 영적인 것이다. 삼위일체 하나님의 혈통을 이어갈 것인가? 육적인 혈통을 이어갈 것인가?

"주여, 우리의 몸에 오직 아벨의 영만 흐르게 하시고, 예수님의 혈통을 이어가게 하소서. 영적인 DNA로 바꾸어 주소서. 영적인 흐름만 흐르게 하소서."

엔트로피 법칙에서 신트로피 법칙으로…

"우리 주의 은혜가 그리스도 예수 안에 있는 믿음과 사랑과 함께 넘치도록 풍성하였도다"
(딤전 1:14)

물리학적인 말이긴 하지만, 영적으로 너무도 중요한 말이다. 엔트로피 법칙은 자연 상태의 질서가 무질서로 진행된다는 법칙이다. 엔트로피와 반대되는 법칙이 신트로피 법칙이다. 신트로피는 엔트로피의 반대 현상을 설명하는 용어로 희랍어에 어원을 둔다. 신트로포스는 "에너지의 흐름을 수렴시킨다"는 뜻을 담고 있다. 다시 말하면, 무질서에서 질서로의 전환이다.

물리학에서 사용되지만, 영에 접목해 보자. 자연계에서 일어나고 있는 질서에서 무질서로 발전하는 엔트로피 법칙은 중력의 법칙이라고 하지만, 영적인 측면에서는 죄의 흐름이라 여긴다. 그러나 생명계에서는 이와는 반대로 무질서에서 질서로, 혼란에서 회복으로, 어둠에서 밝음으로 변화된다.

그래서 신트로피 법칙은 은혜의 법칙이다. 생명의 씨앗과 그 생명의 나무이신 예수님의 영역을 넓혀라. 생명의 나무가 확장되는 만큼 내면의 확장이 이루어진다. 중심에 생명의 씨앗은 있으나 자라지 못하고 성장하지 못하면 우리의 내면은 잡초로 버려진 땅으로 낙오, 쓸모없는 땅이 된다. 신트로피 법칙에는 하나님의 창조 섭리가 역사하신다.

창세기 1장에서 이를 분명하게 일러 준다. 우리는 그것을 바탕으로 하여, 내적인 세계에 적용한다. 우리는 반드시 이 내적인 세계를 정복해야 한다. "태초에 하나님이 천지를 창조하시니라. 땅이 혼돈하고, 공허하며, 흑암이 깊음 위에 있고 하나님의 영은 수면 위에 운행하시니라"(창1:1-2).

이것이 우리의 내면의 세계이다. 그러므로 재창조의 삶을 소망해야 한다. 하나님께서 우주를 창조하시던 첫 단계에서는 땅이 혼돈하고, 공허하고 깊은 어둠이 있었다. 그러나 창조역사가 진행되어 가면서 혼돈이 질서로, 공허가 충만으로, 흑암이 광명으로 변화되어 갔다. 바로 신트로피 법칙이 진행된 것이다. 중요한 것은 하나님의 창조 역사는 지금도 진행 중이라는 사실이다. 하나님의 은혜의 법칙이 작동하는 곳에서는 무질서가 질서로, 혼란이 회복으로, 공허가 충만으로 변화되어진다. 모두들 중력의 법칙이 아닌, 영의 법칙인 예수님의 보혈의 공로로 말이다.

회복, 재창조의 영역은 우리의 내면이다. 엔트로피 법칙에 따라 흔들리고 혼란을 더하여 가는 이때에 우리는 은혜의 법칙, 신트로피 법칙을 따라 재창조되고 회복하여, 내면의 세계를 통일시키고 확장시켜서 새롭게 하는 데에 진보를 이루어 나가자.

신학의 미학적 차원

이 시대의 기독교 신앙에서 아쉬움이 있다면 많은 목회자들이 하나님의 전능과 거룩함은 강조하지만, 삶의 세밀한 관계의 성숙과 내면의 경건을 가르치지 않는다는 점이다. 그렇다 보니, 점점 인본주의로 빠져가고 세상의 흐름을 거스르지 못하고, 타협하는 기독교라는 낙인이 찍히게 되었다. 혼탁한 기독교의 문제는 외형적인 것에 치우쳐 내적인 것을 외면하고 있다. 목회자들이 내면의 세계를 무시하지 않고, 내적인 경건과 거룩의 조화를 잘 가르치는 시대적인 지도자들이 되기를 기도한다.

이제는 혼의 영역을 외면하면 성도들을 다 세상에 빼앗기는 시대가 되었다. 신앙은 생활이 아니라 그냥 종교일 뿐이라고 여긴다. 정신적 혼돈과 마음의 어려움으로 힘겨운 삶을 살아가는 크리스천들에게까지 인본주의적으로 해결하려는 처방은 매우 안타까운 일이다. 외적으로는 신앙생활을 잘하는 것같아도 내적으로 경직된 마음은 온전한 신앙이라 볼 수가 없다. 거룩함만 강조하는 신앙은 '경외'로 끝나지만, 경건을 삶 속에서 실천하는 신앙은 '내적 성숙'과 '진정한 자유함'의 회복으로 이어진다. 이것이 곧 진리 안에서의 자유함이다.

내면에서 통전이 이루어져야 진짜 진리로의 자유인이다. 거룩함이 인생의 목표라면 경건은 분화이다. 의식과 무의식의 영역에서의 분화는 심리적으로나 영적으로 필수 과정이다. 외면과 내면은 함께 다루어져야 하는 영역이다. 이것은 신앙의 삶을 억압하는 구조가 아니라, 삶을 품고 이끄는 미학적 은혜로 다시 태어나는 것이다. 내적인 세계를 다루어 주지 않으면 성숙이나 성화에 이를 수가 없다. 겉모양은 좋아 보이는데 내면은 경직되어 있는 사람은 닫힌 사람, 교만하고 오만하다는 오해를 받기도 하고 실제로 그렇게 굳어져 있기도 하다. 이런 구조로는 구별됨이나 거룩함에 도달하기가 어렵다. 외적인 장애가 문제가 아니라, 자신의 내적인 문제가 장애가 되기 때문이다.

신앙의 미학적 차원이란? 하나님의 두 가지 속성, 초월성과 내재성을 말한다. 하나님이 주시는 전능하신 힘으로 자신을 초월해 가는 것이 신앙의 미학이다. 예수님이 베푸신 십자가 사건의 사랑은 나 자신의 한계를 초월하게 하는 미학이다. 성령님의 섬세하시고 위대하심의 사랑은 나의 내면의 세계를 통전화시켜 에덴을 회복시켜 주시는 은혜의 미학이다. 성부 하나님과 성자 하나님의 초월성과 성령 하나님의 내재성을 놓치지 말아야 한다. 삼위일체 하나님의 전능하심에 나의 초월의 미학을 실어본다. 하나님 없는 자기 초월은 과대주의 또는 과시주의가 된다. 그러나 전능자, 하나님께 실려 가는 자기 초월은 하나님의 전능하심 앞에서 두려움과 경외를 느끼며 진정한 자유함을 느낀다.

내면의 몸을 통해 예수님과 하나가 되라

육체의 몸은 정말 보잘것없고, 병들고 늙어 죽을 수밖에 없으며 조밀한 물질 구조로 이루어져 있다. 육체는 나의 영혼의 포장지, 가짜 덩어리일 뿐이다. 육체보다 중요한 것, 진정한 보물은 나의 혼과 영이다. 물론 포장지, 상자가 견고해야 속의 내용물이 잘 보호되지만 내용물보다 중요하지는 않다. 마찬가지로 보이는 육체 너머에 있는 세계를 바라보며 믿는 것은 탄생과 죽음 너머에 있는 본질적인 세계관을 갖고 사는 삶이다. 우리는 죽음의 상징인 몸과의 관계가 재 도전되어야 한다. 나라는 존재의 영구적인 세계는 바로 영혼이다. 하지만 내면의 영역에서 진리를 발견한다. 육체의 몸과 내면의 몸을 통해 우리는 삼위일체 하나님과 영원히 하나가 되어야 한다. 외적인 몸과 내적인 몸이 하나님의 임재 아래 있어야 한다.

기도는 듣는 기술이다. 이것을 경청이라 하던가? 사람과의 관계에서도 다른 사람의 말에 귀 기울일 때는 마음으로만 듣지 않고 몸 전체로 듣는 사람이 있다. 이런 사람은 말하는 상대에게 몸 안의 에너지 영역을 느끼면서 말하게 한다. 말할 때, 주의력이 결핍된 사람에게서는 에너지가 많이 소모됨을 느낀다. 기도의 신비가 그렇다. 주님의 말씀에 귀 기울일 때, 사단의 방해를 받지 않고, 주의력이 생긴다. 그러면 마음의 간섭을 받지 않고, 진정으로 들을 수 있는 고요한 공간이 생긴다. 그리고 점점 하나님의 공간이 넓어지는 것을 느끼다가 성령님의 권능으로 지배됨을 느낀다. 그것이야말로 가장 소중한 선물이다. 하나님의 세계를 경험할 수 있는 기회이기 때문이다. 외적인 몸을 복종시키면 내적인 몸은 온전히 순종한다. 내적인 몸의 공감, 이해, 납득, 확신이 되면 외적인 몸은 저절로 따라간다. 대부분의 사람들은 기도라는 타이틀로 앉아 있지만, 자기 생각에만 온통 사로잡혀서 하나님의 진심을 외면한다. 하나님의 말씀을 듣기보다는 자신의 생각에, 자기 말만 하다가 일어난다. 하나님께로부터 설득당하는 것, 이것이 진정한 기도이다. 성숙한 기도는 마음의 교류가 되어야 한다. 하나님의 마음과 나의 마음의 공유는 존재와 존재의 교류인 진정한 영적 친교로 조금 더 나아가는 것이다. 삶이 무엇에 지배되고 있는지를 체크하는 것도 기도의 중요한 체크 포인트이다.

이제는 기도가 단순히 무엇을 얻기 위함이 아니라, 관계의 성숙을 위한 기도라면 내적인 변화는 상상 이상일 것이다. 우리의 몸(육체)과 혼, 영이 삼위일체 하나님과 깊이 접촉하는 기도라면, 내적으로는 하나님의 나라와의 통로가 될 것이고, 외적으로는 성취와 영향력의 삶으로 이어질 것이다.

믿음으로 코팅된 마음

사람의 마음이란? 사람의 얼굴이다. 다시 말하면 보이지 않는 얼굴이다. 얼굴이 감정에 의해서 좌우되기는 하지만, 얼굴이 감정이 아니듯, 보이지 않는 마음은 보이지 않는 얼굴이다. 그 마음은 하나님의 얼굴, 하나님의 형상이라 한다. 우리의 마음은 죄로 인해 형체, 곧 정체성을 잃었다. 정체성을 잃었다는 것은 마음의 형체를 잃었다는 것이다. 그런데 잃어버린 마음을 되찾아 올 수 있는 것이 바로, 믿음이다. 믿음이 잃어버린 마음을 회복시켜 주는 열쇠이다.

인생을 살면서 마음의 형체를 잃어버리고 사는 사람이 많다. 겨우 좋은 일, 선한 일을 하여 자신들의 보이는 얼굴의 낯을 드러내기도 한다. 세상에는 '코팅된 인격'을 가지고 사는 경우가 많이 있다. 좋은 사람, 사회에 선한 일을 하는 사람, 직장이나 주변에 인격적이고 이타적인 사람들… 이런 사람은 인품이 좋은 사람이다. 서구 사회에서는 이런 사람들의 성격을 '테플론 인격'이라 부른다. 마치 프라이팬에 음식이 달라붙지 않게 테플론 코팅을 해 놓은 것처럼 관계에 있어서 손해를 선택하더라도 좋은 사람의 얼굴을 선택하는 사람을 말한다. 그렇다고 해서 이런 사람들의 관계의 목적이 다 건강한 것은 아니다. 두 얼굴이 무엇인가? 보이는 얼굴과 보이지 않는 얼굴이다. '두꺼운 얼굴과 검은 마음', '착한 얼굴과 목적이 다른 마음' 두 얼굴을 우리는 하나로 일치시키는 것이 영성으로의 일치이다.

감정이 마음인가? 이성이 마음인가? 의지가 마음인가? 아니다. 그것들은 나의 내면의 마음을 형성하는데 도움을 주는 역할을 하는 기능일 뿐이다. 내면의 마음을 아름답게 가꾸어가는 사람은 작은 감정부터 다룰 줄 아는 지혜가 있다. '이 정도면 알겠지'라는 마음은 미숙한 자의 감정이다. 건강한 감정은 행동으로나 말로 표현하기 때문이다. 더 건강한 감정을 소유한 자는 구체적으로 섬세함까지 디테일하게 자기의 감정을 표현한다. 가장 어리석은 감정은 마음은 있는데 표현하지 못하는 감정이다. 표현하기보다는 속에서 조용히 처리하려는 시도는 자신감 결여이다. 그리고 이성과 조화를 이루지 못하는 감정은 차갑게 말하거나 회피함으로 대화를 단절하거나 관계에 친밀함을 이루지 못한다. 감정과 이성 그리고 의지나 선택은 마음에 거름이 되기도 하고, 그것이 마음에 옷이 되기도 하여 마음, 내면의 얼굴의 형체를 아름답게 드러내는 인격을 갖추게 한다.

나의 내면의 마음은 '하나님의 얼굴, 형상'이다. 좋은 인격의 향기가 나오려면, 먼저 마음을 만들어라. 그 마음이 형성될 때, 나의 중심이 흔들리지 않고, 견고한 믿음의 반석이 된다. 내 마음이 믿음으로 코팅되어 있지만, 그 빛나는 믿음이 더 영향력을 끼치기 위해서 감정도 이성도 의지도 바르게 사용해야 한다. 마음은 믿음으로 새롭게 회복된 하나님의 형상이요, 얼굴이고, 우리의 정체성이다. 그래서 믿음의 사람의 정체성은 보이지 않는 얼굴이다.

혼적인 마음, 영적인 마음

"여호와와 그의 능력을 구할지어다 항상 그의 얼굴을 찾을지어다" (대상 16:10)

생각은 어디에서 시작될까? 기분이 우울한 건 뇌 때문일까? 마음, 심장 때문일까? 마치 보이지 않는 마음을 탐험하다 보면, 나의 마음이 측정이 안 된다. 유한한 육체이지만, 마음의 영역은 참 무한하다. 하지만 이 무한한 마음을 영과 혼으로 나누어 보자. 사람들에게 "당신의 마음이 어디입니까?" 물으면, 보통 두 종류로 나뉜다. 어떤 사람은 머리, 뇌라고 생각하는 사람이 있고, 또 어떤 사람은 가슴, 심장을 가리킨다. 머리, 뇌라고 생각하는 사람이 이성적인 사람이라면, 가슴, 심장을 가리키는 사람은 감성적인 사람일 것이다.

개인적으로 나는 마음이 뇌와 심장이라고 대답하고 싶다. 물론, 영적인 측면의 마음은 '하나님의 얼굴'이다. 나의 무의식 너머에 있는 하나님의 얼굴, 이것이 나의 영적인 마음이다. 아직은 다 보이지 않는 마음, 그러나 희미하게 거울과 거울로 보는 듯한 마음, 이것이 영적인 하나님의 얼굴의 마음이다.

뇌에서 만들어지는 마음을 좀 더 살펴보자. 우리가 공포를 느낄 때, 뇌 속 편도체가 활성화된다. 누군가에게 사랑을 느낄 때, 도파민과 옥시토신 같은 호르몬이 분비된다. 스트레스를 많이 받을수록 전두엽의 판단 기능이 약해지고, 기억을 담당하는 해마의 기능도 저하된다. 즉,

마음의 움직임은 뇌 속에서 신경과 화학 반응으로 일어나고 있다. 그래서 마치 심리는 뇌의 언어, 뇌는 심리의 터전이라고 할 수 있다. 성격이 바뀌면 뇌도 건강해진다. 그렇다. 뇌는 생각보다 유연하다. 한때는 성격이나 지능이 고정된다고 생각했지만, 이제는 경험이나 훈련, 사고의 변화에 따라 뇌의 구조가 바뀌고 이는 성격과 감정에도 영향을 미친다는 사실이다. 심리학자들이 뇌를 연구하는 이유가 있다. 심리학의 중심축이 점점 뇌로 옮겨가고 있기 때문이다.

'나'라는 존재가 하나님의 형상에서 시작되어 하나님의 형상으로 마쳐진다면 얼마나 좋겠는가? 그러나 죄를 지은 인간은 뇌에서 시작되어, 뇌의 퇴화, 고장으로 끝이 난다. 그러나 예수 그리스도로 새 생명을 받은 우리는 마음(생명)으로 시작하여 뇌에서 훈련하고 생명을 심장으로 전환하여 하나님의 얼굴로 완성된다. 이것이 우리가 추구하는 내면세계의 완성이다.

혼적인 뇌와 심장, 영적인 하나님의 얼굴을 구분하자. 우리는 뇌를 통해 마음을 이해하고, 마음을 통해 뇌를 변화시킬 수 있다. 긍정의 마음, 감사 겸손의 마음을 뇌와 심장으로 통하여 인격을 높여준다. 즉 마음을 다스리는 것은 곧 뇌를 훈련하는 것이며, 뇌를 이해하는 것은 마음을 돌보는 길이다. 우리는 여기서 그치는 것이 아니라, 하나님의 얼굴을 만나는 그곳까지 영적으로 마음을 탐구하여 훈련하고 개간해야 한다. 당신의 혼적인 마음, 뇌는 건강한가? 심장의 온도는 정상인가? 당신의 영적인 마음인 하나님의 얼굴은 어떠한가? 마음의 회복은 곧 쉐마 회복이다.

공감 영성

"너희 안에서 행하시는 이는 하나님이시니 자기의 기쁘신 뜻을 위하여
너희에게 소원을 두고 행하게 하시나니 모든 일을 원망과 시비가 없이 하라" (빌 2:13-14)

사람들은 공감 시대와 비공감 시대, 이 두 시대를 살아가고 있다. AI가 발달해도 하나님께서 창조하신 인간의 마음을 100% 공감하는 것은 불가능하다. 공감력은 우리가 생각하는 단순한 심리적 상태가 아니다. 세계의 주요 종교치고 '공감'을 강조하지 않는 종교는 찾아보기 어렵다. 불교는 말할 것도 없고, 기독교와 이슬람교는 신의 중요한 속성 중 하나로 자비와 사랑을 강조한다. 이 사랑과 자비는 다른 말로 하면 공감하는 마음이다. 이처럼 타인에게 공감하는 능력은 영적인 사람이 되기 위한 필수적 자질에 가깝다.

하지만 때로는 그 강도가 지나치게 심해지면 나와 남의 감정을 구분하기 어려워질 뿐더러 자신을 피폐하게 만들 수 있다. 그래서 기독교의 공감력은 성경의 말씀이 기준이 되어야 하고, 영적인 분별력이 없으면 함께 수렁에 빠지게 된다. 심리적 공감을 뛰어넘는 영적인 공감력은 성령님의 역할이 반드시 필요하다. 하나님을 공감하게 하신 예수님이 아니시던가? 우리가 예수님을 통하여 하나님을 공감하듯, 성령님을 통하여 하나님과 예수님의 속성을 깊이깊이 공감하게 된다. 부모의 마음을 공감할 정도가 되면 부모님은 이미 우리 곁에 안 계시듯, 우

리의 영혼이 천국에 가서 삼위일체 하나님과 깊은 공감을 한다면 많이 늦지 않겠는가? 높은 공감 능력으로 영적 민감성을 유지하면서도 자신의 마음 건강을 지키는 것, 이것을 '공감 영성'이라고 붙여본다.

하나님, 예수님, 성령님과 공감하는 힘, 이것보다 더 강한 능력이 있을까 싶다. 믿음은 공감을 불러오고, 불신은 비공감을 형성한다. 이 믿음의 반응인 공감력은 삼위일체 그분의 힘이 나에게 실려 나답게 성화를 이루어 가게 한다. 그렇기 때문에 공감 능력의 향상은 곧 영적 성숙으로 여겨진다. 우리 기독교의 공감력은 하나님의 진심과 하나님의 마음 알기, 예수님의 진심과 예수님의 마음 알기, 성령님의 진심과 성령님의 마음 알기이다. 하나님의 진심을 아는 것은 삼위일체 하나님과 공감하는 힘이 되고 깨달음의 핵심이자 영성의 진정한 시험대이기도 하다.

우리가 하나님의 진심을 외면하거나 하나님의 진심에 관심을 두지 않았다면, 그냥 종교인이 될 뿐이다. 신성에 대한 이해가 우리를 더 따뜻하고 친절하며 더 깊어지고 사랑의 친절한 행위로 마음을 표현하게 만든다면, 이것은 좋은 신학이다. 그러나 여전히 하나님에 대한 생각이 이해되지 않고 불공평하다는 생각, 하나님을 설득하려는 무의식의 태도는 없는지 철저히 살펴야 한다. 나를 중심으로 하나님이 움직여 주지 않으심에 불만을 가진 사람은 어떠한 지식의 신학을 가지고 있다 해도 그것은 나쁜 신학이다. 하나님의 진심과 마음을 아는 것이 공감 영성의 시작이다.

나도 지키고 남도 살리는 마음

기독교의 깊은 자비심, 긍휼함은 공감 능력에서 탄생된다. 우리 삶의 중심에서 자아를 끌어내리고 타인을 그 자리에 놓는다는 것은 하나님을 향한 공감이다. 하나님을 공감하지 못하는 사람이 타인을 공감하는 것은 단순한 기술일 뿐이다. 그러나 하나님을 공감하려는 자의 태도는 그 어떠한 신학보다 뛰어난 영성을 소유한 것이다. 나에게 일어나는 사건보다 하나님을 알기 원하여 먼저 내 마음을 비워야 한다. 나의 나 됨보다 하나님의 진심을 알기를 원하는 마음은 창조주의 주권을 인정하는 것이다. 우리가 이러한 공감으로 신성한 경험을 하는 것은 인간의 이기심의 갑옷을 부수어 준다.

공감 능력이 떨어지는 사람의 특징이 있다. 공감을 못 하는 사람의 가장 큰 특징은 하나님을 모른다는 것이다. 또한, 공감 능력이 떨어지는 사람은 타인의 관점, 감정과 이해하는 능력이 떨어진다. 이런 사람은 철저히 자기중심의 생각이 굳어져 있다. 그렇기 때문에 대화의 소통도 어렵다. 모든 화제가 자기중심이고, 상대방의 이야기에 집중하지 못한다.

공감과 진심, 자비와 긍휼이 곧 영적 경험으로 이어진다. 삼위일체 하나님과의 공감 능력이 우선이 되어야 하고, 다음으로 타인과의 공감 능력이 중요하다. 하나님께 우선순위를 두지 않는 공감은 무분별한 사람이 되어 사단의 유혹이나 죄에 빠지기 쉽다. 성경 말씀을 기준으로 하는 공감이 힘이 되고 능력이 된다. 가볍게 감정적으로, 심리적으로, 이성적으로 하는 공감은 힘이 없다. 이성이 없는 공감, 중심이 없는 공감이 아닌 우리는 하나님의 마음을 담은 공감이 필요하다. 영적으로 공감한다는 것은 그 힘을 내 것으로 수용한다는 의미이다.

공감은 같은 마음이다. 그러나 여기서 끝이 아니다. 공감을 통해 상대방을 살려야 하고 생명을 주는 것이 목적이 되어야 한다. 마음이 통하고 생각이 이해가 된다고 해서 다 옳은 일은 아닐 수 있다. 마음과 생각은 이해가 되지만 하나님, 성경을 기준으로 해서 아니라는 판단이 설 때에는 그 마음은 위로하지만 반드시 진리를 제시하는 것이 영적인 공감력이다. 공감 상태를 받아들였다고 사건이나 상황에 매몰될 필요는 없다는 것이다.

진정한 공감은 수렁에 빠진 사람에게 밖에서 밧줄을 던져 주고 잡고 나오라는 것이 아니라, 그 수렁에 자신의 몸을 던져서 끌고 나오는 것이다. 배고픈 사람에게 "밥 먹어라."가 아니라, "배고프지? 밥 같이 먹자."라고 해야 한다. 추워서 떠는 사람에게 "춥지?"가 아니라, "춥겠다. 내 옷 입어."라는 마음은 내 마음도 풍요롭고, 타인의 마음도 위로하는 예수님의 사랑이다. 공감은 능력이 아니라 훈련이다.

메타인지를 높여라

"우리가 스스로 우리의 행위들을 조사하고 여호와께로 돌아가자" (애 3:40)

메타인지는 자기 자신을 객관적으로 바라보고 나아가서 하나님이 보시는 나와 현실적인 나의 차이를 인정하고 그 차이를 좁혀가는 능력이다. 내가 바라는 나, 하나님이 바라시는 나, 있는 그대로의 나를 현실의 나에서 도태시키는 것이 아니라, 하나님이 바라시는 나로 끌어올리는 힘이 필요하다. 메타인지가 높은 사람은 자신에 대한 피드백도 편견 없이 받아들이고, 사실적으로 인정하는 자기 객관화의 모습을 지니고 있다. 지금 내 위치에서 하나님의 시선으로 1미터만 올라가서 나를 내려다보는 시야 확보를 해보자.

'자기 객관화'는 단순히 자기비판이나 반성보다는 넓은 의미로 자신의 내면과 외면을 있는 그대로 받아들이고 그 차이를 줄이기 위한 열린 태도를 말한다. 자기 객관화를 위한 방법이 있다.

첫째, 자기 인식이다. 나의 장점과 약점을 그대로 받아들이는 것이 자기 인식의 시작이다. 가까운 사람이나 멘토에게 솔직하게 피드백을 구하고, 받아들이는 용기가 필요하다. 실수에 대한 죄책감에서 벗어나야 한다. 죄책감은 죄에 죄를 물고 온다. 그러나 회개는 새로운 도전의 용기를 가져다준다.

둘째, 내적 수용이다. 부정적인 피드백을 성장의 기회로 삼는다. 자신의 문제점이나 취약성을 인정하는 사람이 오래 살아남는다. 한발 물러서서 내 감정과 생각을 바라보는 '메타뷰' 훈련이 긍정적인 수용에 도움이 된다. 평소 나에게 객관적이고 다양한 조언을 해줄 나만의 멘토나 네트워크를 구축하는 것이 중요하다. 내적 수용은 창조의 나를 아는 사람과 하나님의 진심을 아는 사람에게 가능하다.

셋째, 관점 전환이다. 문제가 발생했을 때 감정적으로 반응하지 않고 상황과 반응을 분리하는 것이 중요하다. 작은 일에 흔들리지 않는 사람은 스스로 멘탈을 통제할 수 있는 '심리적 통제권'을 가지고 있다. 관계에 있어 적정한 마음의 속도와 거리를 유지할 필요가 있다. 관계의 중요성에 대한 우선순위가 일상에서 훈련된 사람만이 가능하다. 인정욕구가 강한 사람은 스스로를 자각하고 두려움과 분노 등의 부정적인 감정을 자꾸만 흘려보내야 한다. 그렇지 않으면 완벽주의가 성공이라고 속삭이는 악마에게서 벗어나지 못한다.

넷째, 한계 극복이다. 한계에 부딪혔을 때 일단 시도하고 새로운 성공 경험을 쌓는 것이 중요하다. 성과를 증명하려는 태도보다 진심을 전하는 것에 초점을 두는 것이다. 누구나 실패할 수는 있지만, 긍정적 에너지로 실패를 끌어 올릴 수 있는 사람은 기도하는 사람이다. 이런 사람은 객관적인 피드백을 잘 수용하여 자기 한계를 성장을 위해 충전하는 기회로 삼는다.

메타인지가 높은 사람은 성장의 과정에서 멈추지 않게 될 것이다.

마음을 아는 리더

리더인가 꼰대인가? 꼰대는 나이, 직급으로 만들어지는 것이라 착각한다. 꼰대는 과거 자신의 성공 양식을 강요하는 일방적인 태도에서 비롯된다. 내가 틀릴 수도 있다는 사실을 인정하고 늘 배우기 위해 노력하는 겸손의 자세가 탁월한 리더의 공통적인 특징이다. 이런 사람은, '내가 이 사람에게 어떻게 도움을 줄까'를 생각하며 교제하는 사람이다.

결국 마음을 아는 리더가 이긴다. 리더라고 해서 리더십을 갖추고 태어나는 것은 아니다. 하지만 리더십을 갖추면 리더로 부름 받을 가능성이 높다. 리더가 리더십을 훈련해야 하는 이유는 지속 가능한 리더가 되기 위함이다. 리더로 성장하는 것도 쉬운 일이 아니지만 리더를 계속 유지하는 것은 더욱 어려운 일이다. 리더로 성장하는 단계에서는 끊임없는 노력과 열정이 뒷받침되어야 겠지만 리더로 계속 남아 있기 위해서는 자기 관리가 무엇보다 중요하다. 자기를 관리한다는 것은 곧 자신의 마음을 잘 다스려야 한다는 뜻이다.

지금은 각 개인의 다양성을 존중하는 시대이다. 서로 다른 다양한 성격을 인정하며 그 자체로 존중받을 때 소속감을 가지고 자신의 능력을 발휘하게 된다. 리더가 성장한다는 것은 리더십이 함께 성장할 때 가능하다. 진정한 리더의 일은 모두의 힘을 빌리는 것이다. 다 함께 목적지에 도달하도록 하는 일이 리더가 해야 할 일이다. 또한, 구성원들과 좋은 관계가 필수 조건이다. 그러하기 위해서는 개인의 능력이 있을 때 가능하다.

자신의 취약성, 문제점을 인정하고 고백하는 리더가 인정받는다. 이런 리더는 실패의 경험도 투명하게 공유하고, 심리적 안정감을 가질 수 있도록 자신의 잘못을 쿨하게 고백한다. 사과를 잘하는 것, 진심 어린 사과도 리더십이다. 변명하지 않고 자기 합리화를 하지 않는 것이 진정성 있는 리더십이다. 신뢰를 잃은 리더는 설 자리가 없다.

눈맞춤, 함께 웃어주고 울어주는 것도 깊은 소통의 리더십이다. 소통이란, 보이지 않는 협력이다. 또한, 리더는 거절에 대한 내성을 키울 필요가 있다. 거절은 또 다른 의견일 뿐이다. 제안을 거절했을 뿐이지 존재를 부정한 것은 아니다. 거절은 진실이 아니라 의견이다. 거절은 의견일 뿐이지, 존재의 거부가 아니다. 이것이 하나님의 진심이다.

내적 성숙과 진리 안에서의 자유함

이 시대의 기독교 신앙에서 아쉬움이 있다면 많은 목회자들이 하나님의 전능과 거룩함을 강조하지만, 삶의 세밀한 관계의 성숙과 내면의 경건을 가르치지 않는다는 것이다. 그렇다 보니, 점점 인본주의로 빠져가고 세상의 흐름을 거스르지 못하고, 타협하는 기독교라는 낙인이 찍히게 되었다. 혼탁한 기독교의 문제는 외형적인 것에 치우쳐 내적인 것을 외면하고 있기 때문이다. 이 시대의 목회자들이 내면의 세계를 무시하지 않고, 내적인 경건과 거룩의 조화를 잘 가르치는 시대적인 지도자들이 되기를 기도한다.

정신적 혼돈과 마음의 어려움으로 힘겨운 삶을 살아가는 크리스천들에게까지 인본주의적으로 해결하려는 처방은 매우 안타까운 일이다. 외적으로는 신앙생활을 잘하는 것처럼 보여도 내적으로 경직된 마음은 온전한 신앙이라 볼 수가 없다. 거룩함만 강조하는 신앙은 '경외'로 끝나지만, 경건을 삶 속에서 실천하는 신앙은 '내적 성숙'과 '진정한 자유함'의 회복으로 이어진다. 이것이 곧 진리 안에서의 자유함이다. 자유로운 시간 속에서 내적으로 경건의 시간을 타이트하게 균형을 잡아 나아 갈 때 만나는 자유함은 날개 없는 창공을 나르게 된다. 내면에서 통전이 이루어져야 진짜 진리로의 자유인이 될 것이다.

거룩함이 인생의 목표라면 경건은 분화이다. 의식과 무의식의 영역에서의 분화는 심리적으로나 영적으로 필수적인 과정이다. 외면과 내면은 함께 다루어져야 하는 영역이다. 이것은 신앙의 삶을 억압하는 구조가 아니라, 삶을 품고 이끄는 미학적 은혜로 다시 태어나는 것이다. 내적인 세계를 다루어 주지 않으면 성숙이나 성화에 이를 수가 없다. 외적으로 사람은 좋아 보이는데 내면은 경직되어 있는 사람은 닫힌 사람, 교만하고 오만하다는 오해를 받기도 하고 실제로 그렇게 굳어져 있기도 하다. 이런 구조로는 구별됨이나 거룩함에 도달하기가 어렵다. 외적인 장애가 문제가 아니라, 자신의 내적인 문제가 장애가 되기 때문이다.

신앙의 미학적 차원이란 무엇일까? 하나님의 두 가지 속성, 초월성과 내재성을 말한다. 하나님이 주시는 전능하신 힘으로 자신을 초월해 간다는 것이 신앙의 미학이다. 예수님이 베푸신 십자가 사건은 나 자신의 한계를 초월하게 하는 미학이다. 성령님의 섬세하시고 위대하심의 사랑은 나의 내면의 세계를 통전화시켜 에덴을 회복시켜 주시는 은혜의 미학이다. 우리는 성부 하나님과 성자 하나님의 초월성과 성령 하나님의 내재성을 놓치지 말아야 한다.

삼위일체 하나님의 전능하심에 나의 초월의 미학을 실어본다. 하나님 없는 자기 초월은 과대주의 또는 과시주의가 된다. 그러나 전능자, 하나님께 실려 가는 자기 초월은 하나님의 전능하심 앞에서 두려움과 경외를 느끼며 진정한 자유함을 느낀다.

네 영혼이 잘됨같이

요한 삼서 1장 2절 말씀은 오해되거나 잘못 적용되는 구절 중의 하나이다. 영적으로 잘 되면 육적으로 만사형통할 수 있다는 약속이 아니다. 오히려 사도 요한은 가이오의 영적 상태, 그가 믿음과 진리 안에서 매우 건강하고 칭찬할 만한 수준임을 강조하고 싶은 마음이었다. 그의 믿음과 진리 수호에 대한 높은 수준이 감동이 되어 범사에 형통함도 있기를 간구하는 요한의 사랑의 표현인 것이다. 핵심은 영과 혼의 강건함이다. 그러나 우리는 핵심보다는 범사의 형통에 더 관심을 둔다. 이 말씀은 단순한 인사가 아니라 영적, 육체적, 범사의 번영을 소망하는 기도이다. 사도 요한과 같이 누군가의 영과 혼의 강건함과 아름다움을 보고 중보할 수 있는 자가 되고 싶다.

"네 영혼이 잘됨같이"라는 표현은 가이오의 영적 건강과 성장을 소망하는 사도 요한의 마음과 진심을 담고 있다. 또한 이것은 가이오의 변화와 성숙을 칭찬하고 있는 말이다. 영혼의 번영은 하나님과의 올바른 관계, 진리 안에서의 삶 그리고 하나님의 말씀에 대한 순종을 통해서 이루어진다. 사도 요한은 가이오가 이러한 삶을 살고 있음을 확신하며 그의 영혼이 잘됨을 기뻐하고 있다.

"범사에"라는 말은 부족함에도 감사할 수 있고, 만족할 수 있으며 기뻐할 수 있어야 한다는 의미이다. 바로 그때가 형통의 때이다. 영적 건강이 육체적, 물질적 번영으로 이어지기를 소망하는 사도 요한의 소망의 기도, 이것은 하나님과의 올바른 관계가 우리의 삶의 모든 영역에 긍정적인 영향을 미친다는 믿음을 반영한다.

"강건하기를 원하노라"라는 표현은 가이오의 육체적 건강을 기원하는 부분이다. 하나님께서 우리의 몸과 영혼 모두를 돌보시기를 바라는 마음이 담겨 있다.

사도 요한의 축복은 단순한 인사가 아니라 우리가 하나님 안에서 온전한 삶을 살기를 바라는 깊은 소망과 사랑의 표현이다. 우리의 영과 혼의 강건함이 우선이라는 현실적 바람과 그 이후 약속의 말씀으로의 바람이다. 이러한 마음은 우리에게도 도전을 준다. 우리는 하나님과의 올바른 관계를 통해 우리의 영혼과 삶의 모든 영역에서 단순한 번영과 외적인 형통이 아닌 수용의 형통과 만족의 번영과 범사에 감사의 충만함이 우리의 몫임을 기억해야 한다.

영혼이 잘됨은 인생에 있어서 가장 중요한 것이다. 영혼이 잘되지 않는다면 우리의 시간은 아무런 의미가 없어지게 된다. 이 땅에서의 삶이 잘됨 때문에 영혼이 잘되지 못했다면 오히려 땅에서의 잘됨은 저주가 되기 때문이다. 이 땅에서의 번성함과 강건함도 중요하지만 우선되어야 할 것은 육체의 고달픔이 있을지라고 영혼이 잘되어야 땅의 것도 의미가 있게 된다.

내적 통찰력과 그의 세 친구

"너희 중에 누구든지 지혜가 부족하거든 모든 사람에게 후히 주시고 꾸짖지 아니하시는 하나님께 구하라 그리하면 주시리라" (약 1:5)

인간이 살아가면서 가장 필요한 것이 있다면 지혜, 이해력, 분별력 그리고 통찰력이다. 사단이 지배하는 세상은 혼란스럽고 수많은 선택과 갈림길 속에서 우리는 끊임없이 판단, 선택을 해야 한다. 그런데 지혜, 이해력, 분별력, 통찰력은 우리가 올바른 길을 찾고 후회 없는 삶을 살아가도록 돕는 중요한 것들이다. 우리 삶에 친밀한 동행자는 이 네 친구면 충분하다.

지혜는 삶을 꿰뚫어 보는 능력이다. 지혜는 단순한 지식이 아니다. 지혜의 지식이며 그 지식을 바르게 적용하는 능력이다. 지식만 가지고 있는 사람은 선생이고, 지혜를 가지고 있는 사람은 삶으로 보여준다. 우리는 예수님의 지혜를 구해야 한다. 아무리 많은 지식이나 정보를 알고 있어도 그것을 삶으로 증명해 내지 않는다면 무용지물이다. 지혜로운 사람은 자신의 경험과 배움을 통해 진리를 깨닫고 바른 결정을 내린다.

이해력은 사물과 사람을 깊이 있게 파악하는 능력이다. 사람들은 각기 다른 생각과 감정을 가지고 살고 있기 때문에 삶은 복잡한 관계 속에서 이루어진다. 이해력이 부족하면 상대방의 말을 오해하고 갈등을 일으키기 쉽지만 뛰어난 이해력을 소유한 자는 사람과 상황을 정확히 읽고 공감하며 갈등을 해결하는 능력이 있다. 영적인 이해력이 부족한 사람은 기도 없이 자신의 머리를 믿는다. 또한 영적인 열정이 부족하다. 이해력을 넓히고 싶은 열정이 있는 사람은 기도로 무릎을 꿇고 성령님께 지혜와 깨달음을 구한다. 우리의 이해력만큼 영성이 될 것이다.

분별력은 옳고 그름을 가리는 능력이다. 나의 중심의 우선순위가 분별력을 정확하게 측정해준다. 중심이 똑바로 서 있는 사람, 확실한 우선순위가 만들어진 사람, 목표 설정이 분명한 사람은 영적인 시력이 밝아진다. 분별력이 없으면 쉽게 속고 갈등하며 선택이 복잡하고 순수함에서 이탈된다. 분별력이 있는 사람은 겉모습이나 감정에 휘둘리지 않고 무엇이 참된 것인지 꿰뚫어 보는 능력을 가지고 있다.

통찰력은 창조의 세계와 미래를 내다보는 능력이다. 통찰력은 눈앞의 일만 보는 것이 아니라 그 너머를 보는 능력이다. 통찰력은 보이는 것 너머의 보이지 않는 세계, 두 세계를 동시에 보는 하늘의 능력이다. 어떤 결정이 먼 훗날에 어떤 결과를 가져올지를 미리 깨닫고 행동하는 지혜는 통찰력 있는 사람만이 가진 능력이다. 통찰력 있는 사람은 현재의 작은 선택이 미래에 어떤 영향을 미칠지를 고려하여 비록 현재는 불리하지만 지혜로운 길을 선택한다.

지혜가 없으면 함정에 빠지고, 이해력이 없으면 사람들과 갈등을 겪는다. 분별력이 없으면 잘못된 길을 선택하고, 통찰력이 없으면 미래를 대비하지 못한다.

유한한 육체와 무한대한 마음

"이는 하늘이 땅보다 높음같이 내 길은 너희의 길보다 높으며 내 생각은 너희의 생각보다 높음이니라" (사 55:9)

내 한계적인 육체에 영혼이 담겨 있다. 유한한 육체에 무한한 마음이 담겨 있다. 사람은 누구나 마음이라는 보이지 않는 영역 속에서 살아간다. 마음은 물질처럼 눈에 보이지 않고 손에 잡히지도 않지만 우리의 삶을 지배하는 가장 큰 힘이기 때문에 아주 중요한 영역이다. 유한한 인간의 육체보다 인간의 마음은 크다. 인간의 마음은 무한하다. 그런데 하나님은 우리 마음보다 더 크신 분이다. 그러므로 내가 큰 사랑에 힘입어 살려면 어디에 초점을 두고 사는가는 그 사람의 몫이다. 한계가 있는 육체에 초점을 두는가? 무한대한 마음에 초점을 두는가? 이것이 당신의 삶의 영향력이고 크기가 될 것이다. 그래서 하나님이 없는 마음, 하나님으로 채워지지 않은 마음에는 상실감이나 정서적 마비, 심리적 고립감, 정체성에 혼란이 오는 것이다.

그 무엇으로도 채울 수 없는 인간의 마음을 하나님께서 채워주실 수 있다. 인간의 마음속에 있는 심령을 살리고 살려서 하나님의 형상이 마음을 채우게 하자. 당신이 하나님과 만나면 공허한 마음을 가득 채울 수 있고 진정한 만족을 누릴 수도 있다. 인간 스스로는 답을 찾을 수도 없고 확신할 수도 없지만 하나님 안에서는 답을 찾을 수 있고 채울 수 있다.

　인생을 살아가는 사람들 중에 세 부류가 있다. 첫째는 하나님을 믿고 싶어 하지 않고 인생의 철학도 없는 사람들이다. 이런 사람은 어떤 방법으로도 믿음이 들어가지 않는다. 그냥, 짐승처럼 육을 위하여 그것이 전부라고 생각하고 산다. 둘째는 하나님을 믿고는 싶은데 잘 믿어지지 않는 사람이다. 참 안타까운 사람들이다. 그래서 지식으로 학문으로 채워보려고 애쓰지만, 그곳에서도 만족이 없고 답을 찾지 못한다. 유일하신 하나님께 굴복하기가 싫은 것이다. 셋째는 미처 못 깨달을 뿐이지, 깨닫고 믿는 데는 한 치도 의심이 없는 사람이다. 안 믿어지는 것이 신기할 뿐이다. 이런 사람은 하나님의 얼굴을 통하여 자신을 찾아가는 사람이다. 세상 피조물 위에 있는 사람이다. 전능하신 하나님의 파트너로 사는 사람이다.

　내 마음보다, 내 생각보다 크신 하나님, 그분 안에 내가 있다. 비록 육체는 죄로 인해 유한하지만, 나의 마음만큼은 무한대이다. 하지만 육체가 완전히 허물지 않는 한, 마음과 생각은 제한받을 것이다. 내가 제한적이라 해서 하나님도 동급이라 생각하지 말자. 하나님의 마음과 생각은 측량이 불가능한 무한대이시다. 인생의 모든 문제에는 하나님이 답을 가지고 계신다. 그래서 구하고, 찾고 두드리라 하신 것이다. 죄의 홍수 시대에는 '거룩'만이 답이다. 거기에 답이 있다. 인간에게 가장 큰 고통의 원인은 유한한 육체 안에 무한한 마음이 있기 때문이다.

마음의 장벽 무너뜨리기

사람들과 일정한 거리를 두고 방어하려는 마음 상태를 두고 쇼펜하우어는 '고슴도치 딜레마'라고 했다. 가까이 가면 손해 볼 것 같은 이기심이 그 안에 있다. 그 이기심의 근원지를 찾아야 한다. 친밀해야 하는 하나님과의 거리, 가까운 부부간의 거리 그리고 멘토와의 거리는 매우 중요하다. 사람은 친밀감을 원하지만, 타인에게 상처받거나 거절당하는 것을 두려워하는 두 가지 감정이 교차한다. 서로의 거리를 존중하되 상대방이 철벽 혹은 넘지 못할 장벽으로 느끼고 있지는 않은지 살펴야 한다. 마음의 장벽은 불안-회피이며 건강한 관계를 해치는 장벽이 된다. 마음의 장벽이 존재한다는 것은 불안-회피 반응 중 하나이기도 하다.

거리의 장벽이 높고 상대방이 다가서는 만큼만 다가서는 계산은 가룟 유다의 행적이다. 먼저 마음을 열고 다가서지 않으면 관계에 병이 든다. 타인을 깊이 있게 알아가는 과정을 에너지를 소모하는 것으로 여기거나 상대방으로 하여금 틈을 내어 주지 않는다고 느껴지게 한다면 그런 오해나 자기중심적인 유아적 사고에서 빨리 벗어나야 한다. 상대방의 진심보다는 자신의 기준에 따른 해석에 의존하여 오해가 빈

번하게 일어난다.

하나님께 정작 벽을 치고 있으면서도 하나님을 원망한다. 그러다 보면 벽은 점차 두꺼워지고 높아진다. 자기중심적으로 상대가 움직여 주지 않는다고 벽돌을 쌓고 심지어 철벽을 쌓는다. 등껍질을 단단히 싸고 있는 거북이처럼 마음의 장벽은 자기 스스로를 온전히 사랑할 수 있어야 사라진다. 마음의 장벽을 두는 사람들의 내면은 사실 상대방이 자신의 상처를 온전히 수용하고 감싸주거나 벽을 부수고 부드럽게 예의를 갖추어 나의 속도에 맞게 선을 넘어와 주기를 기다리고 있는 경우가 많다. 하지만 내면의 상처는 타인이 치유해 주는 것을 바라는 것이 아니라 스스로 치유할 수 있을 때, 그것을 정면으로 마주하고 바라볼 수 있는 내면의 힘이 있을 때 건강한 관계가 시작된다. 과거에 상처받은 내면도 나이고, 그러한 나를 사랑할 수 있어야 하기 때문이다. 자존심을 지킬 것인가? 자존감을 가져갈 것인가? 나의 사명을 지킬 것인가? 마음의 벽에서 자유로워질 때 나타나는 일상의 변화들은 다양한 사람들을 포용하고 함께 공존할 때 의식의 영역과 세계관이 확장될 수 있다.

좋음과 싫음, 옳음과 그름처럼 나만의 사고 회로 안에서 맴도는 것이 아니라 다른 사람의 생각에 접근하고 기존의 회로를 바꾸거나 확장시킬 수 있다. 진리에서 벗어나지 않았다면 틀린 것이 아니다. 다만, 다를 뿐이다. 다름과 틀림을 확실하게 구분하는 지혜는 곧 영성이다. 나와 맞느냐, 맞지 않느냐를 따지는 것은 일반적인 사람이다. 그러나 다름을 수용하는 사람이 되어야 한다. 우리는 모두 성장을 향해 나아가는 힘을 내면에 가지고 있다. 내가 이미 가지고 있는 것을 잘 쓸 수 있다면 삶이 더욱 풍성해지고 내면은 더욱 확장될 것이다.

Part 3

창조의 나다움을 찾아서

창조의 나다움을 찾아서

하나님의 눈으로 나를 찾는 것이 중요하다. 자아 발견이란 말은 교회 안팎에서 익숙한 용어다. 그만큼 많은 사람들이 자아를 발견하고 확고한 정체성을 갖기 원한다는 얘기다. 그러나 우리는 겨우 이름 석 자만 알 뿐, 다양하게 튀어나오는 자신 앞에서 당황하는 나를 보지 않는가? 너무도 아름다운 나를 기대하는데 작은 장애물 앞에서도 미숙한 반응을 하는 자신을 보고 우리는 당황하기도 한다. 그리스도인으로서의 나와 본질적인 나와의 일치성을 찾아서 삶의 목적과 방향, 내가 누구인지를 깨닫는 것이 필요하다.

"너는 너를 버려가면서, 진정한 자아를 발견할 것이다."

이것이 성경이 가르쳐주시는 나다움을 찾아가는 것이다. 이기적인 나를 죽이고, 야망적인 나를 죽이고, 유아적인 나를 이젠 과감히 죽이고, 내가 좋아하는 것과 하나님이 좋아하시는 것이 일치된다면 그것이 창조의 나다움이다. 창조의 자아 발견이란, 하나님의 렌즈가 아니면 불가능하다. 진정한 '나다움'은 나의 생각이 하나님의 뜻과 일치되는 나, 나의 목표가 하나님의 목표와 일치되는 나, 나의 가는 길이 예수님이 가신 길을 걷고 있는 나, 내가 있는 곳에 성령님이 동행해 주시는 나, 마침내 나의 온몸의 죄의 본성이 생명 앞에서 굴복하는 것이다.

온몸과 마음으로 굴복하면 영생을 발견할 것이다.

아무것도 감추지 말라. 당신이 내놓지 않고, 오픈하지 않으면 나다움을 찾을 수 없을 것이다. 내 안에서 죽지 않은 내가 있다면, 그 자아는 부활하지 못할 것이다. 쓰레기 같은 나를 버릴 때 진정 내가 누구인지를 알게 된다. 죄의 본성의 자아가 발견되어서 죽어야만 그것이 생명의 자아를 살리는 길이다. 진리를 왜 역설의 진리라고 하는지를 나다움을 찾아 간증해 보자. 이제는 근거 없는 타인의 기대 속에 버거워하는 나는 떠나보내자.

나다움을 찾아가는 여정은 완성된 상태의 나, 완벽한 나를 기대하는 것이 아니다. 내가 하나님의 사랑 받을 수 있는 나로의 변화를 기대하는 것이다. 결국 나답게 산다는 것은 하나님의 뜻이 나의 가장 최상의 삶이라는 것을 깨닫고 그 한길을 향하여 질주하는 나를 찾는 것이다. 역할에 따라 변하는 나, 상황에 따라 변하는 나, 사람에 따라 변하는 나, 다양함이 나쁜 것은 아니지만 마음은 하나님의 얼굴이길 소망하자. 내가 원하는 나는, 중심은 예수님의 사랑이었으면 좋겠고, 내면의 세계는 삼위일체 하나님과 친밀한 교제의 장소로 다 내어놓을 수 있고, 그리고 나 자신과 아직 미숙한 너까지 그곳에서 행복했으면 좋겠다는 바람이다. 이런, 나다움을 찾아가는 길이 행복이다. 같은 목표, 같은 방향, 같은 뜻. 그 끝에서 기다리시는 하늘 아버지의 양팔에 안기는 그날까지 십자가의 길, 예수님이 가신 그 길에서 나다운 나를 만나길 소망해본다.

내면의 고유성을 찾아라

사람들은 내면을 단순히 학문으로 짚어보는 공간 정도로 생각한다. 그러나 내면은 단순한 공간이 아니라 세계이다. 잡힐 듯, 말 듯한 곳, 알 것 같기도 하고 막연하기도 한 영역이 내면세계이다. 내면의 길은 좁은 길이지만 그 길 끝에는 의의 나라, 하나님과 맞닿은 나라가 있다. 내면의 세계는 빛을 향한 길이다. 물론 내면의 세계가 처음부터 빛이 느껴지는 곳이 아니었다. 어둡고 혼돈하며 무질서의 상태였지만 빛으로 오신 예수님으로 인하여 개간되어져 가고 있다.

내면의 길은 나의 고유성을 찾아가는 길이다. 그로 인해 나 자신을 넘어서는 존재가 되는 것이다. 내 시선으로 나를 보는 것은 보이는 나의 외적인 것이다. 그렇기 때문에 나이지만 나를 다 알지 못한다. 그러나 내면의 길은 진정한 창조의 나를 만날 수 있는 길이다. 내면세계를 다스리지 못하는 사람은 진정한 나를 만나지 못한 채 허무한 것으로 허공을 치는 삶을 살게 된다. 태어날 때부터 나만의 고유성을 가지고 태어났다는 것을 부인할 사람은 없다. 그러나 세상이 주는 교훈만으로는 우리만의 고유성을 찾을 수가 없다. 반드시 내면 깊은 곳으로 들어갈수록 나를 창조하신 나와 마주하면서 하나님의 형상에서 나를 찾게 된다. 하나님의 얼굴에서, 하나님의 마음에서 나를 찾아라! 그런 사람이 나 자신으로 살다가 나의 때가 오면 나만의 불꽃에서 예수님의 향기가 피어나고 그 꽃이 지고 열매가 맺히면 영광을 위하여 쓰임을 받는다.

"나를 죽이지 못한 죄성은 나를 더 강한 고통으로 이끌어 간다." 작은 것에 타협하기 시작한 그 타협이 지금의 나를 어떻게 만들었나? 빛의 길이 제시되어도 현실을 부인할 능력이 없음으로 그 길에서 서성이고 있지 않은가? 내면세계를 추구하는 자에게 암적인 것은 현실 타협이다. 오늘의 현실 속에서 적당히 거짓을 일삼으면서 타협하는 나는 기존의 삶에서 한 발자국도 내면으로 들어가지 못하고 있다. 이는 기존 질서를 무시하라는 것이 아니다. 좀 더 섬세하게 순종하라는 것이다. 오늘의 현실과 내면의 세계를 따로 보지 말라는 것이다.

자신의 가치를 찾아가는 사람은 초인의 삶을 산다. 초인의 삶을 산다는 것은 기존 질서에 안주하지 않고 스스로의 삶의 의미를 끊임없이 묻고 재구성한다는 것이다. 자신의 삶을 하나님께 맡기고 내면의 에덴의 풍경 위에 재배치한다. 눈앞에 행복이 잡힐 것 같은가? 잡을 수는 있지만 잠깐이다. 진정한 만족이나 충족, 행복은 보이는 세계가 아니라 지금은 보이지 않지만 영원한 세계에만 존재한다. 그 영원한 세계로 가는 길이 곧 내면의 길이다. 우리는 반드시 이 길을 걸어야 한다. 좁은 길 그러나 영원한 세계요, 빛의 세계요, 거대한 나라 아마존의 세계이다. 그곳에서 우리는 창조의 나를 찾아야 한다.

고유성을 찾아가는 내면의 길

내면의 길은 고유성을 찾아가는 길이다. 빛을 향한 내면의 길이다. 사람들은 내면이라고 하면 학문으로나 짚어보는 공간 정도로 생각한다. 그러나 일단 우리는 단순한 공간이 아니라, 내면의 세계로 본다. 많은 사람들이 내면의 세계를 인지한다 해도 마치 시각 장애인이 문고리 잡듯, 잡힐 듯 말듯, 알 것 같기도 하고 막연하기도 한 영역이다. 내면세계는 하나님과 맞닿은 나라, 아직 다 깨닫지 못하고 알지 못하지만 느낌이 있는 세계이다. 내면의 세계는 빛을 향한 길이다.

그러나 내면의 세계가 처음부터 빛이 느껴지던가? 아니다. 내면은 죄의 본질인 어둡고, 혼돈이고, 무질서의 상태였다. 하지만 빛으로 오신 예수님으로 인하여 개간되어져 가고 있다. 그래서 지금 나의 내면은 빛을 향한 길이 되었다.

내면의 길은 나의 고유성을 찾아가는 길이다. 나만의 고유성, 여기서 나 자신을 넘어서는 존재가 되는 것이다. 내 시선으로 나를 보는 것은 보이는 나의 외적인 것이다. 그러하기에 나이지만 나를 다 알지 못한다. 그러나 진정한 창조의 나를 만날 수 있는 길은 내면의 길이다. 내면세계를 다스리지 못하는 사람은 진정한 나를 만나지 못한 채 허무한 것으로 허공을 치는 삶을 살게 된다. 나를 죽이지 못한 죄성은 나를 더 강한 고통으로 이끌어 간다. 작은 것에 타협하기 시작한 그 타협이 지금의 나를 어떻게 만들었나? 빛의 길이 제시되어도 현실을 부인할 능력이 없으므로 그 길에서 서성이고 있지 않은가?

내면세계를 추구하는 자에게 암적인 것은 현실 타협이다. 오늘의 현실 속에서 적당히 거짓을 일삼으면서 타협하는 나, 기존의 삶에서 한 걸음도 내면으로 들어가지 못하고 있다. 기존 질서를 무시하라는 것이 아니다. 좀 더 섬세하게 순종하라는 것이다. 오늘의 현실과 내면의 세계를 따로 보지 말라는 것이다. 자신의 가치를 찾아가는 사람은 초인의 삶을 산다.

초인의 삶을 산다는 것은 기존 질서에 안주하지 않고, 스스로 삶의 의미를 끊임없이 묻고 재구성하는 삶이다. 자신의 삶을 하나님께 맡기고, 내면의 에덴의 풍경 위에 재배치한다. 현실적인 내면의 세계를 점검하자. 실패와 무력감, 감정의 혼돈과 관계의 갈등, 사명과 현실적 자아에 대한 모순된 감정, 훈련과 자유에 대한 갭(비전과 현실), 내가 믿고 있는 성경의 언약은 정말 나 자신의 것인가? 자기값을 한다는 것, 태어날 때부터 나만의 고유성을 가지고 태어났다는 것을 부인할 사람은 없다. 세상이 주는 교훈으로는 우리만의 고유성을 찾을 수가 없다. 반드시 내면의 깊은 곳으로 들어갈수록 나와 마주하면서 하나님의 형상에서 나를 찾게 된다. 하나님의 얼굴에서, 하나님의 마음에서 나를 찾아라. 그런 사람이 나 자신으로 살다가 나의 때가 오면, 나만의 불꽃에서 예수님의 향기가 피어나고, 그 꽃이 지고 열매가 맺히면 영광을 위하여 쓰임을 받을 것이다.

자기다움을 찾아서 떠나는 여행

"그가 비록 천 년의 갑절을 산다 할지라도 행복을 보지 못하면 마침내
다 한 곳으로 돌아가는 것뿐이 아니냐" (전 6:6)

자기다움을 찾아서 떠나는 여행이 내면의 여행이다. 인생을 우리는 맛으로 표현한다면, 단맛, 매운맛, 신맛, 짠맛, 쓴맛 오감이 있다. 이 맛에는 중독성이 있다. 특별히 단맛에 대한 중독증은 사단이 쳐놓은 올무이지만 하나님은 신령한 깊은 곳으로 초대하신다. 우리는 인생의 단맛을 쾌락이라는 것으로 착각하고 산다. 그렇기 때문에 그 중독에서 벗어나기가 쉽지 않다. 연구가들은 관능에 폭발지점을 음식에서 찾았다. 그래서 유혹할 때, 맛있는 요리를 매개체로 삼는다고 한다.

음식의 중독성을 우리는 간과하지 말자. 음식과 경건의 삶은 매우 밀접하다. 성인들의 가장 핵심적 포인트가 음식에 대한 절제였다. 이는 수련의 기본이다. 내가 지금 길들여 있는 맛에도 다 성질을 가지고 있다. 우리가 성화의 과정을 통과하기 위해서는 음식에 대한 중독성에서 벗어나야 한다. 자발적 불편함을 사수하자. 우리 몸과 영혼에 유익한 것을 먹는 것이 성화에 도움이 된다. 음식은 우리의 성품에 많은 영향을 준다. 자극적인 것을 좋아하는 사람의 체질은 쾌락에 길들여지기 쉽다.

우리는 재창조의 나를 회복하는 사람들이다. 세심한 곳까지 이제는

디테일하게 돌아봐야 한다. 자기다움이란? 창조의 나이다. 나는 누구인가? 나는 어떤 삶을 살아야 할까? 나는 무엇을 잘할 수 있나? 혼자만을 위함이 아닌, 조화를 위한 독특함이 창조의 목적이다. 이것이 자기다움을 찾는 사람이다. 우리는 한 사람 한 사람이 창조물이기에 비교의 대상이 될 수 없다. 색깔과 가치, 그리고 달란트, 비전을 바탕으로 일관된 방향성을 확고히 해야 한다. 오늘은 자기다움을 찾는 훈련을 해보자.

1. 나는 언제 제일 보람이 있고 행복한가?

2. 나는 어떤 피드백을 자주 듣고 있는가?

3. 자기 창조, 자기만의 차별점은 무엇인가?

4. 내가 하나님께 영광이 될 수 있는 부분은 무엇인가?

5. 평소 하지 말아야 한다고 생각하면서 고쳐지지 않는 부분은 무엇인가?

6. 내가 반드시 해야 할 부분을 하지 못하는 부분은 무엇인가?

7. 공동체와 연합하고 기여할 수 있는 나만의 기여도는 있는가?

아주 작은 행동, 작은 차별점도 좋다. 내게서 나다움을 찾아가는 것이 중요하다. 자기다움을 찾은 사람은 자신의 존재감을 높인다. 타인이 비교의 대상이 아닌, 협력의 대상이 된다. 나를 사랑하는 만큼 타인도 귀히 여긴다. 삶의 만족도가 점점 올라간다. 자기다움을 찾는 것은 단순한 자기 탐색이 아니라 삶의 질과 방향을 결정하는 핵심 과정이다. 자기다움이 없는 사람은 늘 상황과 환경에서 패배한다. 그러나 문제는 환경과 타인이 아니라 자신의 내면의 문제이다. 창조의 나를 찾는 이 하루가 나다움을 찾는 거룩함이 될 것이다.

나를 알아가는 길

나를 찾아가는 길은 내가 세상에 태어나는 순간부터 주어진 질문이고 문제이다. "나는 누구인가?"라는 질문에 인생은 평생의 그 길 위에 빛을 향해 걷는 것이다. 내면의 빛과 어두움의 세계 사이에서 갈등을 겪으며 두 자아 가운데 어느 것을 선택할 것인가가 인생의 중요한 선택의 포인트이다. 인생이 흔들린다는 것에 대해 사람들은 착각한다. 외부적인 것으로 인해 흔들리는 것이 아니라, 내부적으로 정체성이 약하거나 절대 가치를 모를 때 흔들리는 것이다. 우리가 영원한 세계의 맛을 보려면 진정으로 내면의 세계가 회복이 되어야 영의 세계를 경험하게 된다. 혼적인 사람은 도덕과 규범에 얽매이지만, 진정한 자아와의 만남은 어렵다. 물론, 정신적인 성장과 정서적인 성숙이 우리의 영을 빛나게 하지만, 그것이 메인이 아니라는 것을 전제로 출발해야 한다.

자신의 존재의 깊은 내면을 빛이신 성령님을 통해 안내받는 삶이 진정한 영성의 길이다. 이것이 자신의 길을 확신 있게 가는 사람의 행보이다. 사람들이 우왕좌왕하고, 늘 선택의 사거리에서 서성이는 이유는 자신이 가야 하는 방향을 모르거나 이중적인 자아가 갈등하기 때문이다. 육적인 자아와 영적인 자아가 선택의 사거리에 세워져도 내가 가야 하는 방향이 확실한 사람은 하늘의 질서에 따라 움직인다. 인간의 본성과 내면의 진실에 대한 질문은 철학적인 질문이 아니다. 영적인 대면이다. 내면의 갈등은 성장의 과정이고, 모두가 겪는 영성의 여정이다. 그러나 여기에서 멈추거나 주저해서는 안 된다.

지금은 끊임없이 내면의 소리에 귀 기울이고, 그 위에 하나님의 소리에 결론을 내리려는 믿음을 가지고 있다. 타인의 기대에 얽매이게 되면 허세의 늪에 빠지기 쉽다. 그러나 기본 질서 위에 빛의 질서로 진정한 나를 만나 동행하면 외롭지 않다. 일부러 사람을 찾아 다니고 뭔가 사람을 통해 얻으려는 마음도 사라진다. 알을 깨트리고 나와야 하는 생명, 그 알은 육신의 나이다. 외부적인 그 누구도 아니다. 새는 알에서 나오려는 투쟁을 한다. 이것이 다시 태어나려는 자의 싸움이다. 다시 태어나려는 자는 하나의 세계를 깨트려야만 한다. 새로운 세계로 나아가기 위해서는 기존의 틀을 깨야 하고, 덜 중요한 것을 더 중요한 것 때문에 버려야 한다.

철 없을 때에는 영적인 일에 정말 열정만 있었고, 조금 성장하면서 하나님의 자존심을 위해 지성과 영성을 겸하는 깊은 우물로 훈련해 왔다. 그런데 지금은 '깊은 우물의 생수'로 업그레이드 되었다. 나는 나의 내면의 길을 찾아 빛을 좇아가고 있다. 물론, 그 빛의 줄기에서 나오는 한 방울의 생수라도 누군가에게 생명이 되기를 소망하면서 말이다.

"주님, 내면의 빛의 길을 따라가는 삶이 되게 하소서. 그 길을 걷다가 또 멈추다가 또 걷기를 쉬지 않게 하소서."

출생의 비밀

우리는 한 번 태어나고, 두 번 거듭난다. 이것이 출생의 비밀이다. 예수님으로 인하여 영이 소생하고, 성령님으로 인하여 인격이 다시 태어난다. 언제부터인가 방송이나 사람들 사이에서 사람을 수저 계급론으로 평가하고 이야기한다. 금수저냐? 은수저냐? 흙수저냐? 물론 다이아몬드 수저도 있다. 누군가 나에게 어떤 수저가 되고 싶냐 하면 나는 주저 없이 흙수저라 말하고 싶다.

금은 원래 흙이었다. 흙수저는 부족하고 부끄러운 것이 아니다. 진리를 품은 나에게는 내가 흙수저이기에 오히려 감사하다. 지금 내가 품고 있는 비전은 흙과 흡사하다. 생명을 품어 내고, 생명의 씨앗을 틔워 자랄 수 있도록 영적인 영양을 공급하고, 땅의 수고로 나무가 되어 열매로 증명하도록 돕는 것이다. 사람들이 스스로 '난 흙수저니까'라며 스스로 열등감의 프레임을 씌우지 않았으면 좋겠다.

금은 반짝반짝 빛나고, 부의 상징이고 재산 목록에 이바지하지만 금의 근본도 흙이라는 사실을 아는가? 흙에서 추출되는 금, 다양한 것들을 수용한 만큼 다양한 가치를 드러내는 흙은 증명해 내는 진실성을 가지고 있다. 심은 대로 거두게 하는 진리로 말이다.

영적 출생은 단순한 종교적 개념이 아니다. 인간의 근본을 아는 지식이다. 그리고 모든 심리적 안정을 찾을 수 있는 혼적인 영역이다. "내가 어디서 왔는가? 나는 누구인가? 어디서 와서 어떻게 살다가 어디로 가는가?"에 대한 답을 가지고 산다. 이 세상을 사는 동안 하나님과의 단절되었던 것들을 예수님의 은혜로, 성령님의 도우심으로 새롭게 호적 정리가 되는 것이다. 더 이상 사단의 종이 아닌 하나님의 자녀로 말이다. 이것이 영적인 호적 정리이다.

"예수님의 생명의 씨를 받아 나의 마음, 내면의 밭, 흙에 심었습니다. 그 씨를 자라게 하시는 하나님과 가꾸어 주시는 성령님 안에서 거듭난 사람입니다. 이제는 열매로 증명하겠습니다."

성령을 통한 새로운 존재가 된 인간은 본래 죄로 인해 죽었지만, 성령을 통해 다시 살아나 새로운 생명을 얻었다. 영적으로 출생하여 하나님의 자녀가 됨으로 하나님과의 관계가 회복되었다. 이제, 영적 출생이란 무엇이며, 그것이 신앙과 삶에서 어떤 의미를 가지는지 깊이 탐구하고, 확실하게 출생 신고가 되어 있는지를 확인하자. 천국에 출생 신고가 되지 않으면 우리는 영적인 고아가 된다. 아무리 찾고, 구하고 두드려도, 잘못하면 도적이요, 절도가 된다. 자신의 이름이 생명록에 기록된 사람은 믿음의 확신 그리고 자신의 의지와 순종으로 증명해내는 사람이다. 나는 천국에 출생 신고된 사람이다. 천국의 소속으로 나의 출생의 비밀을 갖고 있는 사람이다.

대표성의 원리

아담의 범죄로 모든 인류에게 죄가 들어오게 되었다. 모든 인간은 아담과 하와가 낳은 자손이며 아담에게서 태어난 우리 모두는 그의 죄가 유전되어 아담이 범한 죄의 영향을 받게 되었다. 왜 아담 혼자만의 죄가 나에게까지 유전되는 것일까? 여기서 대표성의 원리가 나온다.

아담은 모든 인간을 대표하는 첫 사람이다. 생물학적인 일반적 방법으로 출생한 사람이 아니라 하나님의 특별한 방법으로 창조된 사람이다. 그 특별한 사람이자, 사람의 대표인 아담과 하나님은 언약을 맺으셨다. 그 언약은 아담 이후의 모든 인간을 대표해서 아담과 하나님이 맺은 언약이다. 우리는 육적으로 그 아담에게 속해 있기 때문에 아담의 죄가 곧 우리의 죄가 되는 것이다. 이것이 대표성의 원리이며 실제로 우리가 사는 세상은 대표성의 원리에 의해 움직인다. 그러므로 인간의 대표인 아담이 에덴동산에서 선악과를 따먹은 것은 아담 개인의 자격으로 행한 것이 아니라 아담 뒤에 태어날 모든 인류를 대표해서 죄를 짓고 언약을 깨뜨린 것이 되어 지금 우리에게 죄의 영향을 미치는 것이다. 아담이 지은 죄 때문에 어쩔 수 없이 나도 죄인으로 태어났다는 사실이 억울한가? 아담은 모든 인류 중에서 가장 완벽한 인간이었다. 우리가 아담보다 나아 보이지만 사실 우리는 아담보다 미숙하고 연약하며 부족하다. 선악과 사건을 보며 억울해하고 절망하는 사람은 여기까지만 알기 때문이다.

대표성의 원리에 의해 아담 한 사람에 의해 인류는 죄인이 되었지만 예수 그리스도께서 죽으심으로 인해 죄사함 받게 되고 하나님의 자녀, 천국 백성이 되었다. 하나님은 첫 사람인 아담으로부터 죄의 본성을 갖고 태어난 우리를 구원해 주시기 위해 또 다른 한 사람을 대표로 세우셨다. 예수님은 둘째 아담이 되어 예수님을 믿는 모든 사람의 대표가 되며 하나님의 뜻을 완전히 순종함으로 우리에게 '죄'가 아닌 '의'를 물려 주셨다. 첫 사람 아담의 죄로 모든 사람이 영원한 형벌을 받았듯이 둘째 아담 예수님의 의를 통해 예수님 안에 있는 모든 사람이 영원한 생명을 얻게 되었다. 아담은 선악과 나무에서 실패했지만 예수님은 십자가 나무에서 죄와 사망을 이기셨다. 우리는 선악과에 대한 시선 교정이 되었다. 선악과는 인간을 시험하기 위한 것이 아니라 하나님의 사랑이라는 것을 말이다. 예수님께서 절망의 열매인 선악과에서 희망, 하나님의 진심을 보게 하셨다.

대표성의 원리를 통한 복음은 하나님의 역사를 이루어 가는데도 여전히 유효하다. 아담 아래 있던 우리가 예수님 안으로 옮겨진 것처럼 우리의 존재, 신분, 상태, 소속이 모두 바뀌었다. 복음에서 승리했다는 것은 내가 하늘나라의 대표가 되는 것이다. 한 사람의 영향력은 단체와 가정 그리고 시대를 이끄는 힘이 있다.

나는 움직이는 성전이다

"너희는 너희가 하나님의 성전인 것과 하나님의 성령이 너희 안에 계시는 것을
알지 못하느냐" (고전 3:16)

정말 내 몸이 움직이는 성전인가? 나는 움직이는 성전으로 하나님의 임재를 때와 장소를 초월하여 느낄 수 있기를 소망하라. 그러기 위해서는 육체와 혼, 그리고 영적인 영역까지 점검이 필요하다. 가장 문제가 되는 것은 혼의 영역이다. 우리는 혼을 예수의 보혈로 이식한 자들이다. 이 혼을 예수님의 인격으로 만들고, 영적인 양식을 주어야 한다. 그래야 예수화 되고 예수님을 닮게 된다. 어두움에 지배되었던 영이 예수님의 죽으심으로 그 땅을 샀다. 그러나 여전히 그 영역은 혼돈이다. 왜, 혼돈일까? 죄의 찌꺼기와 착각된 착시 때문이다. 이미 죽을 죄의 껍질들을 보고 다시 정체성이 흔들리는 이 현상이 영적인 세계를 혼돈의 세계로 만든다.

"이 영역에 하나님의 진심을 담게 하소서. 하나님의 진심을 내 마음에 복사시켜 주소서."

하나님의 진심은 사랑이었다. 인간이 하나님의 진심을 오해하는 순간부터 우리에게 죄가 들어 왔고, 지금도 그 죄에서 벗어나지 못하고 있다.

"하나님의 진심이 나의 진심이 되게 하자. 이타적인 사랑으로 나의

이기심을 제거하자."

내 몸이 움직이는 성전 되기 위한 기도가 필요하다. 영의 영역은 하나님의 진심으로, 혼의 영역은 예수 생명으로, 육의 영역은 성령님의 끊임없는 도우심으로, 나의 몸의 지렛대는 삼위일체 하나님이면 충분하다.

요즘 목회자나, 교회가 비난의 대상이 되는 현상이 계속되고 있다. 몸을 잘못 움직여 그리스도인다운 삶을 온전히 이루지 못했기 때문이다. 몸이 움직일 때마다 주님께 영광이 돌아가는 삶을 살아야 하는데, 도리어 삶을 망가뜨리는 몸으로 인해 머리 되신 주님을 욕되게 하는 일들이 다반사다. 말과 행동이 다르고, 말에 대한 책임도 없고, 혼자 있을 때와 군중 앞에 있을 때의 모습이 다른 지도자들, 그리스도인들의 모습이 안타깝다. 그리스도의 핏값으로 산 몸, 이제는 구별되어야 한다. 하나님이 주신 몸의 가치를 높여 하나님 나라를 위한 삶을 이어가야 한다. 그 삶을 몸으로 살아야 하는 것이 사명자의 길이다. 영적인 직함에 맞는 태도는 화려한 경력이 아니라 삶이어야 한다. 그리스도인다운 삶이 없다면 화려한 수식어가 붙더라도 공허할 수밖에 없다. 공허하니 옛 생각이 나고, 그 옛 생각은 죄에 눈길이 가고, 손길이 가고를 반복한다. 그러한 사람은 비전은 영원한 미래에 그치게 될 것이다. 예수 그리스도의 피로 구원받은 우리 삶의 모든 영역에 주님의 피가 흘러야 한다. 우리는 날마다 주님의 임재를 경험하는 움직이는 성전이다.

거룩한 자기 혁명의 길

"그가 이르되 네 이름을 다시는 야곱이라 부를 것이 아니요 이스라엘이라 부를 것이니
이는 네가 하나님과 및 사람들과 겨루어 이겼음이니라" (창 32:28)

좁은 길을 가는 사람들에게는 모든 일이 기도를 통해서 계획되어야 하고, 기도를 통해서 결정되고 선택되어져야 한다. 지금은 우리 모두가 하던 일을 멈추고 기도할 때이다. 기도는 거룩한 혁명이요, 조용한 내적 혁명이다. 기도는 사물을 변화시키는 것이 아니라 사람을 변화시킨다. 겉을 변화시키는 것이 아니라 속을 변화시킨다. 기도를 통해 거룩한 혁명으로 나아가기 위해 알아야 할 것은 다음과 같다.

첫째, 기도는 결코 쉽지 않다는 점이다. 모세는 아론과 훌을 데리고 산으로 올라가서 두 손을 높이 들고 기도하기 시작했다. 전쟁에 나가서 칼과 창으로 싸우는 것보다 더 중요한 무기는 기도였다. 손을 높이 들면 여호수아와 이스라엘 백성들이 이기고, 손을 내리면 아말렉이 이겼다. 해가 질 때까지 계속 손을 들고 있어야 했다. 이것이 기도의 어려운 점이다. 기도는 내가 한다는 교만에서 벗어나야 한다. 깊은 기도는 성령님의 초대이다. 기도를 쉽게 할 수 있다는 안일함에서 벗어나야 한다. 마귀는 우리로 하여금 모든 것을 다 하도록 허락하지만 기도만은 못하게 방해할 것이다.

둘째, 기도의 지속성이다. 해가 지도록 기도했기에 여호수아와 이스

라엘 백성들은 이길 수 있었다. 신앙생활이란 부분에서가 아니라 전체에서 결정된다. 끝까지 믿음의 경주를 한 사람만이 생명의 화관을 얻는다. 과거에 기도한 것이 중요한 것이 아니라 지금 기도하는 것이 중요하다. 끊임없는 기도, 끝까지 지속해야 하는 것이 기도이다.

셋째, 기도에는 협력자(동역자)가 필요하다. 예수님께서도 제자들을 기도의 협력자(동역자)로 생각하셨다. 그래서 그들에게 "내 마음이 너무 괴로워 죽을 지경이다. 너희는 여기에 남아서 나와 함께 깨어 있어라"(마 26:38)하고 말씀하셨다. 기도를 끝까지 유지하기 위해서는 협력자가 필요하다. 내가 기도하다가 지쳐 쓰러질 때 협력자의 기도는 새 힘을 준다.

여자가 기도하는 사람이라면, 가정이 변화될 것이다. 남자가 기도하는 사람이라면, 시대를 읽을 것이고 영적인 혁명이 일어날 것이다. 부모가 기도할 때 자녀가 변화될 것이다. 목사가 기도할 때 강단이 변할 것이고, 사모가 기도할 때 성도가 변할 것이다. 성도들이 기도할 때 세상이 변할 것이다. 상처를 주지 않는 변화, 피를 흘리지 않는 혁명, 파괴를 통하지 않는 건설, 그것은 기도뿐이다.

"끝까지 기도하게 하소서. 눈을 뜨면 기도하게 하시고 눈을 감아도 기도하게 하소서. 기도 속에서 주님을 바라보게 하시고 기도 속에서 주님을 생각하게 하소서. 가장 중요한 것은 오늘 하루도 하나님을 오해하지 않게 하소서."

마스크를 벗어라!

"사람에게는 버린 바가 되었으나 하나님께는 택하심을 입은
보배로운 산 돌이신 예수께 나아가" (벧전 2:4)

내가 쓰고 있는 마스크는 무엇일까? 우리는 자신을 많이 아는 것 같지만, 어쩌면 자신을 가장 모른다. 지혜로운 사람은 자기 자신을 알아가는 애씀이 있기에 늘 열린 마인드를 갖고 있다. 사람들은 보이는 마스크보다는 보이지 않는 마스크를 많이 쓰고 있는데, 그 이유는 콤플렉스와 열등감 때문이다. 우리는 최고가 되고자 하는 콤플렉스를 버려야 한다. 최고와 콤플렉스의 상반된 말이 아이러니하다. 나에게 최고가 되고 싶었던 콤플렉스는 무엇이 있을까?

콤플렉스와 열등감은 다르다. 콤플렉스는 결핍이나 불안으로 인해 발생하는 심리적 상태라면, 열등감은 타인과 비교해서 스스로 낮게 평가하는 것이다. 콤플렉스는 자기 자신에게 불만족하거나 과도하게 집착하는 심리적 상태가 무의식에서 작용하여 깊이 통찰하지 않으면 잘 헤아리기가 쉽지 않다. 열등감은 모든 문제를 자신에게 찾으려 하지 않고, 좋은 일이든 나쁜 일이든 환경이나 타인에게 집중한다. 그렇기에 열등감은 우월의식과 함께 간다. 다른 사람보다 부족하다고 생각할 때와 다른 사람보다 잘한다고 생각할 때, 극과 극의 태도를 보인다.

하지만, 콤플렉스와 열등감은 서로 아주 밀접하게 연관되어 있다. 예

를 들어 외모에 대하여 콤플렉스가 심해질 경우, 타인과 자신을 비교하면서 열등감을 불러온다. 미세한 차이가 자신을 괴롭히고, 성화를 방해하는 작은 여우가 된다.

많은 사람들이 쓰고 있는 심리적 마스크가 있다. 좋은 사람 콤플렉스이다. 이것은 선한 사람과는 다르다. 좋은 사람 콤플렉스는 자기 스스로 가두는 일이기도 하다. '예스'와 '노'가 쉽지 않다. 내가 왜 '노' 해야 하는지, 왜 '예스'를 하는지를 모른다. 단지 나쁜 사람이 되기 싫어서, 상대방이 나를 싫어할까 하는 두려움이 선택의 기준이 된다.

좋은 사람이라는 마스크를 벗으라. 우리는 하나님의 진리를 따라가는 사랑의 사람이면 충분하다. 건강한 사랑, 행복을 주고받을 수 있는 사랑은 마스크가 필요없다. 서로 빛의 모습으로 나아가면 그것이 최고의 사랑이다. 나의 빛이 너를 더 빛나게 해준다. 나의 소금이 당신을 더 오래 건강하게 너답게 보존케 한다는 것이 진정한 사랑이기 때문이다.

하나님과 사람과의 관계 속에서 보이지 않는 마스크는 그 무엇이든 다 벗어 버리자. 아담과 하와가 부끄러움을 가리려고 나뭇잎으로 가리는 것과 우리의 부족함을 가리려는 마스크와 무엇이 다를까? 마스크를 벗어 던지고, 빛을 발산하자. 콤플렉스 없는 나의 내면은 열등감도 사라진다.

자신을 이기는 기도의 사람이 되라

기도는 하늘에 계신 하나님 아버지로부터 은총이 전해지는 전선의 역할이다. 그러므로 기도할 때 꼭 오시는 분은 성령님이시다. 마더 테레사는, "하나님의 모든 선은 기도에서 시작된다."라고 말했다. 기도는 하나님과 사랑에 빠지게 한다. 그 사랑 안에는 회복이라는 엄청난 에너지가 담겨 있다. 사랑은 반드시 열매를 가져다주며, 충만의 은혜를 보장한다. 영적으로 깊어지고 성장하는 사람은 기본적으로 기도의 필요성을 절실하게 느낀다. 기도는 그리스도인의 삶을 유지하는 영적 호흡이자 필수 요소다. 자신의 한계 앞에서 기도의 절박함을 깨닫고, 기도는 단지 신앙생활의 선택이 아닌 생존의 문제임을 깨달아야 한다. 기도의 위대함을 경험하라. 기도는 지적 활동과 영적 체험이 만나는 자리다. 하나님의 무한하심 앞에서 신비로움과 계시의 균형 속에서 인격적으로 교제하게 된다. 기도는 영혼의 가장 깊은 차원에서 깨어 있는 행위다. 단순히 인간의 필요를 구하는 것이 아니라, 하나님의 진심을 듣는 것이다. 성경적 기도는 하나님의 인격적 응답과 말씀을 전제로 한, 관계 중심의 기도이다. 기도를 나 중심으로 하면 실망하고, 응답되지 않을 때 하나님을 원망하게 된다. 하나님 중심, 말씀 중심의 기도는 깊은 평안과 변화를 가져온다. 하나님의 진심을 알아가는 기도는 곧 하나님의 뜻과 계획에 맞게 자신을 훈련해 간다. 기도는 신비한 공식이나 마법 같은 기술이 아니라, 관계이자 대화이며 나 자신이 하나님의 뜻에 맞춰져 가는 여정이다. 기도는 하나님을 바꾸는 것, 상황을 바꾸는 것이 아니라 나를 바꾸는 도구다.

어거스틴은 기도를 '사랑의 갈망'이라 했고, 루터는 기도를 '하나님의 말씀에 대한 응답'으로 보았다. 기도의 원칙은 하나님을 향한 경외심, 자신을 향한 회개, 회복의 문으로 오신 예수님에 대한 감사이다. 경건과 신뢰의 마음이 기도의 본질을 이룬다. 기도의 깊이가 영성이다. 기도의 깊이는 말씀 묵상에서 시작된다. 말씀이 나를 해석하고 그 말씀으로 하나님께 나아가는 것이 진정한 기도이다. 그러한 사람은 하나님의 얼굴을 구하게 된다. 기도의 핵심은 하나님의 진심을 구하는 것이다. 하나님의 영광을 맛보는 기도는 존재적 친밀감으로 이끈다. 감사와 찬양으로 화답하라. 고백과 회개는 필수이다. 죄의 자백은 기도의 통로를 연다. 순종을 위한 기도를 하라. 두려움도 욕심도 아닌, 사랑으로 순종하는 관계를 추구하라. 기도의 간구는 하나님의 뜻에 순복하는 것이다. 바른 간구는 하나님의 뜻을 더 깊이 알게 한다. 꾸준한 기도 습관은 하나님과의 관계를 건강하게 유지시킨다. 기도는 특별한 반응이 아니라 일상의 리듬이 되어야 한다. 기도하는 사람은 단순해진다. 진리는 복잡하지 않고 혼란스럽지 않고 단순하다. 기도는 사랑의 고백이자 순종의 고백이며 자기 통치이다. 내적인 질서와 죄의 다스림, 그리고 평화와 화평의 나라를 이루게 한다.

나는 닭인가, 독수리인가?

"오직 여호와를 앙망하는 자는 새 힘을 얻으리니 독수리가 날개치며 올라감 같을 것이요
달음박질하여도 곤비하지 아니하겠고 걸어가도 피곤하지 아니하리로다" (사 40:31)

이 시대의 기독교를 평가하는 많은 사람들이 현대 교회와 목회자, 성도들의 모습을 여러 각도로 진단하고 있다. 틸리히 교수는 현재 기성교인 중에 10%는 이미 죽었고, 80%는 잠들어 있으며 오직 10%만이 살아서 교회를 이끌어가고 있다고 주장한다. 알렌 교수는 교인 중 20%는 주일예배에 출석하지 않고, 25%는 기도를 드려 보지 못했고, 35%는 가정에서 성경을 읽는 일이 없고, 60%는 기독교 서적이나 성경을 읽지 않으며, 75%는 교회에서의 책임을 회피하고, 85%는 전도를 한 명도 못 했으나 교인들 100%는 천국에 가기를 원하고 있다고 발표했다.

독수리알 하나가 굴러서 닭 농장으로 들어가고 말았다. 독수리알을 달걀로 착각한 늙은 암탉은 독수리 새끼도 자기 새끼인 줄 알고 기르기 시작했고, 이 독수리도 자기가 닭인 줄 알고 성장했다. 그런데 어느 날 새끼 독수리가 문득 하늘을 나는 독수리를 보았다. 부러운 생각이 들어, '나도 저렇게 날 수 있을까?'라며 탄식했다. 그러자 다른 닭들이 말했다.

"저기 하늘을 나는 멋진 새는 독수리고 너는 닭이야. 닭 중에서도 덩

치가 크고 못생긴 닭이지. 그렇기 때문에 너는 결코 하늘을 날 수 없어."

다른 닭들의 핀잔을 들은 새끼 독수리는 결국 자기가 평생 닭인 줄 알고 살다가 달걀도 하나 못 낳아보고 죽었다는 이야기이다.

이 땅에 태어나서 이렇게 자기 정체성을 못 찾고 갈등하다가 죽는 사람들이 얼마나 많은가? 예수님의 생명을 가진 우리는 닭이 아니라 독수리이다. 그런데 자신이 닭들과 함께 있다고 자신이 닭이라고 생각하고 날개짓을 하지 않는다. 내 안에 생명이 어디로부터 왔는가? 그 생명이 똑바로 잘 자라고 있는가? 그 생명이 또 다른 열매로 증명하고 있는가? 아니라면, 훈련이 약하기 때문이다. 그러므로 믿음의 날개, 기도의 날개, 용기(도전)의 날개를 펼치기 위하여 피나는 훈련을 해야 한다. 힘이 없어 떨어진다고 할지라도 우리는 망하거나 죽지 않는다. 성령님께서 받쳐 주시기 때문이다. 매일매일이 삶의 마지막처럼 훈련하는 사람은 어느 순간에 전능하신 하나님의 날개 위에 업혀서 다시 하늘을 나는 기적을 체험하게 되게 될 것이다.

선을 행하되 낙심하지 말고, 관계에 포기하지 말고, 적당히 훈련하는 것은 도태라는 것을 명심하자. 슬픔 가운데서도 웃을 수 있는 사람, 고난 가운데서도 춤을 추는 사람, 눈물 가운데에서도 노래하는 사람, 죽음 가운데에서도 부활의 소망으로 기뻐하는 사람, 절망 가운데에서도 끝까지 포기하지 않는 사람, 어두움 가운데서도 앞으로 나아가는 사람, 대적자들 가운데에서도 그들을 축복하는 사람, 원수들 가운데에서도 그들을 용서하는 사람으로 독수리처럼 성령의 바람을 타고 창공을 날자.

미완성된 인생 그림

어린아이들이 도화지에 그림을 그리는 모습은 우리가 흔히 볼 수 있는 일이다. 그런데 관찰해보면, 어린아이들의 그림은 완성된 그림보다는 늘 무언가 미완성된 그림으로 끝나고, 또 다른 도화지를 쓰면서 주변을 온통 미완성된 도화지로 어지럽힌다. 그러나 자라면서 도화지의 그림 또한 발전을 거듭하며 작품을 완성시킨다.

아름답고 만족스러운 인생의 그림을 완성하는 사람은 얼마나 될까? 우리 인생에도 여러 가지 그림이 있다.

첫째, 인생의 설계, 그림, 꿈(비전)을 망쳤거나 지워진 인생이 있다.

둘째, 초상화를 그리는 인생이 있다. 예를 들어 나의 인생의 그림이 아닌, 늘 다른 사람의 인생을 따라가는 인생 말이다. 물론 좋은 것을 배워야 하지만 분명한 것은 그 좋은 것도 나의 색채를 찾아 배색해야 한다는 사실이다. 그래야 정체성이 확실하게 되고, 다른 사람도 존중하면서 관계 형성을 이루게 된다.

셋째, 추상화나 의미를 알 수 없는 그림을 그리는 인생이 있다. 형태를 알 수 없는 추상화같은 무슨 의미인지 알 수 없는 인생이다. 이런 사람은 내적으로 혼란스럽고 자신의 생각이나 감정을 명확하게 표현하지 못하는 사람이다. 현재 상황에 대한 불안함과 불확실성으로 인해 복잡한 내면의 상태를 말해준다.

넷째, 그림을 그리다가 중단된 상태, 끊임없이 방해받는 상태의 인생이다. 목표를 향해 나아가지만, 끊임없이 장애물을 만난다. 내적인 장애이든, 외적인 장애 앞에서 주저하고 망설이고 쉽게 포기하며 주변 상황에 쉽게 흔들리는 인생이다.

다섯째, 그림이 저절로 그려지거나 살아 움직이는 인생이 있다. 의도하지 않아도 누군가에 의하여 끌려가듯, 방향이 전환되기도 하고, 내가 알지 못하고 깨닫지 못했던 것들이 그려지고 뭔가 소망 중에 내적인 기쁨이 생긴다. 나의 한계를 초월한 창의성(지혜), 자기표현의 확실함과 현실을 재구성하려는 용기까지 삶을 더욱 현명하게 설계하며 그림을 완성해 가는 인생이다.

그 삶이 바로, 삼위일체 하나님과의 일치요 동행이요 인도하심이요 일하심의 삶이다. 이런 사람은 자기표현과 창의력, 현실 반영과 미래 계획, 성취감과 도전하는 용기가 있다. 우리는 이미 하나님의 설계도가 그려진 상태에서 이 세상에 보냄을 받았다. 하나님의 설계도에 맞는 인생 그림의 완성은 영적인 수용력만큼이다. 영적인 수용력은 나를 버리는 만큼이 그릇이 된다. 영적인 수용력은 내가 원하는 인생의 그림이 아니라 하나님의 설계도를 찾아가는 것이다. 하나님은 우리가 단순히 좋은 사람이 아니라 창조의 목적대로 회복하시기를 원하신다. 우리는 미완성된 인생의 그림을 그리며 나아가는 사명자이다.

마른 막대기에 꽃이 필 수 있겠는가?

"십자가의 도가 멸망하는 자들에게는 미련한 것이요
구원을 받는 우리에게는 하나님의 능력이라" (고전 1:18)

나는 지금 십자가의 이전과 그 이후, 어디에 있을까? 나는 십자가 그 이후에 있다고 생각하고 스스로 속으면서 살고 있지는 않은가? 나는 어디만큼 있을까? 확실한 것은 십자가 그 이후를 사는 것 같은데, 삶의 내용은 그렇지 못하고 있지는 않은가? 예수님의 제자들의 모습이 떠오른다. 예수님께서 십자가를 지시기 전 제자들과 예수님께서 부활 승천하시고 난 뒤 성령 받고 사역하는 제자들의 모습 말이다.

"마른 막대기에 꽃이 필 수 있는가?" 우리는 답을 안다. 하나님께서는 에스겔 골짜기의 해골들을 보시고, 선지자에게 물으신다. "인자야, 저 해골떼들이 살아날 수 있겠느냐?" 에스겔의 대답은 간단했다. "하나님이 하시면 하십니다. 하나님의 마음에 달려 있습니다." 어쩌면 어정쩡한 대답인 듯하지만, 깊은 신뢰가 담겨 있음을 느낀다. 십자가 이전의 사랑과 십자가 이후의 사랑, 무엇이 달라졌는가? 마른 막대기에도 꽃이 피고 열매가 맺히고, 홍두깨에도 꽃이 필 수 있다는 소망을 가져라. 하나님이 하시면 하신다는 믿음은 확실한 듯하나 그에 따른 나의 완전한 버림, 십자가의 죽음이 부족하지는 않은가?

이슬람교의 경전 쿠란에서도 "예수를 믿으라"는 말이 나온다고 한다.

그리고 쿠란에서는 많은 부분을 할애하여 예수에 관해 설명하고 있기에 헷갈리는 부분이다. '쿠란'에 나오는 예수님에 관한 기록을 보면, 성경에 나오는 것과 거의 비슷하여 현혹되는 크리스천들이 많다. 예수님께서 동정녀 마리아의 몸에서 태어나신 것, 예수님께서 이 땅에 오셔서 복음을 전하셨다는 것, 그리고 그 복음을 믿어야 한다고 가르치고 있다. 죽은 자를 살리시고 병자를 고치시고 놀라운 기적을 베푸신 것도 사실로 기록하고 있다. 또한, 예수님께서 승천하신 것과 다시 재림하실 것도 기록하고 있다.

그러나 기독교와 이슬람교의 결정적인 차이가 한 가지 있다. 그것은 바로 '십자가'이다. 그들은 예수님의 십자가를 생략하거나 무시하는 정도가 아니다. 적극적으로 예수님은 십자가에서 죽지 않았다고 가르치고 있다. 이슬람교는 예수를 구세주가 아니라 알라가 보낸 위대한 선지자 가운데 한 사람으로 묘사하고 있다. 더 적극적으로는 기독교가 예수를 잘못 가르치고 있다는 것이다. 이것이 기독교를 적대시하고 공격하는 이유이고 기독인들을 대상으로 전도하는 이유이기도 하다.

십자가 이전의 나와 십자가 이후의 나를 증명하라. 이론이 아닌 삶과 그리고 나의 내면과 믿음의 농도, 다양한 측면에서 아이러니한 자신의 신앙을 십자가를 중심으로 나열시키고 확고한 질서를 세워라, 그 십자가에서 부활의 꽃이 피어나고 있는지, 있다면 어떻게 피어나고 있는지 살펴보아야 한다.

생명의 신비

"여호와 하나님이 땅의 흙으로 사람을 지으시고 생기를 그 코에 불어넣으시니
사람이 생령이 되니라" (창 2:7)

생명의 신비는 성장의 신비를 가져다주고, 죽음의 신비를 거쳐, 부활의 신비와 영생의 신비를 가져다준다. 십자가가 하나님의 마음과 센터가 맞지 않으면 보혈이 흐르지 않고 생명이 없는 십자가가 된다. 우리에게 십자가의 의미는 곧 생명이 아니던가? 십자가와 센터를 맞추려면 말씀이 다림줄이 되어야 한다. 그런데 생명이 가장 디테일한 다림줄이다. 말씀에도 생명이 없으면 율법이 되고 생명이 흐르면 하나님과의 다림줄이 된다. 생명이 없는 기독교는 의미가 없다. 아니, 죽은 종교일 뿐이다. 창조는 곧 생명이고, 그 생명은 곧 사랑이다. 생명의 신비는 사랑이고, 사랑의 신비는 생명이다. 예수님의 재창조는 바로 이 생명을 다시 우리에게 주시기 위한 사랑이었다.

우리 자신이 생명인데, 내가 나를 모른다. 우리의 출생부터 신비였다. 생명의 출생은 상상도 할 수 없는 신비로운 것이다. 또한, 성장의 신비가 있다. 어머니는 그저 젖을 먹이는 것뿐인데도 아기는 무럭무럭 자라고, 부모를 골고루 닮아서 자라난다. 성장이 참으로 신비로운 것은 생명이 있기 때문이다. 영적인 성장도 생명이 살아 있느냐, 없느냐로 갈리는 것이 아닐까? 혼의 성장과 성숙은 영적인 생명의 신비이다.

이 생명의 출발은 부활의 생명으로부터이다. 태초에 천지를 창조하실 때의 생명의 신비, 죄로 인해 죽은 생명을 부활시키신 예수님의 십자가의 신비로운 생명, 창조의 역사가 있고 십자가의 생명의 역사가 만든 것이다.

우리가 감당해야 하는 복음 사역은 "부활은 생명의 신비"라는 것이다. 자라나는 싹을 한번 보자. 다 죽은 것 같은데 움이 돋아나는 작은 생명체처럼, 인간의 믿음 안에 담긴 생명 역시 그렇다. 성경에서 부활이라는 말은 변화라는 말로 더 많이 사용되고 있다. 죽음에서의 변화, 부활의 변화, 생명으로의 변화, 우리는 이것을 그리스도 생명으로의 변화라 한다.

창세기의 생명의 존엄성은 "다른 사람의 피를 흘리면 그 사람의 피도 흘릴 것이니 이는 하나님이 자기 형상대로 사람을 지으셨음이니라"(창 9:6)라고 하신다. 이 구절은 인간의 생명이 얼마나 존엄한지, 그리고 그것이 하나님의 형상과 직접적으로 연결되어 있음을 보여준다. 이 말씀은 인간이 하나님을 닮은 존재로 창조되었기 때문에, 다른 어떤 생명보다도 귀하게 여겨져야 한다는 의미를 담고 있다. 인간의 생명을 해치는 행위는 단순한 범죄가 아니라, 하나님 형상에 대한 도전이기도 하다.

십자가의 센터, 마음의 중심, 하나님의 진심은 생명의 회복이라는 것과 생명의 존귀함은 자라고 성장하고 성숙하여 성화로의 생명의 본질을 회복하는 것이다. 창조의 아름다움 안에는 바로 생명이 있기 때문이다.

진정한 예수 닮기

나의 하루는 주님이 주시는 영향만큼, 공급해 주시는 은혜만큼이다. 배우들은 한 드라마를 찍을 때, 미리 대본을 받고 연기를 한다. 그러나 우리 인생은 내가 설계한 대로, 계획한 대로가 아닌, 하나님의 설계도 대로, 예수님께서 가신 길을 성령님과 동행하며 이루어 가는 것이다. 어쩌면 하나님의 설계도 안에 퍼즐을 맞추어 가는 것 같다. 특히 한국 사람들은 인생의 정답을 가지고 있다. 그 정답이 자신만의 인생의 설계도를 찾는다기보다 성공한 사람들의 인생에서 정답을 찾는다.

예수님을 모델로 하고, 예수님을 닮고, 예수화 되기를 소망하는 많은 크리스천들이 삶에서 예수님과 갭이 느껴지는 현실적인 나를 보고, 실망하고 낙심하기도 한다. 그런데 예수님을 닮고 따라가려는 시도보다 더 빠른 길이 있다. 창조의 나를 찾아가는 것이다.

예수님은 완벽한 인간의 모습으로 오셨다. 창세기 1-2장은 인간의 타락 전의 모습이었다. 예수님은 곧 말씀이셨고 인간의 창조의 모델이라는 것이다. 예수님처럼 우리가 안 되는 이유는 무척 많다. 일단은 그분은 하나님이시기 때문이다. 또한, 그분은 원죄가 없으시고 성령으로 잉태되셨다. 하지만 인간이셨다. 인간의 육체의 한계성과 혼적인 영역이 우리와 다르지 않다는 것이다. 예수님의 승리는 영, 혼, 육의 질서였다. 영이 혼을 다스리고, 영혼이 육을 다스리시는 질서 말이다. 우리가 하나님이 창조하신 나를 회복하면 그것이 예수를 닮은 것임을 알아야 한다.

예수님 외에, 인간이 태어나서 드라마처럼 해피엔딩 하기가 쉬운가? 나는 해피한 인생은 결과가 아니라, 과정에 있다고 본다. 그 과정 안의 완성된 그림, 완성된 퍼즐 작품 안에 그려진 창조의 나이다. 물론 그 퍼즐을 다 맞추지 못하고 하나님 곁으로 미완성된 작품으로 설 수도 있다. 그러나 하나님은 나의 과정을 보고 결과를 측정하신다. 나를 부르심의 소명은 하나님을 위한 것이 아니라, 나의 나 됨을 찾는 것이고, 사명이라 함은 참된 나를 통하여 하나님의 진심을 알리는 것이다.

물론 내 마음이 하나님의 마음을 대변하는 통로로 다양하게 사용되길 원하지만 불필요한 것들이 나의 중심에 뿌리내려져 있다. 바로 심보와 심령이다. 심보는 죄의 쓴 뿌리요, 심령은 하나님의 영의 뿌리이다. 이 심보가 사울을 괴롭혔고, 이 심령이 다윗의 마음을 다스려 주었다. 심보는 시기 질투, 미움, 원망, 불평이라면 심령은 은혜, 감사, 소망과 사랑으로 하나님의 영이다.

예수님의 이름으로 심보를 다스려야 한다. 위대한 일이란, 내 안에 넘지 못했던 산을 넘는 것이다. 외적인 장애물보다 더 중요한 것이 내적인 장애물이다. 그것이 심보라는 쓴 뿌리이다. 심보를 제거하고 심령을 살려 내적인 혁명이 세상에서 가장 위대한 일이다.

제자에서 사도로

제자란, 스승의 흔적을 남기는 사람을 말한다. 예수님의 제자로서 예수님의 흔적을 남기는 것이 제자의 도이다. 제자는 스승으로부터 가르침을 받는 사람이다. 예수님의 가르침은 성경 말씀뿐만 아니라 숨겨진 비밀이 무궁무진한데, 그 숨겨진 비밀은 성령님을 통해서만이 깨닫게 된다. 사도는 왕의 사신이나 사절단, 우리가 쉽게 말하는 선교사들처럼 보냄을 받은 사람을 의미한다. 그런데 왕의 사신과 사절단이 제자의 도를 모르고 사명을 감당할 수 있겠는가?

'제자가 사도가 되다.' 이 문장과 음절이 주는 영적인 느낌이 오는가? 그리스도의 제자라는 이름과 그리스도를 본받는 것은 고백이 아니라 현실이다. 부르심의 목적은 소유이며, 소유하심의 목적은 구원자이자 주인이신 그리스도를 닮는 것이다. 예수님 안에 거하고, 예수님과 동행하며, 예수님께 뿌리내리고, 예수님에게까지 자라는 것, 이것이 바로 제자도의 본질이다. 예수님의 가르침을 받아, 예수님을 닮고 예수님의 흔적을 남기는 자가 제자의 도를 다 하는 사람이다.

그렇다면, 사도는 믿음이 있고 신뢰할 만하며 확실한데 거하고, 좌로나 우로나 치우치지 않고, 쉽게 타협하지 않아야 한다. 이렇듯 구별된 사람을 뽑아 하나님의 사신으로 예수님을 이 땅에 파견하듯, 보냄받은 사람이다. 믿을 만한 사람, 어느 누구 앞에서라도 흔들리지 않는 사람 말이다. 무리에서 제자로 가는 길도 쉽지 않지만, 제자에서 사도로 가는 길은 더욱 어렵다.

하나님의 대사로 오신 예수님의 형상을 닮은 자들, 예수님의 캐릭터가 사도의 캐릭터였다는 사실을 한 번도 대입해 보지 못한 사실이다. 하나님께서 인간인 우리에게, 모델로 보내 주신 예수님은 하나님의 진심이 담긴 중심, 핵심 위에 사람의 형상을 입고 오셨다. 예수님께는 이미 많은 제자들(따르는 무리)이 있었다. 처음부터 12명이 아니라, 더 큰 제자 무리 가운데서 열두 핵심 인물을 구별하신 것이다. 예수님은 숫자의 상징성을 가지시고 일하셨다. 12제자, 이스라엘의 12지파 등. 예수님은 새 언약의 공동체, 곧 새 이스라엘을 세우셨다. 열두 사도는 이 공동체의 기초 돌로 세워졌다(계 21:14).

나는 대표성의 기초를 잘 안다. 성경의 흐름을 보라, 하나님의 일하심의 특징은 대표성 원리이다. 12명은 단순한 숫자가 아니라, 하나님의 백성을 대표하는 상징의 구조였다. 즉, 교회의 시작이자, 복음이 세상에 흘러가는 출발점이었다. 제자와 사도의 부르심, 모든 제자가 사도가 되는 것은 아니다. 사도는 단순히 배우는 자가 아니라, 보냄 받은 자, 곧 복음 전파의 공식적 증인으로 세워진 것이다.

사도권을 찾기 위해 회복해야 할 것들(1)

부르심에는 단계가 있다. 모든 성도는 제자로 부름 받았지만, 각자에게 맡겨진 사명과 역할은 다르다. 사도직은 하나님의 선택 능력이나 조건으로 된 것이 아니라, 예수님이 택하셔서 성령님의 인정하에 세우신 것이다. 사도는 교회의 부르심 위에 세워진다. 나는 단순히 주님을 따르는 무리에 머물고 있진 않은가? 아니면, 주님이 내게 맡기신 특별한 사명을 깨닫고, 보내심을 받은 삶을 살고 있는가? 예수님이 택하신 열두 사도처럼, 나도 주님께서 세우신 자리에서 충성(신뢰)를 받고 있는가? 헨리 나우엔이 말했듯이, 우리는 모두 '상처받은 치유자'이다. 완전하지 않은 채로, 여전히 길을 찾아가는 중에도 다른 이들과 함께 걸어가야 하는 존재들이다. 예수님의 가신 길, 발자취를 놓치지 않으려고 애쓰는 이것이 바로 제자의 도가 아닐까 한다. 그런데 여기서 더 거룩한 욕심을 내어 보냄을 받은 사도를 꿈꾸자.

이 시대는 추수할 것은 많으나 일꾼이 적다. 영적으로 깊이 교감할 수 있는 사람들의 부족, 진정으로 하나님의 마음을 품고 살아가려는 사람들의 부족을 한탄하시는 주님의 마음을 느끼게 된다. 누가 하나님의 진심을 전할까? 제자의 도는 바로 이 현실을 똑바로 직면하는 것에서 시작된다. '누군가 하겠지'라는 방관자적 태도가 아니라 '제가 하겠습니다.'라는 적극적인 태도가 있어야 한다. 그래야 주님께서 사도의 권한을 주신다. 영적인 감각을 잃어버린 시대에서 우리는 사도권을 찾아와야 한다. 그러기 위하여, 먼저 회복해야 할 것이 있다.

첫째, 영적인 감각을 회복하라. 이것이 분별력이 되고 구별됨이 되고, 거룩을 이루어 낼 것이다.

둘째, 현대적 우상숭배를 철저히 배제해라. 이 시대의 우상은 선택적 신앙이다. 내가 하고 싶은 것만 하기, 내가 좋아하는 교회 찾기, '내가'는 현대인들의 우상인 자기 숭배이다. 그래서 교회 쇼핑도 있고, 사역 쇼핑도 있다.

셋째, 아무것도 가져 가지 말라는 역설적 명령을 기억하라. "전대도 자루도 신발도 가져 가지 말고" 이 예수님의 명령은 현대인인 우리에게 매우 당혹스럽게 들린다. 준비하지 않으면 불안해 하는 것이 우리의 본능 아닌가? 보험도 들어야 하고, 비상금도 모아야 하고, 플랜 B도 준비해둬야 하는 것이 상식이라고 배워왔는데 말이다. 진정한 안전감은 우리가 준비한 것들에서 오는 것이 아니라, 우리를 보내신 하나님에 대한 온전한 신뢰에서 온다는 것이다.

토마스 머튼은 이렇게 말했다. "하나님은 우리가 모든 것을 포기할 때 모든 것을 주십니다. 아무것도 가져 가지 말라는 것은 궁핍하게 살라는 뜻이 아닙니다. 진정한 풍요로움이 어디서 오는지를 깨닫게 하려는 것입니다." 제자의 도는 철저한 하나님 의존을 예수께로부터 배우는 것이다. 주님께서 시작하신 일이니, 주님께서 책임지시고 인도하실 것이라는 믿음에 있어 인정받은 사람이 사도로 보냄을 받게 된다.

사도권을 찾기 위해 회복해야 할 것들(2)

넷째, 길에서 인사하지 말라는 집중의 영성이 필요하다. 인사는 기본 예의 아닌가? 하지만 일반적 차원이 아니라 영적인 차원에서 깊이 묵상해보니, 이는 분별과 구별과 집중에 관한 가르침이었다.

고대 근동 지역에서 인사는 단순한 목례가 아니었다. 긴 시간의 사교와 환대, 식사와 대화를 의미했다. 한번 인사를 시작하면 몇 시간이고 이야기를 나누어야 했다. 예수님께서는 제자들이 주어진 사명에서 집중하라고 당부하신 것이다. 아무리 좋은 일이라도, 지금 주어진 가장 중요한 일에서 주의가 분산되어서는 안 된다는 말씀이다. 우리는 스마트폰 알림, SNS, 끝없는 정보의 홍수 속에서 정작 중요한 것에 집중하지 못하고 있다. 온갖 부차적인 일들에 에너지를 소모하면서 정작 하나님께서 주신 사명은 뒷전으로 밀려나고 있다. 구약에서도 왕의 사자가 급한 사명을 띠고 갈 때, 누구와도 인사하지 말라는 지시를 받곤 했다. 이는 주어진 일에만 집중하고, 다른 것에 흔들리지 말라는 명령이었다. 모든 것에 관심을 갖고 모든 사람에게 좋은 사람이 되려고 하다가 정작 하나님께서 주신 소명을 잃어버리는 일이 없어야 하겠다. 사도는 보내신 분의 뜻을 전달하는 사명이 우선이다.

다섯째, 평화를 전하는 사람이 되어야 한다. "어느 집에 들어가든지,

먼저 '이 집에 평화가 있기를 빕니다.'라고 말하라." 이를 받아들이지 않으면, 먼지까지 털고 나와라. 헨리 나우웬의 표현을 빌리자면, 우리는 모두 '상처받은 치유자'로서 함께 걸어가는 것이 제자의 도는 맞다. 하지만 자기 관리가 안 되면, 다른 사람으로 인하여 자기 상처가 더 덧날 수 있기에 죄에 관하여, 의에 관하여 분별력 있게 행동하는 것이 자기를 지키는 일이다. "이 집 저 집 옮겨 다니지 말라." 우리는 더 좋은 조건, 더 편한 환경을 찾아 끊임없이 옮겨 다니며 살아간다. 제자의 도는 주어진 자리에서 뿌리를 내리는 것이다. 완벽한 조건을 기다리는 것이 아니라, 지금 여기서 하나님의 나라를 경험하고 나누는 것이다. 반면, 사도의 도는 내가 원하는 곳이 아니라, 하나님이 보내시는 곳이라면 가야 한다.

제자로서의 졸업장이 수여되어야 사도로서의 택함을 얻게 된다. 사랑은 분별 위에 세워질 때, 더욱 견고하듯이 사명은 제자로의 본분을 다한 사람에게 사도의 직분을 허락하심으로 예수님의 남은 사역을 맡기신다. 사도는 예수님의 캐릭터이다. 사도는 이 세상을 헤쳐가는 십자가의 특수 군병이다. 사도의 사역지에는 예수님은 없다. 예수님의 흔적과 능력만 있다. 왜냐하면 내가 예수로 살아야 하기 때문이다. 이것이 제자와 사도의 차이이다. 우리가 제자로 남을 것인가, 사도로의 전환이 있을 것인가는 자신의 몫이다. 제자의 졸업장은 또 다른 사명을 위한 사도로서의 입문이요, 부르심이다.

예수님의 몸값이 나의 몸값이 되게 하라

가룟 유다를 생각하면 마음에서 화가 나는 부분이 있다. 예수님을 은 30에 팔았다는 것이 매우 불쾌하다. 어마어마한 돈을 받고 팔았다면, 화가 덜 났을까? 그런데 금도 아닌 은 삼십에 예수님을 팔다니… 그런데 생각해 보니 예수님의 값은 곧 자기 자신의 값이었다. 유다는 다른 제자들보다 스펙이 좋았다. 아마 머리도 뛰어났기에 회계를 담당하지 않았을까 싶다. 그러나 그는 건강하지 않은 자아를 가지고 예수님을 따랐다. '따르는 자와 같이하는 자'는 다르다. 따르는 자는 뜻이나 생각이나 마음이 일치하지 않아도 그 자리에 있을 수 있다. 하지만, 같이하는 자는 뜻을 맞추고, 마음을 모으고, 생각을 나누며 좁혀가는 훈련을 한다.

"예수님의 몸값과 나의 몸값을 일치시켜라!"

많은 그리스도인이 복음을 아는 것을 실제로 복음으로 살고 있다고 착각한다. 십자가 복음은 알아서 능력이 되는 것이 아니라, 실제로 살아내어야 능력이 되는 것이다. 십자가 복음에는 세 가지 고리가 연결되어 있다. 첫째, 십자가 복음을 듣고 믿는 것이다. 둘째, 그 복음을 누리며 사는 삶이다. 셋째, 복음으로 누리며 풍성한 것을 나누고 전하는 것이다. 안타깝게도 많은 그리스도인의 모습에서 둘째 고리가 빠져 있다. 그래서 정확한 복음을 전하는데도 능력이 나타나지 않는다. 복음의 두 번째 고리의 핵심은 임마누엘이신 주 예수님과 연합이다. 예수님을 따르는 자가 아니라, 예수님과 하나 됨을 추구하자. 예수님을 바라만 보는 것이 아니라 예수님과 일치를 소망하자. 예수님의 가치를 높이는 것과 자신의 가치를 높이는 것의 균형을 이루자. 이것이 분명해지면, 주님께서 그를 통하여 역사하신다. 우리는 내가 먼저 복음으로 살기를 힘써야 한다. 예수님이 왕이시라 고백하는 것과 실제로 예수님을 왕으로 모시고 사는 것은 영적인 차원이 다르다. 예수님을 왕으로 모시고, 일치를 이룬 사람은 '죽음을 선고받은 말기 암 환자의 심정으로' 예수화 되기에 몰입하는 사람이다. 예수님을 따르는 사람의 여유와 예수님과 일치화된 사람의 삶과의 차이는 오늘 하루 안에 일생을 담는 사람이다.

우리는 너무 시간을 낭비한다. 우리는 물질의 흐름에 생각 없이 산다. 우리는 거두어야 할 것에 심는 것이 인색하다. 우리의 간절한 소망은 예수님의 몸값이 나의 몸값이 되는 것이다. 예수님을 뺀 나의 몸값은 얼마일까? 예수님의 몸값은 인류를 다 사고 남을 만큼의 값이 아니던가? 세상을 창조하신 분이시고, 세상 죄를 담당하실 만한 몸값이시다. 예수님의 몸값은 세상의 죄를 사하실 만한 몸값이시다. 그 예수님의 가치가 나의 가치이다. 복음은 살아내야 능력이 된다. 예수님의 몸값이 나의 몸값이 되는 그날까지…

하나님 나라의 명품이 되어라

"네가 네 하나님 여호와의 말씀을 삼가 듣고 내가 오늘 네게 명령하는 그의 모든 명령을 지켜 행하면 네 하나님 여호와께서 너를 세계 모든 민족 위에 뛰어나게 하실 것이라" (신 28:1)

누구나 다 명품을 갖고 싶어 한다. 그런데 세상의 명품만 선호하는 사람의 특징을 보면, 자존감이 낮고, 세상의 가치로 자신의 가치를 증명하려 한다. 세상의 명품은 가져도 만족이 없다. 그러나 내가 명품이 되면 내가 가진 것이 다 명품이 된다. 내가 명품이 되는 길은 하나이다. 믿음으로 증명하는 것이다. 하나님의 자녀, 예수를 구주로 영접한 자들 모두가 하나님 나라의 백성이다. 그런데 그중에 하나님 나라의 면류관, 상 받는 자는 따로 있다. 믿음으로 가는 나라, 하나님 나라의 명품은 '순종'으로 가늠하신다는 사실이다. 아브라함이 믿음의 명품이었고, 예수님의 어머니, 마리아가 믿음의 명품이었다. 믿음의 조상, 아브라함의 믿음을 명품으로 만들어 준 순종, 예수님이 이 땅에 오심의 통로로 쓰임 받은 마리아의 순종…

교육 철학에는 헬라적인 교육과 히브리적인 교육이 있다. 헬라적인 교육은 이성을 근거로 합리적인 사고와 이론을 가르친다. 그러나 히브리적인 교육은 순종을 가르친다. 세계적으로도 증명이 되는 유대인의 교육의 비밀은 바로, 순종에 있었다. 어려서부터 부모님에게 순종하고, 자라면서 말씀에 순종하고 성장, 성숙하여 자기 자신에게 순종하는 훈련이다. 가장 힘든 순종이 자신에 굴복하는 것이다. 육은 혼에, 혼은 영에 순종해야 한다.

종교 개혁자 칼뱅은 이렇게 말했다. "그리스도인들의 가장 올바른 자세는 첫째도 하나님 말씀의 순종이요, 둘째도 순종이요, 셋째도 순종이다." 순종이 결국 우리가 그렇게 지켜온 믿음의 값을 결정하는 중요한 핵심이다. 순종으로 그 사람의 믿음이 증명된다. 순종은 능력이다. 내면이 정리되고, 내면의 창조 질서로 회복된 자가 창조주 하나님께 예의를 갖추고 가장 겸손하고 인격적인 자리에서 충성을 다하는 것이 곧 순종이다.

마리아의 순종의 답은 바로 이것이다. "대저 하나님의 모든 말씀은 능하지 못하심이 없느니라, 말씀대로 내게 이루어지이다"(눅 1:37-38). 아브라함의 순종은 말보다는 행동이었다. 마지막 믿음의 클라이맥스로 독자 아들을 바치는 행동 안에 삼일 길을 걷는 내내 무엇을 생각했을까? "내가 하나님 아버지를 믿나이다." 순종에는 내 것이 단 티끌 만한 것이라도 가미되면 안 된다. 순도 100% 믿는 마음이 100% 순종을 만들어 낸다.

똑같은 공장에서 제조된 옷이지만 어떤 라벨을 붙이느냐에 따라, 백화점에 진열되는 명품이 되기도 하고, 동대문에 걸리는 평범한 옷이 되기도 하는 것처럼 어떤 브랜드냐, 누가 홍보하느냐는 그 상품의 사활이 달린 중요한 문제이다. 엘로힘 하나님의 성호가 이마에 새겨진 자들, 예수님의 십자가 사랑이 가슴의 배지로 달려진 자들, 믿음의 명패를 달고 충성과 희생, 헌신을 다하는 자들, 복음을 위해 사용한 모든 것들은 다 하늘나라 명품으로 기록될 것이다.

'몸'이 움직여 '삶'을 만들어 내라

역사 속에서 건강한 삶을 살았던 그리스도인들이 세상을 바꿨다. 우리 몸의 모든 지체가 건강하게 기능하면서 주님이 뜻하신 삶을 연출할 때 세상은 더욱 아름답게 바뀔 것이다. 몸은 하나님의 신비한 작품이다. 몸이 바르게 사용되려면 몸의 가치를 알아야 한다. 어떻게 사느냐에 따라 몸의 가치가 달라진다. 이제는 삼위일체 하나님을 중심으로 삶을 살아내자.

듣는 것을 분별하라. 귀로 듣고 마음으로 듣는 훈련을 하라. 귀로만 듣고 마음으로 듣지 못하니, 듣고 싶은 것만 듣게 된다. 보는 것은 복이다. 보는 것이 복이 되게 하라. 그러나 보이지 않는 것을 보아야 한다. 감추어진 것이 보이면 행복해진다. 보지 말아야 할 것들이 보이는 것은 영적인 시력이 약하기 때문이다. 성령으로 영의 눈이 열려야 한다. 불꽃 같은 하나님의 눈을 의식하며 살자. 영적인 시력을 높여라. 잘 말하기는 참 어렵다. 좋은 말을 하는 따뜻한 입을 갖고 싶다면, 하나님의 입을 대신해서 말하자. 말이 아름답고 품격이 있으려면, 감정을 적절하게 사용해야 한다. 입으로 흥할 수도 있고 망할 수도 있다. 입의 말이 말씀이 되게 하라. 이 세 가지만 잘해도 손과 발은 따라온다. 다시 말해서 성전으로의 삶을 산다. 내 몸은 내가 성전으로 관리할 책임이 있다. 하나님은 돈이나 여타의 재산, 재능, 그리고 자녀 등에 대해 우리 각자를 관리 책임자, 즉 청지기로 세우셨다. 몸도 마찬가지이다. 몸을 잘 관리해서 건강한 삶을 살고, 그 몸으로 가치 있는 일을 위해 힘쓰며 살아야 한다. 건강한 몸으로 죄를 짓거나 선한 일을 꿈꾸지 못한다면 부끄러운 일이요, 몸은 약하지만 의로운 삶을 살아가고 주님의 일을 사명으로 알고 힘 닿는 대로 헌신한다면 건강한 삶, 성전된 삶이다. 더 나아가 약하지만 의로운 삶을 살아가는 사람이야말로 건강한 몸으로 선한 일을 하는 사람보다 더 아름다운 몸을 가진 자이다.

우리는 하나님의 말씀을 삶으로 살아내야 한다. 그분의 입을 대신해야 하는 자들이다. 그분이 주신 말씀을 우리의 입으로 드러내야 하는 사명자이다. 물론 우리가 말해도 천지를 창조하듯 없던 것이 생기거나 만들어지지는 않는다. 그러나 우리의 말에 힘이 있으려면 자신이 말한 대로 살아가려고 애써야 말의 능력이 생긴다. 말에는 반드시 약속을 지켜야 하는 책임이 따른다. 자신이 한 말에 책임을 지는 태도를 보여주어야 한다. 신뢰받는 언어생활을 하는 사람이 그 어떠한 명설교보다 파워가 있다. 우리의 사명은 귀로 듣고, 눈으로 보고, 입으로 말하는 사명이다. 듣고 보고 말하는 것이 세상 것이 아닌, 하늘의 신령한 것일 때, 세상을 바꿀 수 있다.

존귀한 자의 삶은 끝까지 쓰임 받는 삶이다

아프리카 속담 중에 "한 아이를 기르기 위해서는 한 마을이 필요하다."는 말이 있다. 한 아이가 온전한 인격체로 세워지기 위해서 공동체 모두의 관심과 사랑이 필요하다는 말일 것이다. 헬라어 중에 '집'과 그 집 안에 거주하는 '가족(family)'을 의미하는 단어가 있다. '오이코스(oikos)'라는 단어이다. 오이코스는 가족과 연관된 친척, 고용인, 방문객까지도 포함하는 매우 포괄적인 단어이기도 하다. 그래서 '공동체' 혹은 '확대된 가족'으로 볼 수 있다. 그리스도인들은 하나님을 아버지라고 부른다. 하나님을 아버지로 모시는 이들이 모여 공동체를 이룬다. 이것이 그리스도인들의 모임이요, 교회이다. 이 모임을 우리는 가족으로 여긴다. 나의 평생 목회의 슬로건이 "가정을 교회처럼, 교회를 가정처럼이었다."

우리는 세상의 구조 안에 살지만 세상의 가치를 따르는 사람이 아니다. 세상은 이익이 목적이지만 우리는 이익이 아니라 사랑이 목적이다. 세상은 부한 자들, 풍요로운 자들, 배부른 이들끼리 자신들만의 오이코스를 이루며 살아간다. 그러나 하나님의 자녀들은 영적인 칼라가 맞고, 뜻이 하나이며 경건한 사람들이 훈련한 관계가 오이코스이다. 예수님의 의로운 통치 받기를 거부하지 말자. 그분의 통치안에는 인생의 폭우를 피하게 하시고, 마른 땅에 냇물이 흐르게 하시고, 곤비한 땅에 바위가 되게 하시는 분이심을 삶을 통해 고백해야 한다.

닭과 같은 사명자와 독수리 같은 사명자가 있다. 닭과 독수리는 위험 앞에서 전혀 다른 반응을 보인다고 한다. 폭풍이 몰려오면 닭은 몸을 날개에 묻은 채 숨을 곳을 찾는다. 그러나 독수리는 거대한 날개를 활짝 펴고, 거친 태풍에 몸을 싣고 유유히 날아올라 폭풍 위에 있는 안전지대로 향한다. 사람들도 인생의 폭풍을 만날 때 두 유형으로 나뉠 것이다.

고통스러운 일, 억울한 일, 괴로운 일이 닥치면 몸을 숨기는 '닭형 인간'이 있다. 끊임없이 불평하고 억울해 하고 비난으로 에너지를 고갈시키는 사람이다. 공동체에 문제가 생기면 팔짱 끼고 누가 해결하나 보자 외면하고 불평을 확산시키는 이들이다. 그러나 사태를 해결하기 위해 담대하게 대처하는 '독수리형 인간'이 있다. 문제를 해결하는 것은 항상 '독수리형 인간'이다. 폭풍을 뚫고 올라가는 독수리처럼 문제에 맞서는 사람이다.

성령으로 시작해서 육체로 마치는 인생 실패의 길을 걷지 말자. "고명한 자는 고명한 일을 도모하나니 그는 항상 고명한 일에 서리라." 이를 다른 번역본에는 "존귀한 자는 존귀한 일을 계획하나니 그는 항상 존귀한 일에 서리라." 고명한 자는 고명한 일을 한다. 존귀한 자는 존귀한 일을 한다. 고결한 자는 고결한 삶을 선택한다. 존귀한 자로의 삶을 회복하자. 그러기 위해서는 끝까지 하나님께 쓰임 받는 자가 되어야 한다. 우리는 끝까지 이 땅에 사는 동안 오이코스 가족이다.

에제르 케네그도

한국교회에서 '돕는 배필'이라고 하면, 보통 "남편 뒤에서 조용히 따라주는 아내", "지지하고, 순종하고, 헌신하는 존재", "남편을 성공시켜주는 조력자"의 이미지를 떠올린다. 그러나 하나님께서 의미하신 돕는 배필의 의미를 깨닫는다면 놀라지 않을 수가 없다.

히브리어 원문에서 "돕는 배필"은 "에제르 케네그도"라고 한다. '에제르'라는 말은 '도와주는 존재'라는 뜻이지만, 단순히 '보조자' 수준이 아니다. 구약성경에서 하나님을 가리킬 때 이 단어가 자주 쓰인다. "내가 산을 향하여 눈을 들리라. 나의 도움(에제르)이 어디서 올까? 나의 도움은 천지를 지으신 여호와에게서로다." 즉, '에제르'는 더 강한 자, 위기의 순간에 구원해 줄 수 있는 능력 있는 존재를 가리킨다. 하나님을 묘사하는 단어가 여성을 묘사하는 데도 쓰였다는 건, 이 표현 자체에 존엄성과 능동성이 내포되어 있다는 뜻이라는 것이다.

또한, '케네그도'란 단어는 '그의 맞은편에 있는' 혹은 '그에 상응하는'이라는 뜻이다. 다시 말해, 남성 앞에 정면으로 마주 선, 동등하고 균형 잡힌 존재를 의미한다. 이는 결코 아래에 있거나 일방적으로 순종하는 존재가 아니라는 것이다. 물론, 하나님의 창조 안에는 질서가 확실하게 서 있다. 질서를 무시하는 것은 혼란을 일으키게 된다. 남자가 여자의 머리가 된다는 것은 질서적인 차원이지, 가치의 차원이 아니다.

이 두 단어가 합쳐져 만들어지는 '돕는 배필'이라는 말은, 마치 퍼즐 조각처럼 서로 꼭 맞는 존재, 즉 한쪽이 없으면 전체가 완성되지 않는 구조를 보여준다. '돕는다'는 건 "그 사람보다 부족하니까"가 아니라 "그 사람이 혼자서는 이룰 수 없는 일을 함께할 수 있는 존재로 설계되었다"는 의미이다. 그러니 '돕는 배필'은 존재적으로 결핍을 채워주는 동반자, 사명을 함께 감당할 동역자, 필요할 땐 맞서는 용기를 가진 균형추 같은 존재이다.

돕는 배필이 남편의 그늘에서 희생하는 여성이라는 틀은, 사실 히브리어 원어와는 너무나도 다른 것이다. 성경은 그렇게 말하지 않았는데, 문화가 그 말 위에 덧칠을 한 것이고, 영적으로 속고 눌려 있던 영역이라는 것이다. 예수님의 죽으심과 부활은 남자와 여자, 모두에게 죄에서의 해방이었다. 하나님의 창조의 의도는 남녀는 처음부터 '함께 일하는 동역자'로 생각하셨다. 하나님은 아담이 혼자 있는 것을 좋지 않게 여기셨기 때문이다. 그에게 맞는, 그와 마주 설 수 있는 동등한 존재, 그리고 사명을 함께 짊어질 파트너를 창조하신 것이다. 여성은 하나님의 창조 질서 안에서 결코 '보조자'가 아니었다. 하나님께서 자신의 이름과 동일한 단어(에제르)를 사용해 표현하셨다는 것은 정말 대단한 은혜요, 축복이다.

존재감은 책임 의식에서 시작된다

"그들은 내 목숨을 위하여 자기들의 목까지도 내놓았나니
나뿐 아니라 이방인의 모든 교회도 그들에게 감사하느니라" (롬 16:4)

나이가 들수록 관계의 품격이 곧 그 사람의 존재감을 만든다. 존재감은 곧 자기 정체성의 열매이기도 하다. 책임감이 강한 사람과 책임감보다 특권 의식이 강한 사람이 있는데 심리적으로 보면, 이는 존재감의 유무이다. 존재감이 없는 사람은 책임감도 부족하다. 다시 말하면 그 사람의 깊은 심리 안에는 책임감에 대한 두려움으로 존재를 드러내지 않으려는 의도가 무의식 속에 있다. 존재감이 없는 사람의 특징이 있다.

첫째, 눈에 띄지 않는다. 패션 스타일이나 헤어 스타일도 드러나는 것에 대한 부담이 크다.

둘째, 말수가 적고 목소리가 작다. 과묵한 타입의 사람으로 여러 사람이 모여 있는 곳에서 발언하는 것을 꺼리는 사람이 여기에 속한다.

셋째, 감정 표현에 익숙하지 않아서 자신의 감정을 밖으로 잘 표출하지 않는다. 좋고 싫은 감정을 건강하게 표현하지 못하고, 인생의 희로애락을 자신의 속에서만 처리하기 때문에 주변 사람에게 눈길을 끌지 못한다.

넷째, 별다른 은사(재주)가 없다. 다른 사람에게 영향력을 끼치지 못

한다. 존재감이 강한 사람은 특별하지 않아도 돕는 자로, 섬기는 자로, 다른 사람을 칭찬하고 격려하는 것으로도 충분히 존재감을 나타낼 수 있다. 남들보다 탁월한 재주를 가지고 있지 않기 때문에 다른 사람들로부터 주목받지 못하는 것이 아니라, 열정과 자신감, 사랑이 없기 때문이다.

다섯째, 어떤 모임에 참석하더라도 구석진 자리를 선호한다. 이런 사람은 모임 중에 먼저 자리를 뜨더라도 주위 사람들이 전혀 알아차리지 못할 만큼 옅은 존재감을 가지고 있다. 성경에서는 낮은 자리에 앉으라 하신다. 그것은 겸손함을 요구하시는 것이다. 과시하거나 특권 의식을 배제하라는 것이다.

이상과 같은 특징들이 존재감이 옅은 사람에게 나타난다. 존재감이 없는 사람과 겸손한 사람은 하늘과 땅의 차이이다. 한마디로 단순히 눈에 띄고 주목을 받는 것을 싫어하는 성격이라는 것으로 치부하기엔 영적으로 문제가 심각할 수 있다는 것이다. 존재감이 옅은 사람의 행동상의 특징 안에 두려움과 자신감이 없는 것과 그 안에 무책임이라는 큰 적이 숨어 있다. 존재감은 곧 책임 의식에서 발생한다. 이것이 지나치게 강렬하면 미친 존재감이라고 부른다. 반면 지나치게 미약하면 공기, 병풍, 혹은 투명 인간이라고 부른다. 존재감은 태어나는 것이 아니라, 하나님과의 관계이자, 자기 훈련이다. 꾸준히 자기의 가치(관리)를 상승시켜야 한다. 배움을 멈추지 않고 배우고자 하는 겸손을 선호하고 관계를 바르게 맺어가며, 자기의 감정보다 관계에 더 성실한 사람이 나이 들어 빛나는 건 결국 자기 삶이 만들어 주는 것이다.

친절한 사람을 넘어 영향력 있는 지도자가 되어라

한 시대의 영향력을 준 부산의 정필도 목사님의 목회 철학은 섬에서 목회하는 나에게 큰 영향력을 주었다. "지도자가 C급 지도자이면 성도들도 C급이 된다. 목사가 C급 설교를 하면, 교회도 C급 교회가 된다." C급의 지도자, C급의 교회, C급의 성도는 바로 목회자인 우리에게 달려 있다는 것을 한순간도 잊지 않았다. 그래서 나는 A급 성도들을 대상으로 메시지를 준비하고 우리 성도들이 A급 성도가 되기를 위해 기도하면서 '엄격함과 온유함의 조화'로 사랑을 했다.

예레미야 5장 1절의 말씀처럼 온유함을 갖춘 그리스도인과 목회자들이 많아지길 소망하게 된다. 신학적 날카로움과 통회하는 심령을 함께 소유한 사람, 지적인 높이와 겸손의 깊이가 잘 어울리는 사람, 관계 속에서의 따뜻함이 친절함을 넘어 영향력을 주는 사람, 엄격함과 부드러움이 조화를 이루는 온유한 사람, 은혜를 향한 갈망과 성경적 분별에 대한 조심성을 골고루 소유한 사람, 그리고 자유함이 있되 그 자유함에 대한 책임을 지는 사람, 소명의 진중함이 더 깊이 있는 사람을 위해 나 또한 기도로 생명을 던지고 싶다. 하나님 앞에서의 '한 사람'의 의미를 깨닫게 된다. 나는 영향력을 주는 사람으로 살아가고 있는가? 하나님이 찾으시는 한 사람은 단순하다.

첫째, 기도하는 사람이다. 단순히 기도가 자신의 필요를 채우기 위함이 아니라, 하나님과 깊은 교제를 위한 사귐의 수준을 높이는 사람이다. 다니엘은 기도의 사람이었고, 영향력을 주는 시대의 사람이었다.

둘째, 정직한 사람, 진실한 사람이다. 정직과 진실은 하나님과 사람 사이의 관계에서 가장 기본적인 것이다. 하나님께 대한 진실은 '회개'가 만들어 준다. 사람에게 정직한 것은 '투명함'이 만들어 준다. 다윗이 선왕으로 영향력을 줄 수 있었던 것은 회개에 진심이었기 때문이다. 그의 회개가 그를 겸손한 사람으로 만들었다. 그의 겸손은 엄격함과 온유함의 조화였다. 사람과의 관계에 정직한가? 하나님과의 관계에 진실한가?

셋째, 땅에 간판을 내리고, 새 하늘의 간판을 올리는 사람이다. 진짜 영향력 있는 사람은 자신에게서 먼저 실질적인 변화를 이끌어내는 사람이다. 영향력은 단순히 사람들에게 좋은 인상을 주는 것이 아니다. 자신만의 거룩한 비전과 목표가 분명해야 하고, 명확한 비전과 목표를 위하여 하나님과 일대일의 관계에 올인해야 한다. 그러기 위해서 기도를 깊게 해야 한다.

친절함은 오래 지속될 수 없는 자기 보호라면, 영향력은 자신을 넘어 상대와 타인을 위한 최대치의 사랑이다. 이것이 하나님의 위대한 사랑이다. 영향력 있는 한 사람이 가정을 살리고 교회를 살리며 민족과 시대를 살린다.

목회자는 영혼의 요리사

"너희 중에 있는 하나님의 양 무리를 치되 억지로 하지 말고 하나님의 뜻을 따라 자원함으로 하며 더러운 이득을 위하여 하지 말고 기꺼이 하며 맡은 자들에게 주장하는 자세를 하지 말고 양무리의 본이 되라"(벧전 5:2-3)

오늘이 있어 감사한 이유는 늘 그렇듯이 매일같이 새롭게 뜨는 태양처럼, 새롭게 찾아와 주시는 하나님의 빛 가운데로 안내받을 수 있음이 내가 오늘 여기 있음에 대한 깊은 감동이고 감사이다.

자기 성찰이 없는 설교자들, 자신이 전한 메시지에 대해 성찰하지 않는 목회자들을 향한 주님의 안타까운 마음을 느끼게 된다. 목회자는 영혼의 요리사이다. 요리사에게 가장 필수 덕목은 청결이고, 음식을 먹는 사람들을 향한 사랑이다. 철저히 재료를 선별하는 분별력도 중요하다. 우리의 재료는 오직 성경, 그리고 레시피는 성령님의 레시피여야 한다. 성령의 레시피를 전달할 때, 목회자들은 얼마나 자신을 성찰하는데 우선순위를 두는가? 자기 성찰이 없는 목회자들은 결코 성도들을 변화시킬 수 없다. 목사에게는 깊은 회심의 경험이 있어야 한다. 그리고 날마다 성화의 경험과 사랑이 있어야 한다.

신율법주의 목회자들은 자기 성찰 없이 설교만 하는 목사들이다. 전한 말씀에 책임을 지려는 사명감이 없는 목회자들이다. 전한 말씀으로 기도하는 목회자가 얼마나 있을까? 설교를 준비하는 것보다 더 중요한 것은 설교 후의 삶이다. 설교한 말씀대로 살아내는 것이 목회자의 책임이다. 책임감은 우리의 기도의 자리에서 증명이 된다. 구원의 은혜 가운에서 풍성함을 누리는가? 하나님의 은혜로 사역을 하고 있는가? 가르침과 행동이 일치하는가? 자신을 성찰하는 일을 부지런히 하고 있는가? 자격을 갖추기 위해 나는 오늘 무엇을 더 힘쓰고 있는가?

목회자도 천국을 잃을 수 있다. 목회자에게도 타락한 본성이 있다. 목회자는 더 큰 유혹에 노출되어 있다. 목회자는 주목받는 자리에 있다. 목회자의 죄는 하나님의 더 큰 진노를 불러온다. 목회를 감당하려면 특별한 은혜가 필요하다. 목회자의 행동 하나가 그리스도의 명예를 좌우한다. 목회의 성공 여부는 자아 성찰에 달려 있다. 목회자의 성결은 필수 덕목이다. 목회의 영적 세계는 성도들의 영혼의 창고이다. 목회자도 천국을 잃을 수 있고, 타락한 본성으로 유혹에 노출되어 중독으로 빠져들 수 있다. 목회자가 주목받는 자리에서 정신 차리지 않으면 더 큰 진노를 받게 될 수 있다. 목회자에게 특별한 은혜가 필요하고, 설교자의 말과 행동 하나가 그리스도를 높일 수도 욕먹게도 할 수 있다. 특히, 목회자의 성공 여부는 자아 성찰임을 잊지 않아야 한다. 메시지만 전하는 자가 아니라, 참다운 메신저가 되어야 한다. 목회의 사이즈, 설교의 화려함이 아니라 얼마나 하나님 말씀 앞에 자기 자신이 깎이고, 성화를 위해 몸부림 치고 있는지 늘 돌아보아야 할 것이다.

세상이 감당하지 못하는 그리스도인

세상이 감당하지 못하는 사람들을 생각할 때, 떠오르는 인물이 있으니 황금의 입이라고 불리웠던 4세기 위대한 설교자요 교부인 성 요한 크리소스톰이다. 그에 관한 일화이다. 크리소스톰은 로마 황제로부터 예수 그리스도를 믿는 신앙을 포기하라는 엄명을 받았으나, 그는 죽어도 그리스도를 포기하지 않겠노라 하며 맞섰다. 그가 끝까지 신앙을 포기하지 않자, 로마 황제는 그를 체포하라는 명령을 내린 후 신하에게 이렇게 지시했다.

"크리소스톰을 아무와도 대화하지 못하게 고독한 개인 감방에 넣어라."

그러자 그 신하가 울상을 하며 대답하였다.

"황제님, 크리소스톰은 크리스천입니다."

황제가 고함을 지르며, "크리스천이면 별놈이냐? 빨리 집어넣어라!"

"황제님은 모르십니다. 예수 믿는 사람은 혼자 있는 것을 좋아합니다. 만일 그 사람을 거기다 가두어 넣더라도 혼자 있는 게 아닙니다. 하루 종일 싱글벙글 웃으면서 중얼중얼합니다. 우리 눈에는 보이지 않지만 예수 믿는 사람은 하나님과 함께 이야기한답니다. 그러니까 혼자 두게 하면 그에게 좋은 일만 하는 셈입니다."

그래서 황제가 다시 명령했다.

"그러면 극악무도한 죄인들이 있는 감옥에 집어넣어라!"

신하가 고개를 흔들어 대면서 이렇게 말했다.

"황제님, 그건 더욱 안 됩니다. 그 사람은 오히려 전도할 기회가 생겼다고 매우 좋아할 것이며 얼마 있지 않아 그 안의 사람들은 모조리 크리스천이 되고 말 것입니다. 그 사람에게는 이상한 힘이 있어 극악무도한 악질 죄인도 변화시켜 오히려 상급을 받게 해주는 일입니다."

황제가 노발대발하며, "그러면 그놈을 내어다 목을 쳐라! 당장!"

신하가 사색이 되어서 다시 말하기를, "아이고 황제님, 모르시는 말씀입니다. 그 사람들의 제일 큰 상급은 순교입니다. 그러기 때문에 예수 믿는 사람 중에는 처형당할 때 두려워하거나 우는 사람을 볼 수 없습니다. 오히려 얼굴에 광채가 나고 기뻐한답니다. 그것이야말로 그에게 제일 좋은 것을 안겨주는 셈입니다."

그러자 황제가 고함을 질러댔다.

"그러면 도대체 이놈을 어떻게 해야 한단 말이냐?"

이것이 생명을 가진 자의 자세이다. 생명력은 환경 탓, 타인 탓하지 않는다. 돌틈을 비집고라도 뚫고 나오는 생명력은 생명의 신비를 그대로 보여 준다. 생명이 하나님을 위하여 존재하면 그것이 의가 된다. 생명이 타인, 이웃을 위하여 존재하면 선이 된다. 생명이 자신을 위하여 존재하면 생명력이 된다. 생명은 포기하지 않는 힘이 있다. 생명은 신비로운 힘이 있다. 생명은 고귀한 능력이 있다.

인생의 최종 목적지, '사랑'

복음적 사랑

"하늘의 하나님 전능하신 나의 아버지, 땅으로 오신 하나님 나의 구원자 예수님, 나의 마음 안에 오신 하나님, 나를 회복시키시는 성령님, 사랑합니다."

우리는 그 사랑과 은혜의 명품 옷을 입었다. 예수 브랜드! 하늘의 명품인 '은혜', 평생 입어도 변질되지 않는 브랜드이다. 입을수록 따뜻해지고 가볍고 평안하고 빛이 난다. 은혜의 옷은 복음의 빛이 되었다. 갚을 수 없는 사랑의 빛이 되었다. 그 빛을 복음에 담아 사랑으로 실어 나르자.

관계와 사랑은 세상의 사랑과 다른 복음적 사랑이다. 주어도 주어도 마르지 않는 우물처럼, 생수가 솟아나는 사랑이다. 은혜의 파이프를 통해 솟아나는 사랑과 자기 이기심에서 나오는 사랑은 성질이 다르다. 흔들리는 사랑의 기준 속에서 복음적 사랑을 회복해야 한다.

요즘 시대는 사랑의 홍수 속에 살고 있다고 해도 과언이 아니다. 드라마, 영화, SNS, 노래의 가사까지 주제가 사랑이다. 하지만 정작 사람들은 사랑의 본질을 잃고 방황한다. 사랑을 말하지만 상처가 많고, 사랑을 꿈꾸지만 관계는 쉽게 깨진다. 도대체 왜 그럴까? 하나님의 창조의 재료이신 사랑을 왜곡하고 있기 때문이다. 사랑이 영과 은혜에서 나오지 않는 사랑은 다 가짜이다. 육적인 정욕에서 나오는 사랑은 짐 승과에 속하고, 이론적인 사랑은 심장 없는 이성적인 사랑이다. 이러한 사랑의 끝은 마이너스를 남긴다. 그 이유는 우리가 사랑의 기준을 세상의 감정 중심의 사랑에 두고 있기 때문이다.

세상적 사랑은 사단이 움직이고, 복음적 사랑은 하나님이 움직이신다. 세상적 사랑은 감정 중심, 상황에 따라 변한다. 그러나 하나님 중심의 사랑은 진리 중심, 변하지 않는다. 목적에 있어서도 세상적 사랑은 나의 행복 추구이고 복음적 사랑은 하나님의 영광, 타인의 유익에 있다. 방식에 있어서도, 조건적 사랑은 세상적이지만 하나님의 사랑은 무조건적인 은혜의 사랑이다. 결과 또한 다르다. 세상적 사랑은 상처와 소모로 후회를 남기고 부끄러움을 남긴다. 하나님의 사랑은 관계 회복과 생명을 준다.

세상은 사랑을 감정이라고 속인다. "설레어야 사랑이지", "기분 좋으면 사랑이야"라는 말로… 그러나 감정은 변한다. 그래서 감정에 기대는 사랑은 오래가지 못한다. 반면, 복음적 사랑은 감정보다 '의지와 헌신'의 사랑이다. 하나님은 감정이 좋아서 사람을 사랑하신 것이 아니라, 죄인인 우리를 은혜로 사랑하기로 결단하셨다. 이것이 복음적 사랑의 출발이다. 무엇인가를 얻을 수 있어서가 아니라 긍휼해서 손잡은 사랑이 복음적 사랑이다. 내가 관계 속에서 가지고 있는 사랑이 복음적 사랑이라면, 그 안에 예수님처럼 희생하는 사랑, 책임지는 사랑, 회복시키는 사랑이 담겨 있어야 함을 잊지 말자.

세상에서 제일 고급진 사랑

오래전 불렀던, '얼굴'이란 노랫말에는 '동그라미 그리려다 무심코 그린 얼굴…'이란 가사가 나온다. 어느 날 기도 가운데, 이 노랫말이 흥얼거려지는데 주님이 동그라미에 그리고 싶은 얼굴이 누구인지 물으시는 듯했다. "예수님의 얼굴이요." 예수님의 얼굴, 인자하고 겸손하신 그러나 위엄 있고 섬세하신 얼굴, 나의 첫사랑이신 예수님, 나의 과거의 사랑의 전부이신 예수님, 나의 현재 사랑이신 예수님 그리고 나의 미래의 사랑이신 예수님, 나의 영원하신 예수님의 얼굴만 그 동그라미 안에 그려진다.

나의 과거가 예수님으로 인해 벽이 되었다. 아주 튼튼한 성을 지을 만큼의 성벽이 되었다. 그리고 반석이 되었다. 내가 인생을 살아가는 이유가 되시고 기초가 되시며 힘의 원천이 되어 주셨다. 나의 과거가 예수님으로 펼쳐졌다는 것이 참 신기한 일이 아닌가? 과거에 떠오른 사랑의 인물이 예수님 외에 없다는 이 사실이 신기하고 감사하다. 아무리 수천 번 동그라미를 그려봐도 그 동그라미 안에 예수님 얼굴밖에 없다는 사실 말이다.

세상에서 가장 고급지고 가치 있고 아름다운 사랑은 무엇일까? 바로 순수한 사랑이다. 생명을 나누는 사랑은 순수한 사랑 외에는 없다. 다 윗과 요나단의 사랑이 바로 그런 사랑이었고, 예수님의 사랑이 바로 그 순수한 사랑의 결정체였다. 이기심이 가미되지 않은 사랑, 계산되 지 않은 사랑, 오염되지 않은 사랑, 씻기고 닦고, 깎여야 가능한 그 순 수한 사랑을 향하여 매진하라. 다윗과 요나단은 서로 자기 생명과 같 이 사랑하였다. 단순한 감정이나 이성적인 사랑이 아니라 애정이나 애 착이 아니라, 상대방의 행복을 자신의 행복보다 우선시하는 마음, 자 신이 가진 것을 기꺼이 내어놓을 수 있는 마음, 어떤 상황에서도 변질 되지 않는 마음, 상대방의 성공을 진심으로 기뻐할 수 있는 순수한 마 음, 이 마음이 곧 부모의 마음이지만 위로부터 오는 하나님의 마음이 다. 이 순수한 사랑의 능력이 큰 만큼 사단은 이 사랑을 방해한다. 그 사랑을 받은 나이지만 그 사랑이 나로부터 흘러가는 길을 막고 있다. 계산하도록하고 이기심으로, 조율함하고 주저하게 만든다.

  사람을 가장 가치 있게 고귀하게 만들어 주는 레시피는 순수한 사랑 이다. 이 순수 사랑은 사람의 마음을 바다처럼 넓히고 하늘처럼 높인 다. 이 순수 사랑은 핵무기보다 강력하고 세상의 그 어떠한 권력의 힘 보다 강하다. 나의 사랑의 순수함을 달아보려면 무심코 동그라미를 그 려 보면, 그 동그라미에 그려지는 사람이 누구인지 보면 된다. 옛 추억 의 것들이 그 동그라미 안에 슬라이드처럼 바뀌어 돌아가고 있지는 않 은가? 그렇다면 당신은 아직 순수 사랑의 단계까지는 아닌 듯하다. 우 리에게 오신 예수님은 나의 과거를 깨끗하게 하시고 찾아오신 동그라 미 안의 예수님이시다.

사랑의 가치를 찾아서

"사랑 안에 두려움이 없고 온전한 사랑이 두려움을 내쫓나니 두려움에는 형벌이 있음이라 두려워하는 자는 사랑 안에서 온전히 이루지 못하였느니라" (요일 4:18)

나에게 사랑의 가치는 무엇인가? 괴테는 진정한 사랑은 타인을 자기 자신처럼 존경할 수 있는 것이라고 말했다. 이것은 세상 철학의 이론일 뿐이다. 나에게서 생명을 발견하는 순간부터 사랑의 가치는 달라진다. 나에게 주어진 생명의 가치가 나의 존재의 가치가 되기 때문이다. 나에게 사랑의 가치는 생명이다. 그리고 진정한 사랑은 인간 최후의 진리이고, 최후의 본질이다.

사랑은 진리이다. 그리고 피조물의 본질이다. 또한, 진정한 사랑은 지속적인 삶의 에너지이다. 사랑하는 것은 마르지 않는 기름에 의하여 서로를 빛나게 해주는 에너지이고, 너와 나, 우리를 지탱해 주는 힘이다. 사랑의 가치는 단순히 개인의 행복을 넘어 서로를 이해하고 존중하는 공동체적 삶의 필요성이기도 하다. 이러한 사랑의 가치관은 크리스천이 나아가야 할 방향을 제시하는 중요한 기준이 된다.

그런데 이 사랑은 많은 오염으로 인해 진짜 본질을 상실하게 되고 많은 성장통을 겪게 되기도 한다. 진정한 사랑은 단순히 감정적 유대관계를 넘어 개인의 성장과 영성의 핵심이 된다. 롱펠로(Henry Wadsworth Longfellow)의 말처럼 말이다. "헛된 사랑이라 말하지 말

라. 사랑은 결코 낭비되지 않았다." 사랑의 경험은 우리의 성장에 기여할 뿐만 아니라 최고의 가치를 깨닫게 한다. 우리의 사랑은 우리가 이해할 수 있는 범위를 넘어선다. 그것이 진정한 삶, 깊이 있는 영성을 받아들이게 하는 열쇠가 된다.

사랑을 다루는 기법이 있다. 서로를 존중하는 것이 기본이다. 나 자신을 존중하는 사람이 타인도 존중한다. 서로의 존중이 좀 더 발전적이길 원한다면, 서로의 감정을 투명하고 건강하게 나누는 만큼 친밀해진다. 그 과정을 통해서 서로에 대한 신뢰가 생기기 때문이다. 사랑에는 진실성과 진정성이 생명이다. 사랑의 진실성과 진정성은 건강한 관계의 핵심이다. '진실한 사랑은 믿음이다.'라고 말했듯이, 진정한 사랑은 서로에 대한 신뢰와 책임을 동반한다. 특히 상대방의 결점을 수용하는 단계부터가 사랑의 초월성을 발휘한다. 다시 말하면, 사랑은 상대방의 고유한 특성을 존중하고 그를 있는 그대로 사랑하는 것으로부터 출발한다는 것이다. 사랑은 감정적으로 매우 복잡할 수 있지만 그것이 야기되는 기쁨과 상처를 통해 우리는 더 나은 사람으로 성장할 수 있다.

사랑은 생명력의 원천이다. 인간은 사랑을 통해 서로의 존재를 확인하며 자신이 소중한 존재임을 느낀다. 사랑 속에서 자아를 확립해 간다. 사랑이란 두 개의 고독한 영혼이 서로 지켜주고, 서로 접촉하고, 서로 기쁨을 나누는 데 있다. 돈이 없어 불행한 것이 아니라 사랑의 가치를 깨닫지 못해서 인생이 아쉬운 것이다. 사랑 안에는 내가 깨닫지 못한 무수한 영양제가 담겨 있고, 내가 경험하지 못한 영성이 담겨 있다.

사랑 안의 영성

사랑 안에 담긴 영성이 무엇일까? 사랑은 결코 사라지지 않는다는 것이 진리이다. 사랑은 불멸하기 때문이다. 그리고 그 사랑은 영원성을 갖고 있다. 늙어가면서도 사랑을 유지하는 것이 중요하다. 사랑이 먼저일까? 영성이 먼저일까? 사랑이 먼저라고 말하고 싶다. 하나님의 창조 때부터 사랑이라는 굴레에서 시작하여 영원까지 동반하는 것이기 때문이다.

사랑 안에 영성이 있다. 지금 우리나라의 상황은 정말 혼란하다. 열정과 열광의 본질이 달라졌다. 같은 기독교 안에서 벌어지는 갈림길이 더 문제이다. 기독교의 본질이 사랑이라면, 그 사랑 안에는 열광이 아닌 열정이 있어야 한다. 열광하는 사람들은 마치 내면에 한이 쌓인 사람들처럼 분노가 폭발하고 생명을 파괴하려는 의도가 다분하다. 열정에서 열광으로 돌변할 때 그렇다. 열정의 긍정적 에너지가 어떤 상황이나 정치권력에 의해 변질될 수 있다는 것이 지금 우리 크리스천들이 속고 있는 부분이다. 열정의 고귀한 목표는 사랑이다. 열정의 악용 사례로서 열광이 파괴로 이끌어 가는 것이 안 보이는가? 열광은 누군가를 영웅화할 때 생기는 감정이다. 다시 말하면, 우상을 섬기는 자들이 태양신과 바다의 신, 달의 신을 섬길 때 열광했다. 사이비 종교인들처럼 말이다.

우리는 열광과 열정을 분별해야 한다. 거부하라, 열광주의! 현대에도 세계 곳곳에서 열광주의는 사람들을 미혹하고 있다. 악마의 유혹이라 아니할 수 없다. 기독교가 특히 정치화되어가므로 십자가 정신을 왜곡시킨다. 주권자인 국민을 열광주의에 빠뜨려 정신을 혼미케 하고, 정권 쟁탈자들의 욕망에 우리 크리스천들이 먹이가 되게 한다. 열광주의가 심히 우려스럽다. 정치 공약에 열광하지 말고 냉정하게 분별해 행동할 뿐만 아니라 성도들을 바른길로 인도해야 한다. 정치 공약에 열광하는 사람들이, 하나님의 언약의 말씀을 붙잡고 열정을 갖고 기도하는 사람이 되기 위해 기도하자. 말씀은 오늘도 강권하신다. "너희는 이 세대를 본받지 말고 오직 마음을 새롭게 함으로 변화를 받아 하나님의 선하시고 기뻐하시고 온전하신 뜻이 무엇인지 분별하도록 하라"(롬 12:2).

맹목적인 열광주의나 자기 야욕의 열광주의를 극복하려면 하나님 말씀에 의지해야 한다. 그리하여 성령의 일하심에 초대받을 수 있는 성령의 사람이 되어야 한다. 이 땅에서 사는 날 동안, 너울 속에 있는 자, 예수 그리스도의 통치로 하나님 나라가 이루어져 가도록 외치고 외치는 자가 되어라. 우리들의 삶을 통해 예수님이 주가 되게 하라. 나의 인생의 해답이신 예수님처럼, 사랑 안에 영성이 있다.

성공과 사랑

"마른 떡 한 조각만 있고도 화목하는 것이 제육이 집에 가득하고도 다투는 것보다 나으니라"
(잠 17:1)

나는 어떠한 특정인을 지지하지 않는다. 다만, 이 나라 위정자들의 민낯이 보일 때마다 책임 있는 지도자의 한 사람으로서 자신을 돌아보게 되며 나라를 위해 간절히 기도하게 된다. 정치인들의 선택은 자신을 향해 있다. 나에게 이익이냐, 불이익이냐? 내가 속한 당에 이익이 있느냐 없느냐이다. 아쉬운 것은 국민을 먼저 생각하는 정치인이 있을까이다. 진정한 지도자가 목마른 시대이다. 그래도 위기에서 나를 버리고 하나님의 의를 선택하는 소수가 존재하기에 기독교의 생명력이 큰 힘을 이루고 있다.

나는 성공을 추구하고 있는가? 아니면 사랑을 추구하고 있는가? 놀라운 것은 이 물음이 쌍둥이 벽처럼 맞붙어 있다는 것이다. 정치인들이나 지도자들의 추함의 끝은 국민이 아니고, 성도가 아니고, 내면 깊은 곳에 자신의 성공이 있다. 나는 물질인가, 행복인가? 당연히 물질보다는 행복이다.

십자가가 나의 각론이 되는 것은 그 십자가는 사랑이라는 존재의 원리가 되었기 때문이다. 그래서 그 십자가는 어떠한 상황이든 사랑의 상황 논리가 된다. 사랑은 선택 이전에 존재하는 것이다. 사랑이 존재하지 않았다면 내가 존재하겠는가? 사랑은 모든 것의 시작이자 모든 것의 끝이다.

사랑이 있는 곳에는 재물과 성공이 따르지만, 사랑이 없는 곳에는 재물과 성공도 쓸모없다. 어떤 집은 재물이 많지만, 그 집에는 사랑이 없기 때문에 행복을 느끼지 못하고 산다. 어떤 집은 성공은 했지만, 사랑이 없기 때문에 밖으로 배회하며 나중에는 가정이 깨지는 경우도 있다. 재물도 좋고 성공도 좋지만 그것보다는 먼저 사랑이 있어야 한다. 육선이 가득하고 다투는 것보다 약간의 채소를 먹어도 사랑이 가득한 삶을 꿈꾸어 봤는가? 둘 중 하나를 선택한다면, 나는 무엇을 선택할 것인가? "누가 지혜자와 같으며 누가 사물의 이치를 아는 자이냐 사람의 지혜는 그의 얼굴에 광채가 나게 하나니 그의 얼굴의 사나운 것이 변하느니라"(전 8:1).

사랑은 우주의 근원이며 나의 삶의 총론이다. 그런데 하와의 잘못된 선택으로, 선택 이전에 존재했던 것이 사랑이었음을 망각하게 했다. 모든 관계에 있어서 선택의 기준이 사랑이어야 함을 알아야 한다. 온전한 사랑을 방해하는 오염된 것들을 제거하는 작업은 나의 몫이다. 무엇을 하든지 사랑의 바탕 위에서 행해진다면 그것이 곧 성공이고 행복일 것이다.

성공과 사랑 중 무엇을 원하는가? "사랑이다." 돈과 행복 중 무엇을 원하는가? "행복이다." 자신이 존재하는 이유가 사랑이라고 생각하는 사람이 진정으로 성공한 사람이다.

사랑의 디테일은 지혜

"지혜로 하늘을 지으신 이에게 감사하라 그 인자하심이 영원함이로다" (시 136:5)

 지극히 크고 광대하신 하나님 앞에 구하지 못할 큰 것도 없지만, 지극히 세밀하고 섬세하신 하나님 앞에 구하지 못할 작은 것도 없다. 우주 만물을 창조하신 하나님은 광대하시며 나의 머리털 하나까지도 세신 바 되신 섬세하신 분이시다. 하나님의 광대하심은 우리가 다 알 수 없고 볼 수 없지만 보여 주시는 만큼, 열어 주시는 만큼 찾아갈 수 있다. 하나님의 광대하심은 겸손한 자가 볼 수 있다. 나를 비우고 하나님의 망원경을 사용하는 자가 하나님의 광대하심을 볼 수 있다.

 반면에 하나님의 섬세하심 곧 디테일은 그분의 지혜이다. 우리가 누군가로부터 받은 사랑을 하나하나 회상해 보면, 매우 디테일하고 섬세하게 생각나는 경우가 많다. 그때 나누었던 대화 하나하나, 표정과 동작 하나하나가 마음에 박혀서 트라우마가 되기도 하고, 감동되기도 한다. 세월이 아무리 흘러도 그 기억만 떠올리면 따뜻한 사랑의 에너지의 힘이 오늘을 살아가게 한다. 온 우주를 다스리시는 하나님께서는 우리 삶의 아주 작은 부분까지도 신경 쓰시는 섬세하신 사랑의 하나님이심을 우리는 예수님의 삶을 통해 엿볼 수 있다. 그뿐인가? 예수님을 통째로 주시고, 섬세하고 디테일한 사랑으로 채우시기 위하여 성령님이 우리 곁으로 오시지 않았나? 중요한 것은 깨닫는 자가 구하고 찾게 되고, 구하고 찾는 자가 비밀한 것들을 소유하게 된다.

  예수님의 디테일을 생각해 보자. 사망을 이기시고 부활하신 직후에 예수님이 하신 일은 세마포를 고이 접어 정성껏 개켜 놓는 일이었다. 또한, 인류 역사의 획을 긋는 부활의 과업을 이룬 후에 제자들을 찾아가 소박하게 생선을 구우며 조반을 준비하신 것은 얼마나 마음 따뜻하고 섬세한 사랑의 하나님이신지를 여실히 보여준다. 하나님의 사랑은 우리의 반복되는 일상 속에서 보석처럼 빛나는 섬세하고 디테일한 사랑이다. 하나님께서는 나의 작은 생각의 한 자락도, 스쳐 지나가는 말 한마디도 허투루 그냥 넘기지 않으시고 소중히 간직하신다. 우리는 하나님 아버지께 머리털 하나까지도 다 세신 바 된 소중한 자녀이며, 하나님 아버지는 나의 작은 호흡까지도 주관하신다. 지극히 크고 광대하신 하나님 앞에 구하지 못할 것이 없다. 또한 지극히 세밀한 것까지 구하여 광대한 사랑과 섬세한 사랑을 배워가는 지혜가 요구된다.

  "주님, 저의 모든 삶이 주님의 불꽃 같은 사랑의 시선을 벗어날 수 없음을 믿습니다. 제가 살아가는 모든 순간들이 결코 우연이 없으며 목자되신 주님의 섬세하고 디테일한 사랑 안에 있음을 깨닫고 깊은 안식을 누립니다. 하나님이 나의 아버지이시니 아버지를 닮아 광대한 마음을 주시고, 그 마음을 채워갈 큰 돌, 작은 돌, 자갈, 모래 그리고 물까지 섬세하게 채워서 사단에게 빈틈을 내어 주지 않는 견고한 마음을 주옵소서."

징계는 책임 있는 사랑

"징계는 다 받는 것이거늘 너희에게 없으면 사생자요 친아들이 아니니라" (히 12:8)

하나님의 징계는 사랑의 표현이다. 징계하면 떠오르는 첫 단어는 책임이다. 책임 있는 사랑에는 늘 징계가 따른다. 하나님은 우리를 벌주기 위해 징계하시는 것이 아니라, 하나님의 목표 설정을 놓고 채찍질하신다. 징계는 하나님의 사랑과 훈련의 과정이며 이를 통해 하나님의 사랑과 자신의 연약함을 동시에 보게 된다. 나의 경우도 책망이나 채찍은 내가 책임질 수 있는 만큼의 수위로 하게 된다. 책임감만큼이 징계이고 채찍인 듯하다. 부모는 자식을 정말 아끼고 사랑하기 때문에 징계한다. 징계는 큰 사랑의 표현이다. 악플보다 무플이 더 무섭다는 말도 있다. 무관심한 것을 가장 경계해야 한다. 징계한다는 것은 지금까지 잘 쌓아왔던 관계까지도 깨어질 수 있는 위험성을 가진다. 그럼에도 불구하고, 그것을 알면서도 하는 것은 진짜 사랑이다. 사랑 안에는 두려움이 없다.

하나님께서는 우리를 징계하면서 마음이 아프실 것이다. 징계받을 때 벌이 아닌 사랑으로 보아야 한다. 징계받을 때 원망하는 모습을 보이면 꼭 필요한 징계더라도 하나님께서 아직 때가 되지 않았기에 늦추는 경우도 있다. 그것이 나에게는 더 독이 되고 안 좋은 결과가 될 수 있다. 징계받기 싫어하는 사람은 영적으로 상당히 무딘 사람이고, 유아적이고 이기적인 사람으로서 성찰의 능력이 없는 사람이다.

징계하는 사람과 징계받는 사람의 수준이 중요하다. 징계를 오해하는 사람을 보면, 자신에 대한 연민의 성향을 가지고 있다. 그리고 낮은 자존감과 열등감으로 인하여 징계나 채찍에 관한 이해가 불가하고, 어린아이처럼 자신의 수준에 맞추어 주길 바라며 그렇지 않을 때는 시험에 빠지게 된다. 징계는 고통이 따르지만 유익하다는 것을 결론으로 내리고 반응해야 한다. 그런 사람에게 주어진 징계는 곧 후회가 아니라 회개가 따르고 돌이키고, 변화로의 전환이 일어난다. 징계가 사랑의 표현이라면, 징계는 영적인 성숙과 거룩함을 위한 것이다.

징계와 형벌의 차이를 구분하라. 징계는 형벌이 아니라 하나님 사랑의 손길이고 시선이다. 징계가 성화로의 과정을 이어주는 도구가 된다. 성화의 촉진제 역할을 해준다. 교만하고 자기 중심적이며, 게으르고 불순종으로 인하여 하나님의 때와 목표에서 지연되는 시간을 얼마나 참아 주실 것이라고 생각하는가? 진정 하나님의 섭리 안에 있다면, 하나님은 반드시 하나님의 시간 속에 우리를 초대할 것이다. 목회자는 하나님의 징계가 있기 전에 잔소리, 채찍으로 하나님과의 간격을 좁혀 주는 역할을 한다. 하나님의 진심을 전달하는 자이다. 선지자의 가르침에도 변화되지 않는다면 하나님은 직접 일하실 것이다. 이를 막기 위하여 세워 주신 영적 지도자의 소리에 민감하게 반응하라. 깨닫고 후회하는 것으로는 변화나 삶이 돌이켜지지 않는다. 철저한 회개가 일어나야 전환이 일어난다.

하나님의 위대하신 사랑을 깨닫게 하소서

"하나님의 사랑이 우리에게 이렇게 나타난 바 되었으니 하나님이 자기의 독생자를
세상에 보내심은 그로 말미암아 우리를 살리려 하심이라" (요일 4:9)

하나님의 사랑을 깨닫는 것은 사람마다 깊이와 넓이가 다를 것이다. 영성이라는 것은 하나님의 사랑을 깨달아가는 만큼 나의 삶이 바뀌는 것이다. 제일 먼저 정결한 사랑에 초점을 두자. 하나님께서는 거짓 없는 사랑, 깨끗한 사랑, 순수한 사랑을 찾으신다. 하나님의 근본이신 사랑의 순수함으로 새 건물을 세워보자. 우리가 참회해야 하는 이유도 거짓된 사랑에 대하여, 과거의 찌꺼기를 제거하지 못하여, 현실적으로 온전한 사랑에 밀착이 안 되기 때문이다.

위대한 사랑이 무엇일까? 섬세함과 거대함이다. 섬세한 사랑은 지혜이다. 작지만 생명을 깨우는 물방울, 한 방울의 물이 거대한 생명을 탄생시키듯 섬세하면서도 깊은 내면을 가진 존재가 영성의 사람이다. 그 영성 안에는 감성적이면서도 지혜가 동행하니 둔한 사람이 아닌 민감하지만 감성이 풍부한 사람으로 내면의 세계가 아름다운 세계로의 변화를 경험하게 된다.

이런 사랑은 공감 능력만큼 마음의 면적이 넓어지고, 사소한 일상에서도 지혜가 발동하니 의미를 부여하여 우선순위를 놓치지 않게 되고, 하나님을 향한 첫 생각으로 깊고 뜨거운 사랑의 밀착이 이루어진다.

이런 사람에게 지혜를 주시는데 신비롭고 직관적인 사람으로 머리가 될지언정 꼬리가 되지 않는 돌보심을 약속하신다. 내면이 강한 사람은 분위기나 현장을 성전화시키는 영적인 힘을 주신다. 다양한 가능성을 약속하시며 유연하지만 강한 생존력을 가진 예수 생명의 위력을 보여줌으로써 그 사랑의 거대함이 점점 확장되고 확대 되어져 가는 은혜를 약속하신다.

사랑은 인간이 가진 감정 중 가장 위대하고 강력한 힘이다. 사랑은 단순한 감정을 넘어 삶을 변화시키고 희망을 주며 때로는 불가능을 가능하게 만든다. 사랑이 지닌 위대함은 우리를 최고의 존재로 만들고, 세상을 아름답게, 가정을 아름답게, 자신을 행복하게 만든다. 용서는 어쩌면 거대한 사람으로의 첫걸음인 듯하다. 용서의 한계는 배신감 앞에서 주춤한다. 그리고 마지막 희망이 사라졌다고 생각하는 그 순간의 용서가 진짜 사랑이다. 위대한 사랑은 희생을 가능하게 한다. 용서가 거대한 사랑으로 이끈다는 것이 정말 사랑의 팩트이다.

나를 변화시키는 유일한 도구는 하나님의 사랑이다. 그 사랑이 인간을 변화시킨다. 사랑을 받으면 사람은 변화되고, 사랑하는 사람 역시 성화에 이른다. 차가웠던 마음도 사랑을 통해 따뜻해질 수 있고, 절망 속에서도 다시 기도로 소망을 부여잡는다. 사랑은 단순한 감정을 넘어, 한 사람의 인생을 송두리째 변화시키는 힘을 가지고 있다. 사랑이야말로 인간을 하나로 묶는 가장 위대한 힘이다. 영원히 기억되는 사랑은 위대한 사랑이다. 이 사랑은 우리가 살아가는 이유가 되며 이 사랑을 삶의 가치에 두는 사람은 하늘의 힘을 얻게 될 것이다.

믿음, 소망, 사랑 안에 담긴 이기심

성공은 누구나 갈망하지만, 성공했다고 누구나 행복한 것은 아니다. 그 본질에 대해서 깊이 고민해 본 적이 있는가? 우리는 성공을 개인적 성취로 한정 짓고 자아실현을 넘어서는 더 큰 가치를 간과하는 경우가 많다. 자기중심적인 이기심의 뿌리를 제거하지 않으면 성공했다 한들 행복과는 거리가 멀다. 이기심의 뿌리는 본성인가, 구조인가? 이기심은 죄의 본질이요, 믿음과 사랑의 기반을 깨는 악성 뿌리이다. 이기심은 소망보다는 지금 당장 필요한 욕구에 더 강한 의지를 보인다. 마치, 에서가 팥죽 한 그릇에 강한 의지를 보이듯 말이다.

플라톤이 말하는 인간의 세 가지 요소를 보면, 욕망이 통제되지 않으면 파멸을 초래하고, 이기심이 바로 통제되지 않은 욕망의 근원이라고 말한다. 이기심이 인간의 생존본능으로 둔갑한다 해도, 그 이기심의 정체는 통제되지 않는 욕망이다. 이기심의 쓴 뿌리가 가지고 있는 힘은 강하다. 불순종의 근원도 바로 이기심이다. 내가 좋아하는 것만 하려는 이기심은 곧 하나님 앞에서의 불순종이다. 이기심은 대신 관계(삼위일체 하나님)에서도, 대타 관계(타인), 대물 관계(물질), 대사 관계(사건), 대아 관계(자신)에서도 조화를 이루지 못한다. 이기심이 구조라고 보기에는 어렵다. 이것은 죄성을 가진 인간의 본성이라 여겨진다. 이 죄의 뿌리는 세상이 자기중심적으로 회전해야 한다는 것이다.

　그렇다고 이기심이 자기 긍정이냐? 절대 그렇지 않다. 이기심은 자존심의 옷을 입고 정체를 숨기려 하지만 교만과 이기심은 한 뿌리에서 나오는 죄의 결과이다. 교만은 이기심의 표현이기 때문이다. 이기심의 특징은 공감 부족이다. 공감은 이타성과 하나님의 관점으로 바라보는 수용력이다. 이기심은 자신의 부족이나 결핍을 구조적인 것으로 본다. 그래서 환경 탓이나, 타인의 탓으로 여기며 관계나 조화가 어려워진다.

　하나님과의 관계가 이기심을 중심으로 이루어진다면 하나님과의 관계에 있어 한계가 있다. 믿음에서 이기심을 빼고, 하나님 중심으로 전환하자. 왜 사랑이 충만하지 못할까? 역시 그 사랑 안에 이기심의 뿌리가 있기 때문이다. 이기심의 쓴 뿌리를 죽이는 방법은 은혜이다. 은혜의 보혈을 붓고 새로운 씨앗인 이타심을 심어야 한다. 왜 소망이 온전하지 못할까? 이 땅의 욕심과 욕망을 놓지 못하기 때문이다. 욕망은 소망의 적이기 때문이다.

　믿음의 한계를 넘어라. 사랑으로 물들이는 인생을 꿈꿔라. 땅에서 발을 떼고 하늘의 소망을 두고 살아라. 그러기 위해서는 온전한 믿음, 소망, 사랑을 이루지 못하게 하는 이기심의 뿌리를 뽑자.

영적 권위는 깊은 사랑으로의 초대

"나는 너희를 위하여 기도하기를 쉬는 죄를 여호와 앞에 결단코 범하지 아니하고
선하고 의로운 길을 너희에게 가르칠 것인즉"(삼상 12:23)

이스라엘 백성들은 다른 나라 백성들과 같이 되려고 사무엘에게 왕을 요구했다. 그들은 하나님께서 원하시는 삶의 방식에서 떠나 자기들만의 방식대로 살기 원했다. 사무엘은 백성들의 어리석음을 지적했다. 백성들은 사무엘의 말을 듣고 자신들의 결정이 어리석음을 깨달았다. 이것이 바로 그리스도인의 말의 권위이다. 이 권위는 기도를 통하여 성령의 힘으로부터 온다. 사무엘의 말에 백성들이 죄책감을 느끼고 있을 때 하나님께서 우레와 비를 보내시는 것을 목격하자 그들은 더욱 두려움에 떨게 되었다. 백성들이 사무엘에게 자신들의 죄를 고하자 사무엘은 그들을 안심시키면서 말했다.

"나는 당신들이 잘되도록 기도할 것입니다. 내가 기도하는 일을 그친다면 그것은 내가 하나님께 죄를 짓는 것입니다. 그런 일은 없을 것입니다. 오히려 나는 당신들이 가장 선하고 가장 바른길로 가도록 가르치겠습니다"(삼상 12:23).

사무엘 선지자는 이미 백성들을 위해 기도해 오고 있었고, 앞으로도 그 기도를 멈추지 않겠다고 약속했다. 이것이 바로 그리스도인의 사명이다. 그는 중보기도를 멈추는 것이 여호와께 범죄하는 것이 될 것이

라고 했다.

우리가 다른 사람을 위해 지속적으로 기도해 주는 것은 쉽지 않다. 그러나 이것은 강력한 사랑의 실천 방법이다. 예수님께서 주신 계명은 '이웃을 네 자신과 같이 사랑하라'는 것이었다. 우리는 중보기도를 통해 그 사랑을 실천할 수 있다. 중보기도는 이웃 사랑의 실천이다. 중보기도를 해주는 것은 물질적인 선물을 주는 것보다 큰 도움이 되고, 강한 설교보다 더 큰 격려가 되며 칭찬보다 더 효과적이고, 따뜻하게 안아주는 것보다 더 확신을 준다. 우리도 사무엘 선지자처럼 서로를 위해 기도하기를 쉬는 죄를 여호와 앞에 범치 말아야 한다. 특히 맡겨진 영혼들을 위한 중보기도에 우리의 마음을 드려야 한다.

시편 기자의 고백처럼 부족하고 자격 없는 우리의 기도에 귀를 기울이시는 은혜로우신 하나님께 감사해야 한다. "주님, 주님께서 나의 간구를 들어주시기에 내가 주님을 사랑합니다. 나에게 귀를 기울여 주시니 내가 평생토록 기도하겠습니다"(시 116:1-2).

진정한 이웃 사랑과 영적으로의 깊은 초대는 곧 중보기도이다. 중보기도의 옥합을 깨자.

사랑의 나비효과

"사랑하는 자들아 하나님이 이같이 우리를 사랑하셨은즉 우리도 서로 사랑하는 것이
마땅하도다" (요일 4:11)

'나비효과'라는 말이 있다. 원래는 기상학에서 "브라질에서 나비가
날갯짓하면 텍사스에 토네이도가 일어날 수 있다."는 말로 쓰였다. 이
개념이 인문학이나 신학에 적용되면서 "사소해 보이는 변화일지라도
시간이 흐르면서 예상치 못한 아주 큰 결과를 불러올 수 있다."는 뜻으
로 전환됐다. 이 나비효과는 인간 삶의 모든 영역에 적용된다. 단순히
행동뿐 아니라 특정 정서와 언어의 전파에도 해당한다. 내가 가진 감
정은 언어를 통해 다른 누군가에게 전이되고, 그렇게 전이된 감정은
또 다른 누군가에게 전파된다. 이를 전파하는 사람이 언어의 힘을 이
용할 줄 아는 정치인이나 혹은 대중 운동가이면 그 나비효과는 극대화
된다.

지금 이 사회는 감정의 나비효과를 뼈아프게 경험하고 있다. 무슨 말
인가? 한 사회에 일어나는 반복되는 폭력 사태나 위협은 반드시 그 원
인이 있고, 그 원인은 말에서부터 시작될 수 있다는 것이다. 언어와 감
정의 나비효과이다. 정치인을 비롯해 사회의 유력한 지도자가 쓰는 언
어는 그래서 무섭고 중요하다. 청중은 그 정치인이 쓰는 언어의 느낌,
뉘앙스, 감정과 정서를 그대로 전달받기 때문이다. 두려움으로 뿜은

연설은 두려움을 청중에게 가져다주고, 마틴 루터 킹 목사처럼 소망으로 한 연설은 소망을 전한다. 불안은 불안을 낳고, 혐오는 혐오를 낳고, 증오는 증오를 낳는다. 이렇게 시작된 나비효과는 브라질에서 날갯짓으로 시작돼 어느 순간 누군가의 가슴에 전달됐을 때는 이미 폭력의 토네이도가 돼 있다. 그래서 정치인의 한마디, 유명 연예인의 말은 젊은이들에게 책임이 큰 것이다.

어디 정치인뿐일까? 사람의 영혼을 책임지는 목사의 말은 더욱 무게감이 막중하다. 믿음과 소망과 사랑으로 한 말은 비록 서툰 언어일지라도 청중에게 믿음과 소망과 사랑이 울려 나게 한다. 반대로 온갖 부정적 에너지로 가득 찬 말은 아무리 종교적 언어로 포장하거나 성경의 언어로 전달할지라도 그 부정적 에너지가 그대로 교인들 가슴에 나비효과가 돼 울려 퍼진다. 그 효과는 언젠가는 내게로 부메랑이 되어 돌아올 수 있다.

이 언어와 감정의 나비효과를 예수님은 정확히 꿰뚫어 알고 계셨다. 제자 중 하나가 당신을 잡으러 온 대제사장 종의 귀를 칼로 치자 꾸짖으며 말씀하셨다. "네 칼을 도로 칼집에 꽂으라 칼을 가지는 자는 다 칼로 망하느니라"(마 26:52). 그리고 예수님은 십자가의 증오를 사랑으로 받아내셔서 온 세상에 '사랑의 나비효과'를 확산시키셨다. 칼과 증오와 혐오를 십자가 사랑과 관용으로 받아내신 것이다. 나부터, 우리부터, 교회부터, 훈련받는 우리 한 사람부터 사랑의 나비효과를 퍼뜨리는 사람이 되어야 하지 않을까?

감사는 황무지를 숲으로 만든다

사람이 몸이 약해지게 되면 마음도, 정신도 타격이 올 수 있다. 육체의 아픔 속에서 우리는 어떤 반응을 할까? 물론 의료적 도움도 필요하지만 감사의 약을 사용하라! 심한 육체의 아픔과 고통으로 어려움이 있다 해도 육체와 혼의 분리를 훈련하게 되면 영의 소리가 들리게 된다. 몸이 약하고 마음이 약해지면 찾아오는 불청객이 있는데, 바로 '섭섭이'이다. '섭섭이'는 관계 영성의 장애물이 된다. 관계의 아쉬움과 결핍은 더 바라는 이기심과 자기중심적 요구로부터 온다. 그러나 관계 영성의 핵심은 서로가 있으므로 감사한 것들을 찾아 표현하고 훈련하는 것이다. 감사를 방해하고, 관계를 좀 먹는 섭섭이는 어디로부터 오는지 근원을 찾아 차단하며 감사를 통해 관계를 회복시키자. 감사는 관계를 회복시키는 영적 언어이기 때문이다.

탈무드에도 보면, "세상에서 가장 사랑받는 사람은 모든 사람을 칭찬하는 사람이요, 가장 행복한 사람은 감사하는 사람이다."라고 말한다. 우리가 건강을 유지하고 싶다면, 항상 감사하는 사람이 되어야 한다. 지금 숨을 쉴 수 있으니 감사, 옆에 챙겨 주는 사람이 있으니 감사, 육체가 힘들어도 혼이 건강하고 영의 소리를 들을 수 있으니 감사, 침을 삼킬 수 없어도 따뜻한 물 한 컵을 마실 수 있으니 감사, 예배의 자리에 나아가 찬송을 부를 수 없어도 손으로 무릎을 치며 가사로 힘을 얻게 하심도 감사… 작은 감사를 고백할 때, 하나님은 더 큰 감사를 준비하신다.

감사는 전인적 치료약이다. 전인 치유의 출발점은 감사이다. 감사는 황무지를 숲으로 만든다. 그러나 불평과 원망은 마음을 황무지로 만든다. 감사는 황무지에 물길을 내고, 그 물길 위에 꽃이 피고 새가 날아오고 기적이 피어나게 한다. 감사는 사막을 숲으로, 상처를 회복으로, 눈물을 기쁨으로 바꾼다. 무엇보다 관계에 대한 감사는 행복의 문을 여는 열쇠이다. 삼위일체 하나님과의 관계 감사로부터 출발하여 가장 가까이 있는 사람들과의 관계 감사가 행복을 가져다준다. 감사하는 자에게는 더 감사할 일을 주시고, 감사를 모르는 자는 결국 스스로 그 복을 놓치게 하시는 원리를 잊지 말자.

감사는 선택이자 믿음의 능력이다. 감사는 감정을 따라 하는 것이 아니라 믿음으로 선택하는 것이다. 범사에 감사하라는 하나님의 뜻은 우리에게 불가능한 일을 시키려는 것이 아니다. 오히려 그 말씀에 순종할 때, 하나님께서 우리의 삶 속에 놀라운 일을 시작하신다는 약속이다. 감사할 때 기적이 일어나고, 감사할 때 마음이 열리고, 감사할 때 하나님의 능력이 임한다. 감사는 훈련이다. 감사는 지혜이다. 감사는 사랑이다. 상황이 좋아서 감사하는 것이 아니라, 감사하기 때문에 상황이 좋아진다. 감사는 훈련이고, 믿음의 선택이다. 감사는 감정 흡수력이 가장 뛰어난 영성이다. 범사에 감사로 가는 길 가운데 관계에 대한 감사가 회복됨으로 황무지가 숲이 되게 하자.

풍요 속에 감사의 빈곤

아프리카 속담에, "내 안에 적이 없으면 세상 그 무엇도 나를 해하지 못한다."라는 말이 있다. 내 안에 적은 누구이며, 무엇일까? 오늘날 우리는 역사상 가장 풍요로운 시대에 살고 있다. 과거에 비하면, 우리는 너무도 넉넉한 물질의 풍요를 누리고 있다. 과거 믿음의 세대들은 육적으로 빈곤했지만 영적으로 풍요로운 삶을 살았다. 영적으로 소진되면 기도원을 찾고 금식하면서 재충전하는 시간을 철저히 가졌다.

하지만 현대 그리스도인의 영적인 상태는 풍요 속의 기근처럼 보인다. 과학 기술의 발달로 물질적 편의는 극대화되었고, 정보는 넘쳐나며 온갖 오락거리로 가득한 시대가 되었다. 그런데도 우울증과 자살률은 증가하고, 사람들은 공허함과 무의미함을 호소한다. 이것이 바로 현대판 풍요 속의 기근이다. 물질적으로는 풍족하지만 영적으로는 메마른 상태, 정보는 많지만 지혜는 부족한 상태, SNS, 유튜브 등으로 서로 연결되어 있지만 외로운 상태 말이다. 예수님께서는 "사람이 떡으로만 살 것이 아니요, 하나님의 입으로부터 나오는 모든 말씀으로 살 것이라"(마 4:4)고 말씀하셨다. 아무리 물질적으로 풍요로워도 하나님과의 관계가 없으면 진정한 만족을 얻을 수 없다.

풍요 속 기근에서 벗어나는 길은 단순한 물질적인 풍요가 아닌 내면의 평화와 외적인 조화를 통해 영광의 삶에 도전하는 것이다. 지금 당신이 가장 가치 있다고 생각하는 것이 무엇인지를 생각해 보아라. 그것이 당신의 가치가 될 것이다. 중요한 것은 나 자신이 가지고 있는 에너지를 외적인 풍요를 위하여 사용하고 있는지, 아니면 내적인 통전을 위하여 사용하고 있는지를 먼저 점검해야 한다. 통계를 보면, 현대인들의 99% 이상이 자기 중요성을 지키기 위하여 에너지를 쓴다고 한다. 이렇게 된다면 우리의 영적인 미래는 어떻게 되는 것일까? 어떠한 사건 앞에서도 우리는 자기의 중요성을 지키기 위하여 회개라는 단어보다는 자기방어에 에너지를 사용한다. 우리의 선진들이 물질적으로 빈곤하지만 영적으로 풍요로운 삶을 살았다면, 우리는 은혜의 풍요 속에서 무엇이든 도전하는 용기 있고 믿음 있는 사람들이 되자.

육적 풍요가 영적 풍요는 아니다. 육적 풍요가 영적 빈곤이 될 수 있다. 지금은 풍요 속 빈곤의 시대이다. 빈곤하지만 풍요로운 시대라고 볼 수도 없다. 우리가 어떻게, 무엇을 준비해야 할까? 풍요시대에 풍요를 흘려보내는 전인적 선교사적인 영적 마인드를 갖자. 은혜의 풍요를 감지하고, 감사로 풍요를 누려라. 그리하여 흘려보내는 복음을 삶으로, 인격으로, 가치성으로 전파하라. 우리는 은혜의 풍요 속에서 감사의 풍요로 반응하는 사람이 되어야 한다.

감사의 배터리와 은혜의 와이파이

"이는 모든 것이 너희를 위함이니 많은 사람의 감사로 말미암아 은혜가 더하여 넘쳐서
하나님께 영광을 돌리게 하려 함이라" (고후 4:15)

하루를 마무리하기 전, 핸드폰을 충전기에 꽂아놓는 이유는 하루 동안 방전된 배터리를 충전하기 위함이다. 그리고 새로운 날이 시작되면 100% 충전된 핸드폰을 가지고 하루를 출발한다. 하늘을 나는 비행기가 출발하기 전 연료통에 기름을 가득 채우듯, 우리가 인생의 목적지까지 안전하게 소망을 이루고 성취하기 위해서는 감사의 배터리를 충전하고, 은혜의 와이파이 선을 깔아야 한다. 만일 그렇지 않으면 중도에 떨어지고 말 것이다. 하늘을 나는 비행기의 엔진에 불이 붙으면 그때부터 나타나는 특징이 하나 있다. 그때부터는 자신의 힘으로 날아가지 않고, 오직 배터리의 힘으로 목적지까지 쉬지 않고 날아가게 된다.

영적인 세계도 마찬가지이다. 은혜로 보이지 않은 선이 깔린 사람은 성령께서 일하신다. 성령의 능력이 내게 임하시면 그때부터 그 사람은 더 이상 자신의 힘으로 사는 것이 아니라, 이끄심을 받는 삶을 산다. 내 안에 들어와 계시는 성령님께서 내 안에 채워진 영적 상태를 따라 친히 때마다, 일마다, 상황마다, 여건마다, 시간의 분초마다, 나를 주장하시고 통치하시며 다스려 주셔서 만사의 모든 일에 승리를 이룰 수 있도록 역사해 주시기 때문이다.

감사의 배터리는 늘 삼위일체 하나님께 100% 충전되어야 한다. 그리고 이 배터리가 오래 사용되기 위해서는 은혜의 와이파이를 깔아라. 와이파이(Wi-Fi)는 무선 데이터 전송 시스템으로서 와이파이를 사용하려면 비밀번호가 필요하다. 그 비밀번호는 삼위일체 하나님의 각 위에 대한 깊은 통찰과 은혜이다. 은혜와 감사, 감사와 은혜는 서로에게 시너지를 높여주며 더 풍성하고 깊이 있게 만들어 준다. 은혜의 선이 깔린 사람, 그런 사람은 범사가 다 감사뿐이다. 감사가 풍성한 사람은 그 내면에 은혜의 선, 은혜의 주파수가 강하게 흐르고 있다. 영적 전쟁의 승패는 싸우기 전 내 심령의 영적 배터리의 충전 상태를 따라 저절로 결정된다.

감사와 은혜의 자리에서 최고의 순간에 기도하라. 우리는 바쁜 일과와 삶 가운데서도 하나님을 향해 있어야 한다. 우리는 하나님께 자투리 시간을 드리곤 한다. 하루의 에너지를 육적인 것에 다 소진하고, 방전된 배터리처럼 지쳐 쓰러지기 직전에야 마지못해 기도의 창을 연다. 그러나 생각해 보라. 사랑하는 이에게 닳고 남은 것을 주는가? 하루 중 최고의 순간이란, 단순히 컨디션이 좋을 때를 의미하지 않는다. 그것은 내 의식과 집중력이라는 가장 값진 자원을 첫 열매로 드리는 행위까지를 포함한다. 하루를 시작하며 오늘의 시간표를 짜듯, 기도의 시간을 가장 중요한 약속으로 먼저 기록해 두는 것이다. 먼저 은혜의 와이파이는 작동되고 있는지, 감사의 배터리는 잘 연결되어 있는지를 확인하며 기도하라. 성부 하나님께 배터리를 꼽는다. 그리고 성자 하나님께 초점을 맞추고 믿음이라는 비밀번호를 입력한다. 그때, 은혜의 부채꼴이 뜬다. 그리고 나면, 성령님의 역사로 교신이 되는 것이다.

믿음의 존재 양식

"네가 보거니와 믿음이 그의 행함과 함께 일하고 행함으로 믿음이 온전하게 되었느니라"
(약 2:22)

믿음은 홀로 존재하지 않는다. 반드시 믿음에게 날개를 달아주는 돕는 자가 있다. 믿음의 증거가 나타나려면 함께해야 하는 파트너가 반드시 필요하다. 믿음에는 신뢰가 따라야 하고, 믿음에는 순종이 따라야 하며 믿음에는 선한 양심이 작동되어야 하고, 믿음에는 진동이 있어야 한다. 여기서 말하는 진동은 깨달음, 감동이다. 또한, 믿음에는 반드시 행함, 실천이 있어야 한다.

믿음은 '과연 될까?'에서의 세계에서는 존재하지 않는다. 믿음은 이미 되었음을 느끼는 존재 양식이기 때문이다. 그는 더 이상 외부의 증거를 필요로 하지 않는다. 삼위일체 하나님을 믿고 신뢰하는 순간의 삶, 그 현실로부터 현실적으로 따라오기 때문이다. 우리가 믿음의 확신, 확신 있는 믿음을 갖지 못하는 것은 믿음의 진동이 없기 때문이다. 하나님께서 인정하는 믿음은 홀로 떠다니지 않는다. 위의 것들과 함께 시너지를 만들어 주고 끊임없이 믿음의 진동을 한다. 신체의 떨림의 진동은 성령의 오심의 반응이듯이 믿음의 진동은 양심의 움직임, 떨림, 우리의 감성이 실려지기도 한다. 그리하여 믿음의 존재는 아직 내 눈에 없더라도 내 안에 이미 도달했고, 나는 그 파동을 느끼고 내 세계는 이미 그것을 향해 움직이고 있다는 절대적 내적 실제성의 확신 속에서 존재한다.

믿음이 인생의 모든 것을 형성한다. 그 사람이 믿고 있는 것이 그 사람이 된다. 믿는 만큼의 패러다임을 설계하고 잠재의식이 깨어난다. 믿음의 힘은 결코 만만하지 않다. 많은 기독교인들이 붙잡고 있는 믿음은 죽은 믿음인가? 산 믿음인가? 산 믿음은 단지 생각하는 차원이 아니라 그 생각을 바탕으로 살아내는 패턴이다. 우리가 오래 붙잡고 있는 믿음이 아직도 어릴 때 주입된 유아적인 믿음에서 벗어나지 못했다면 믿음이라는 거대한 것을 다시 살펴볼 필요가 있다.

성숙한 믿음 위에 감정의 주파수가 감사로 진동한다면 어떤 현상이 일어날까? 아마도 그런 믿음의 사람의 삶은 목표를 달성한 사람처럼 말하고 행동하게 된다. 중요한 것은 흉내 내는 사람과 내면의 깊은 곳에서부터 진동하여 움직이는 사람의 차이는, 후자의 사람은 내면으로부터 파동이 일어난다. 밝고, 맑고, 기쁘고, 내면이 아름답다. 믿음을 활성화시키는 반응은 감성이다. 그렇게 될 때, 믿음의 패러다임은 전환이 된다. 믿음과 진동, 믿음과 감성의 조화는 끌어당김의 조건이 있다. 믿음의 자신감은 우리에게 필요한 모든 것은 주님으로부터 받았다고 믿기에 감성을 이입하면 긍정의 에너지로 완전히 상황을 전환시켜 준다. 기독교의 모든 것의 입문인 믿음을 우리는 너무 소홀히 한다. 아니 너무 가볍게 취급한다. 믿는다는 것은 나의 존재 가치가 새롭게 되는 재창조의 키이다.

너희는 믿음이 있는가?

히브리서 11장 1절에서는 믿음의 정의를 분명하게 제시하고 있다. 믿음은 단순히 인간적인 소망이나 기대가 아니라 하나님께서 약속하신 것에 대한 확실한 확신이다. '바라는 것들의 실상'이라는 표현은 믿음이 미래에 있을 일들을 마치 현재 이루어진 것처럼 확고히 붙잡게 한다는 뜻이다. 또한, '보이지 않는 것들의 증거'라는 말씀은 눈으로 확인할 수 없는 영적 실제를 믿음을 통해 붙잡는 것을 의미한다. 세상은 보이지 않는 것을 기준으로 판단하지만, 신앙은 보이지 않는 하나님과 그분의 약속을 신뢰하는 데서 시작된다. 그러므로 믿음은 단순한 감정이 아니라 하나님의 말씀에 대한 신뢰의 결과이며, 이것이 우리로 하여금 불확실한 세상 가운데서도 흔들리지 않게 하는 견고한 반석이 되게 한다.

믿음이 너무 익숙한 나머지 우리는 믿음이 가지고 있는 탁월함을 놓치고 있다. 무엇이든 익숙함은 낡은 패러다임을 불러온다. 나의 믿음이 가지고 있는 속성을 파헤쳐 보아라. 확신 있는 믿음은 진동을 일으키고 파동을 일으킨다. 이 믿음이 순종을 만나면 현실이 된다. 믿음의 반응인 새로운 친구, 진동을 초대한다. 진동은 곧 솔직한 감정이다. 새로운 감성, 잘 사용하지 않던 감정을 훈련하고 감사를 습관으로 만들고 익숙한 사고방식에서 작별을 고하고 있다.

우리는 믿음을 통해 장차 이루어질 하나님의 나라를 현재의 삶 속에서 이미 경험하며 사는 것이다. 따라서 믿음은 우리 신앙생활의 기초이자 모든 신앙의 원동력이다. 초등학교 때 받아들인 믿음을 이제는 새롭게 패러다임 해야 한다. 나는 보이는 현실보다 하나님의 약속을 더 신뢰하는 사람인가? 나는 불확실한 상황 속에서도 믿음으로 흔들림 없이 서 있는가? 나는 믿음을 통해 장차 하나님의 영광을 현재 속에서 바라보며 살고 있는가?

학생은 자신이 어느 정도의 수준인지를 파악하기 위해서 시험을 본다. 그리고 그 평가를 토대로 진학하게 된다. 자신을 파악하기 위해서는 힘들고 어렵지만 시험을 보아야 한다. 피하고 싶지만 학생의 신분으로서는 마땅히 시험을 치러야 하듯이 성도에게도 성숙과 성화를 위하여 치러야 하는 시험이 있다. 사도 바울은 스스로 믿음이 있는가를 시험하고 너 자신을 확증하라고 했다. 시험을 좋아하는 학생이 있을까마는 학생에게 시험은 어렵고 고통스럽기까지 하지만 피하면 도태되기가 쉽다.

마찬가지로 성도에게도 믿음의 시험은 만만치 않은 난관이 되기도 한다. 그러나 이 시험을 통해 성도는 자신 안에 있는 그리스도를 만나게 된다. 주를 위한 고난을 믿음으로 통과하고 난 후 만나게 되는 그리스도는 우리 인생에서 절대 지워지지 않는 귀하고 빛나는 흔적이 된다. 믿음으로 받은 빛나는 졸업장이요, 흔적이다. 이는 시험을 통과한 사람에게 수여된다. 지금 하나님이 당신에게 시험지를 주셨다면, 반드시 믿음의 레벨을 통과하기를 소망한다.

믿음의 심지를 강화하라

하나님의 마음을 지켜내는 마음은 나의 심지, 마음의 중심이다. 나의 심지, 중심은 삼위일체 하나님의 왕좌요 우리는 그 왕좌를 관리하고 지켜내는 관리자가 되어야 한다. 그 심지가 왕좌가 되려면, 그 심지 중심이 골고다 언덕 위에 갈보리산이 변하여 시온산이 될 때, 그 시온에 오신 주님이 우리와 연합되어 그 왕좌를 지키게 하실 것이다.

복 있는 사람은 악인들의 꾀를 따르지 아니하며 죄인들의 길에 서지 아니하며 오만한 자들의 자리에 앉지 아니한다(시편 1편). 죄의 정상은 오만함이다. 그리고 그 정상은 사람의 중심, 심지이다. 이 세력 다툼이 일어나는 곳이 바로 사람의 심지, 중심이라는 것이다. 이스라엘의 예루살렘 성을 차지하려는 다툼이 전쟁의 요인이 되어 지금도 이해불가한 일이 생기지 않는가?

그 사람이 어떠한 사람인지는 그 중심을 누가 차지하고 있는지를 보면 안다. 대부분 이기심이라는 죄의 뿌리가 자리를 잡고 있을 것이다. 우리는 죄의 정상을 누가, 어떻게 자리를 잡고 있는지를 성령의 빛으로 조명해 보아야 한다. 그 마음의 심지에 따라 우리는 반응하게 된다. 흔적으로 심지가 약한 사람들이 공황장애, 불안장애, 원인 모를 갖가지 병에 시달린다. 내면의 심지, 중심이 견고하지 않으면 사단에게 점령당하는 것은 시간 문제이다.

우리는 죄인으로 태어났기에 그 심지는 이기심의 뿌리가 차지하고 있다. 반드시 누구나 예외 없이 거쳐야 하는 갈보리산으로의 변경이 있을 때, 시온산으로의 변화가 있다. 그 시온에 오신 주님을 나와 일치시켜 주셔서 예수님과 공동상속권을 부여하신다. 그러기에 하늘 문이 열리지 않으면 시온산에 주님이 오실 수가 없다. 하늘 문을 열어라. 어떤 이들은 문이 문제이고, 어떤 이들은 중심의 주인이 문제이다. 어떤 이는 의식의 문제가 심지의 작용이 된다. 나의 내면세계 왕좌의 자리, 그 자리의 주인은 누구인가를 점검하자.

심지가 튼튼한 사람, 심지가 창조의 나로 회복된 사람, 심지가 하나님의 보좌가 된 사람은 생각만 해도 세상의 모든 것을 다 얻은 듯하다. 세상을 다 가진 것 같아도 나의 중심 영역인 심지를 빼앗기면, 어떻게 될지는 말하지 않아도 알 것이다. 반대로 세상에서 가진 것 없어도 나의 내면세계의 중심을 회복하여 심지가 견고한 사람이 된다면, 정복의 힘, 다스림의 힘, 어떠한 유혹과 환란, 고난 앞에서도 흔들리지 않는 견고한 믿음의 사람이 될 것이다. 힘, 능력, 평안은 이 내적인 세계의 심지의 견고함이다. 나의 심지의 왕좌는 삼위일체 하나님, 그리고 예수님과 일치된 나, 공동 상속자이다.

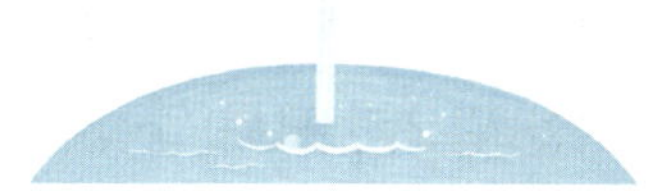

과도함의 기적

"…내가 너희에게 이르노니 이스라엘 중에서도 이만한 믿음은 만나보지 못하였노라"
(눅 7:9)

과도함은 '필요 이상, 상식 초월, 적당함'의 반대되는 말이다. 일반적으로 과도함이라는 단어는 부정적인 말로 사용된다. 과유불급(過猶不及)이라는 말이 있다. '지나침은 모자람과 같다.'라는 의미로 어떤 일에서 적당한 선을 넘는 과함은 결국 부족한 것과 같은 해로움을 가져온다는 뜻이 담겨 있다. 이것은 또한 적당함의 미덕을 강조하는 말이기도 하다. 이 표현은 논어에서 유래되었다. 제자 자공이 공자에게 물었다. "공자님! 자장은 너무 적극적인 것 같고, 자하는 너무 소극적인 것 같습니다. 누가 더 나은 가요?" 공자는 이렇게 대답했다. "자장은 지나치고, 자하는 부족하구나. 가장 훌륭한 것은 중용을 지키는 것이다. 지나침은 미치지 못함과 같다." 공자가 말하는 중용의 의미와 달리 나에게 중용은 삼위일체 하나님을 중심으로 둔 견고한 중심이다. 상황에 따라 말과 행동이 바뀌고, 감정에 따라 중심이 흔들리는 그런 가벼운 사람이 아니라, 삼위일체 하나님을 중심으로 모든 사물과 상황을 판단하는 판단력이 나에게는 중용이다.

성경적인 과도함은 비상식적이다. 아브라함이 아들, 이삭을 제물로 바치는 일, 믿음의 기적을 일으킨 모든 일들은 상식을 초월한 행동이었다. 성인들은 필요 이상의 행동으로 믿음을 표현했다. 우리에게는 과도한 믿음이 있나? 과도한 믿음이 주님의 가슴을 움직이게 하고 뛰게 만든다. 사단은 우리의 이성 속에 과유불급이라는 올무를 씌워 놓고 조정한다. 그래서 '적당히'라는 카드를 내어주면서 우리의 믿음이 아무런 기적을 만들어 내지 못하게 만든다.

'태초에 하나님이 천지를 창조하셨다. 빛이 있으라 하시니 빛이 있었고 그 빛이 하나님 보시기에 좋았더'라고 하셨다. 우리는 하나님의 대리인이다. 주 안에 거하는 우리는 모두 신비의 시간 속에서 신비의 약속을 믿고 그 진리 안에서 속죄함을 입은 구속의 사람으로 멈추어서는 안 된다. 우리가 생각하는 것보다 예수님의 이름이 남겨주신 은혜는 무궁무진하다. 과도한 믿음으로, 과도한 순종을 하는 사람에게는 특별 은총이 준비되어 있음을 성경은 증명한다. "내가 진실로 진실로 너희에게 이르노니 나를 믿는 자는 내가 하는 일을 그도 할 것이요 또한 그보다 큰일도 하리니 이는 내가 아버지께로 감이라"(요 14:12).

우리를 영원한 사망 권세에서 구원해 주신 주님, 시공을 초월하신 전능하신 하나님은 지금도 전심으로 당신을 찾는 자들을 보고 계신다. 믿음의 반대말은 의심이 아닌 '상식과 적당히'가 더 바람직하다. '적당히 해라. 할 수 있는 만큼만'이 말은 사단이 많이 사용하는 말이기에 우리 귀에 익숙하다. 우리의 가슴이 뛰지 않은 이유는 다양하지만 '적당히, 할 수 있는 만큼만, 상식 선에서, 필요 이상은 오버'라는 생각 속의 그물에 걸려 있기 때문이다. 하나님의 가슴과 내 가슴이 맞닿는 그 순간까지 과도한 믿음으로, 과도한 도전을 선포하라.

은혜 영성

은혜 영성은 정해진 룰이 아니라 진리 안에서의 자유함이다. 진정한 영성은 예수님의 생명 안에 있다. 예수님의 생명은 예수님을 위해 사는 것이 아니고, 예수님이 우리를 통해 나타나도록 하는 것이다. 은혜 영성은 나를 통해 예수님이 나타나게 하는 영성으로, 일이 아닌 사랑의 관계에서 출발한다. 무엇을 이루어서 이루어지는 것이 영성이 아니라, 관계 안에서 만족하는 것이 은혜 영성이다. 우리를 구원하신 하나님은 우리가 어떤 정해진 틀에서 행위 하는 것을 원하는 것이 아니라, 모든 삶 가운데 깊고 친밀한 관계를 이루고 싶어 하신다. 그래서 은혜 영성은 형식적인 룰이 아니라 사랑 안에서의 친밀함과 그분을 믿고 신뢰하기에 그분의 진리 안에서의 자유함이다.

또한, 은혜 영성은 그분께로의 완전한 맡김이다. 그로 인해 평안을 누리고 소망 중에 기뻐한다. 이것이 바로 십자가의 삶이다. 나는 할 수 없으니 나에게 생명을 주신 당신이 나를 이끌어 달라는 것이다. 모든 만물이 있기 전부터 계신 분, 모든 만물을 있게 하신 분, 모든 만물 너머에 계셔서 모든 만물을 주관하시는 분, 이분이 내 아버지, 하나님이시다. 그분이 나를 사랑하신다. 그분이 나를 사랑하시어 내 이름을 손

바닥에 새겨 놓았고, 너는 내 것이라고 말씀하신다. 그분은 나를 사랑해서 독생자로 오셨고, 십자가의 모든 고문과 형벌을 당하셨고, 십자가에 못 박혀 죽으셨고, 지옥 형벌을 대신 당해 주셨다. 무엇보다 그분이 지금, 나의 생명의 주로 나와 함께하신다. 나의 전 생애를 보장하셨고 이루어 가신다. 나는 하나님의 보장 아래 있는 생명이다. 나는 하나님의 완료 안에 거하는 생명이 된 것이다.

나는 하나님이 주신 생명이다. 내 성별, 내 성격, 내 지능, 내 재능, 내 가치, 이 모든 것들은 내게서 난 것이 아니라 이 모든 것들은 주의 인도하심과 함께하심, 사랑하심의 결과들이다. 내가 나의 머리카락 하나도 희거나 검게 할 수 없다. 더구나 나는 값으로 산 몸이 되었다. 나의 옛사람은 예수의 십자가에 못 박혔고, 이제 난 새로운 피조물이 되었다. 내 몸, 내 환경, 내가 가진 모든 것들이 다 하나님이 내게 주신 은혜임을 알아야 한다.

나의 가치는 예수께 있다. 나의 소망은 오늘을 통해 만들어진다. 나의 간구는 그의 나라이다. 나는 보장된 자이다. 나는 은혜를 입은 은혜덩어리이다. 나는 가난한 것 같지만 풍요롭다. 나의 선택은 순간이 중요하다. 내가 무엇을 선택할 것인가? 행복이요, 가치요, 삶의 의미를 두고 선택할 것이다. 우리는 얼마나 은혜 영성의 깊이와 단계를 잘 감당하며 살아가고 있는지 점검해 보자. 무명한 자 같으나 당신은 유명한 자인가? 죽은 자 같으나 영원한 생명을 소유한 자인가? 근심하는 자 같으나 항상 기뻐하는 자인가? 가난한 자 같으나 많은 사람을 부유케 하는 자인가? 아무것도 없는자 같으나 모든 것을 가진 자인가?

은혜로의 관계

건강한 관계는 상대가 원하는 것이 무엇인지를 잘 파악하는 것이고,
또 자신이 상대에게 원하는 것을 확실하게, 분명하게, 명확하게 말할
수 있어야 한다. 이런 관계가 단순히 일방적인 수혜자나 시혜자가 아
닌, 은혜로의 관계가 되는 것이다. 은혜로의 관계는 서로를 빛나게 해
주는 관계이다. 우리는 나를 통하여 사명의 자리에서 빛을 발하는 사
람이 되어야 한다. 은혜는 무조건적 공급 원리와 비경쟁성의 원리가
있다. 비교를 초월하고 조건이 땅의 것이 아닌, 하늘의 것이 된다. 다
시 말하면, 삼위일체 하나님께서 주신 은혜 안에는 100% 나를 위한
것들이 담겨 있다. 이것이 믿어지는 수혜자만이 은혜에 상응하는 사랑
으로 보답한다.

삼위일체 하나님은 우리와 힘겨루기를 하지 않으신다. 다만, 기다려
주시고 돌이키고 바른 방향으로 전환하기를 기다리시며 독려하신다.
우리가 그 사랑을 깨닫게 되면, 그 사랑에 굴복하게 된다. 은혜라는 단
어가 쉽게 사용되지만 그 깊이를 깨닫고 적용한다는 것은 성령의 빛이
들어가야 한다. 은혜는 계산적이지 않다. 효율성이나 수익성을 따져서
분리하지 않는다. 인간의 존엄성과 가치성을 회복하기 위한 내가 좋아

하는 책임적인 사랑의 베풂이다.

"너희가 거저 받았으니 거저 주라"(마 10:8). 이것이 은혜의 원리이다. 은혜의 관계는 자신의 한계를 인정하고 타인의 달란트를 수용하는 것이다. 나의 한계가 상대의 기회가 되게 하는 것은 진정한 수혜자의 겸손이다. 그런 사람이 또 다른 사람에게 시혜자가 될 수 있다. 공동체의 확장을 위해서는 나 자신이 확실한 십자가의 수혜자가 됐을 때, 시혜자가 될 수 있다.

그러나 내면의 확장이 안 되는 사람은 자기 자신에게 애착증, 나르시스즘이라는 이기심의 근원에서 벗어나지 못한다. 자기애적 사랑은 질병이고, 사단의 조정을 받는 근원이 된다. 나르시스즘은 자기 자신이 늘 중심이 되어야 한다. 이것은 교만이다. 나르시스즘은 철저히 이기심에서 출발하는 죄의 근원이다. 나르시스즘은 영적인 해체의 기능을 가지고 있다. 진리와 연결된 고리를 끊고 죄책감과 무기력과 고립에 빠지게 하는 것이다.

진리와 십자가와 재결합하는 것만이 사는 길이다. 나에서 우리로의 확장과 우리에서 모두를 행하신 하나님의 뜻을 받들어 은혜의 강물에서 솟아나는 수혜자와 시혜자의 삶으로 번성과 누림과 정복의 삶을 소망해야 한다. 빛은 어두움을 두려워하지 않는다. 진리는 왜곡을 이긴다. 나보다는 우리가 행복하고, 우리보다는 모두가 더 자유하다. 이 모든 목적은 영광에 참여하는 것이다. 이것이 하나님의 형상으로 회복되는 길이며 나의 영혼을 지키는 유일한 길이다.

한 영혼은 나로부터 시작한다. 우리는 단순한 관계가 아니라 은혜의 관계로서의 성숙함, 성화의 단계에 도전해야 하는 사람들이다.

수혜자가 시혜자가 되는 은혜로의 관계

"병든 자를 고치며 죽은 자를 살리며 나병환자를 깨끗하게 하며 귀신을 쫓아내되 너희가
거저 받았으니 거저 주라" (마 10:8)

사랑받고 싶은 마음은 인간의 본질적인 욕구이다. 존재를 인정받고, 누군가에게 중요한 사람이 되고 싶다는 갈망은 매우 자연스럽다. 그런데 사랑을 주고 싶은 마음은 조금 다르다. 타인에게 자신을 완전히 오픈하고, 타인의 고유성을 껴안는 행위는 나를 넘어 너에게로 향하는 존재론적 운동이기에 오직 순수한 의지로서만 이뤄질 수 있다.

그런 점에서 받는 사랑이 수혜자(은혜나 혜택을 받는 사람)의 정서적 안정으로 이어진다면, 주는 사랑은 시혜자(은혜를 베푸는 사람)의 자아 확장이 된다. 주는 사랑은 외부의 대상을 향한 감정이지만 자기 자신에게 가장 먼저 닿는다. 사랑을 주고 싶다고 느끼는 순간 내면 깊이 아직 따뜻한 자리가 남아 있음을, 사람을 믿고 싶다는 희망을 여전히 간직하고 있음을 자각하게 된다. 사랑은 상호성을 바탕으로 한 이해이고, 수용이며 확장이기에 단순히 비움으로 오가는 감정이 아니라 채움으로 나누는 감정이다. 우리가 위로부터 날마다 채움이 없다면, 땅에서 비우는 사랑이 어렵다. 십자가의 은혜로 채워진 사람이 그 십자가 사랑을 나눌 때, 확장의 은혜가 더해진다.

그러나 주는 사랑이 때로 결핍에서 비롯된다면, 반드시 그 수혜자에

게 되돌려 받으려는 의도를 갖게 될 것이다. 사랑을 베푸는 시혜자가 충만해야 사랑을 받는 수혜자가 부담이 안 된다. 시혜자가 관계에 목 말라하고 외로움과 공허함을 가진 자라면 누군가 채워주고도 확장의 충만을 느끼는 것이 아니라, 받기 위해 주는 사랑으로 기대를 동반하게 되고, 기대는 실망과 상처라는 그림자를 드리운다.

위로부터 받은 사랑은 영적으로 성숙할수록 나를 위한 사랑이었음을 알게 된다. 하나님을 안다는 것이 자기 자신을 깊이 이해하고, 자기 자신을 수용하는 것이다. 그런 사람은 은혜 충만한 내면에서 흘러나오는 사랑으로 타인을 헤아릴 수 있다. 자신을 온전히 껴안을 수 있는 사람만이 타인을 넉넉하게 품을 수 있다. 주는 사랑의 뿌리가 여기에 있다. 나로 인해 한 번 더 웃을 수 있기를, 살아가는 날이 조금 더 평온해지기를 바라는 순수한 마음은 자신의 영혼을 풍성하게 채워온 사람만이 발산해 내는 따스함의 빛이다. 이기심을 제거한 자리에 존재로서의 아름다움을 꽃피우기 위해서는 은혜의 풍요를 사랑으로 풍겨내는 것이다. 보통의 존재인 우리가 아름다워질 수 있는 유일한 방법이다.

'우리'라는 단어 안에 있는 너와 나는 모두가 십자가의 수혜자이다. 그러기에 세상을 향하여 시혜자가 되어야 한다. 우리는 은혜가 없으면 수혜자도 시혜자도 불가능하다. 은혜는 나를 시혜자가 될 수도 있고, 수혜자도 될 수 있도록 해주는 뿌리이다. 십자가의 수혜자가 복음의 시혜자가 되고 그런 사람이 은혜의 사람으로 서로를 빛나게 해주는 영광에 참여하는 자이다.

은혜의 열매

"오직 성령의 열매는 사랑과 희락과 화평과 오래 참음과 자비와 양선과 충성과
온유와 절제니 이 같은 것을 금지할 법이 없느니라" (갈 5:22-23)

은혜는 받는 것이 아니라 깨닫는 것이다. 깨닫는 만큼 채워지고 풍성해
진다. 물론 성령께서 감정을 터치해 주시고 이성을 터치해 주셔서 은혜
를 경험하기도 하지만 그러한 과정을 넘어 은혜가 지속되기 위해서 관
리해야 한다. 쉬타르케는 "이 세상에서 하나님의 은혜보다 더 사람의 오
만한 마음을 꺾어 놓을 만한 것은 없다."라고 말한다. 성령의 열매는 하
나님의 성품인데, 성령 충만을 받으면 은혜로운 사람으로 바뀌어 간다.
은혜는 단순히 베풀어 주는 혜택, 고마움, 신세, 은총 정도가 아니다.

 은혜란 무엇인가? 첫째, 하나님을 아는 것이다. 하나님을 안다는 것
은 곧 나를 안다는 것이기에 인생이 달라지고, 삶의 방향이 바뀌며 자
신의 가치가 달라지고, 상대의 가치 또한 다르게 보인다. 내가 불행하
면 다른 사람들이 다 적이 된다. 그러나 내가 행복하면, 상대가 축복의
대상으로 보인다. 촛불이 스스로 불을 붙일 수 없듯이 사람도 스스로
영혼에 은혜의 불을 담을 수 없다. 반드시 성령님께서 촛불에 불을 붙
여주셔야 한다. 은혜는 은혜 자체가 스스로 무엇을 하는 것이 아니라
선물로 거저 감당할 수 없는 상황으로의 이끄심이다.

 둘째, 예수 그리스도가 은혜 자체이시다. 육체의 몸으로 내게 오신

그분이 하나님이시지만 나와 눈을 맞추어 주시기 위하여 오셨다. 그래서 예수님, 그 이름만 불러도 그분을 생각만 해도, 눈에서 눈물이 흐른다. 가슴이 뭉클해지고 심장이 뛴다. 그분이 육체를 입으셨기에 거리감이나 괴리를 느끼지 않고 따를 수 있고, 모델로 삼을 수 있다. 삶의 기준이 되시는 그분이 예수 그리스도이시다.

셋째, 성령님이 은혜이시다. 우주를 지으시고 다스리시는 전능하시고 우주적이신 성부 하나님이 나의 보호자 아버지이시다. 육체를 안고 오신 성자 하나님은 나의 생명이고, 친구이며 영원한 동반자이다. 연약한 육체를 성전으로 바꾸어 주시고, 가치를 높여주시기 위하여 회복시켜 주시고, 원래의 선함으로 돌려놓기 위하여 연약한 육체 안에 영으로 들어와 거하시는 성령님이 내 안에 계심이 은혜이다. 하나님의 아들, 예수 그리스도가 구주이심을 알면서도 예수 그리스도를 공개적으로 모욕하고 흠도 없고, 점도 없는 예수 그리스도의 피를 속된 인간의 피와 동일시 하는 자들에게서 은혜로 우리를 위해 늘 돌보아 주신다.

위대하신 하나님, 동등됨을 취하신 예수님, 심령 속에 임해주신 성령님. 은혜는 표현으로 가능한 것이 아니지만 굳이 표현할 뿐이다. 단어로 제한할 수 없는 것이 은혜이다. 은혜 안에 거하라. 은혜 속에서 살자. 장미꽃에서 우리는 꽃과 향기를, 포도나무에서는 열매를 원한다. 이처럼 그리스도인들은 성령의 열매를 많이 맺어야 한다. 은혜의 열매는 성령의 열매이다. 은혜의 열매는 사랑이다. 은혜의 열매는 호의, 배려이다. 은혜의 열매는 긍휼이다. 은혜의 열매는 자비이다. 은혜받으면 능력이 나타난다. 은혜의 깊이만큼이 하나님과의 관계이다. 은혜는 늘 충만을 동반한다.

은혜에 담긴 의미

깨닫는 깊이만큼 풍성해지는 심층적인 은혜, 나누고 누리고 감사하는 만큼 넓어지는 역동적인 은혜, 인정하고 높여드리는 만큼 높아지는 역설적인 은혜 안에는 히브리어로 다음과 같은 의미들이 담겨 있다.

첫째, 은혜는 히브리어 '헨'이다. '총애, 우아함, 매력'으로 하나님의 사랑을 받는 것을 말한다. 은혜란 내 안에 주가 영으로 거하시는 것을 내가 외적으로 인격의 꽃을 피워서 그의 자태에서 우아함과 매력을 발산하는 것이다. 육적이고 세상적인 언어로 표현하기가 애매모호 하지만 은혜란 하나님과 하나 되어 하나님의 사랑을 받는 것, 하나님과 더불어 사는 것이다.

둘째, 은혜란 히브리어 '튜브'이다. '선함, 긍휼, 좋은, 최상의 것'으로 가장 선한 것의 승리요, 회복이다. 사람에게는 악한 부분만 있는 것이 아니고, 선한 부분만 있는 것도 아니다. 악과 선이 내 안에서 공존한다. 그러나 내 안에 있는 생명, 하나님의 씨가 단단한 흙을 뚫고 은혜 받는 맛과 기쁨과 상쾌함을 느끼게 한다. 그 맛을 아는 자는 세상적이요, 정욕적인 쾌락보다는 은혜에 집중한다.

셋째, 은혜란 히브리어 '라하밈'이다. 가장 섬세한 사랑을 말한다. 선악 나무 옆에 생명나무를 준비하시는 사랑, 곧 인간을 위해 독생자를 아낌없이 주신 하나님의 사랑, 상대에게 줄 만한 어떤 조건이나 이유 없이 베푸는 자발적으로 거저 주는 것이 바로 은혜이다. 이 섬세함은 상대방의 절대 가치를 존중할 때, 가장 근본적인 사랑을 베푸신다. 맞춤형 사랑이다.

넷째, 은혜란 히브리어 '파님'이다. 즉, 얼굴로 '나를 보아주신다는 것'을 말한다. 눈맞춤, 독점적인 사랑, 아주 깊은 사랑을 더 어떻게 표현할까? 하나님의 얼굴을 뺏기지 말자. 부디 하나님의 관심을 뺏기지 말자. 세상에서는 사람을 섬김의 대상으로 여기지만 하나님을 향한 열망에 있어서는 독점하려는 마음을 빼앗기지 말자.

다섯째, 은혜란 헬라어 '카리스'이다. 영어 '그레이스(grace)'로 자격을 따지지 않고 무조건 베푸시는 하나님의 선물이다. 세상적인 쾌락은 사단이 모방한 가짜 즐거움이다. 그 뒤에 따라오는 것은 허탈함과 허무함이다. 그러나 은혜를 통한 기쁨, 즐거움, 아름다움은 바로 '카리스'이다. 아직 죄인되었음에도 불구하고, 원수되었음에도 불구하고 구원해 주시고 지켜주시며 축복해 주신 것, 이것이 카리스의 은혜이다.

여섯째, 은혜란 히브리어 '헤세드'이다. '자비, 긍휼, 박애, 인자함'이 전부일까? 아니다. 원래 헤세드란 단어 속에는 약속을 계속 유지시키는 하나님의 배려, 우리가 측량할 수 없는 무궁무진한 사랑이 포함되어 있다.

자기의 약함이나 부족을 나눌수록 만족해지는 족한 은혜, 나누고 베풀수록 넘쳐나는 큰 은혜, 부족한 것 같으나 넘치고, 약한 것 같으나 강하고, 없는 것 같으나 풍성한 은혜가 우리 안에 가득하길 바라자.

잉여 인간이 은혜의 혁명가로(1)

"예수께서 들으시고 이르시되 건강한 자에게는 의사가 쓸 데 없고 병든 자에게라야
쓸 데 있느니라" (마 9:12)

잉여 인간의 뜻은 아무짝에도 쓸모없는 사람, 남아도는 사람이라는
뜻이다. 신앙인으로서 잉여 인간공동체에서 잉여 인간이 더 많다는 사
실이다. 잉여 인간의 반대는 은혜로 사는 사람이다. 교회 안에 잉여 인
간이 있을 수 있다. 그러나 그 잉여 인간을 위하여 목회자가 세워진 것
이다. 참 지도자, 목회자가 되려면, 진리에 확신을 가진 믿음의 선포와
거룩으로 연결된 은혜의 깊이와 생명, 사랑이 담긴 소망을 도구로 영
권을 장악해야 한다. 목회자의 영권은 거룩에서 나온다. 그 사람의 성
화는 은혜의 깊이만큼이다. 그 사람의 성화는 작은 선택의 변화가 쌓
여 생활 속에서 이루어진다. 말 한마디, 감사의 표현, 시간의 사용, 생
활 속에 습관들이 반복되어 인격으로 만들어지는 것이 성화이다.

인간은 늘 우열을 나누는 방식으로 자신을 이해해 왔다. 세상의 권위
가 질서를 잡아주고, 능력이 존재 가치를 결정한다고 여겼다. 그러나
복음의 진실은 그러한 것들은 거짓 신화라 명명한다. 하지만 그 거짓
은 여전히 우리 안에서 살아 움직이며 차별의 무의식을 길러낸다. 교
회 안에서도 적자생존은 생물학적 법칙이 아니라 사회질서를 정당화
하는 도구가 되었다. 가난한 자는 경쟁에서 탈락한 자들이고, 부유한

자는 성공한 자이다. 과학은 인간을 품지 않았고, 생명을 분류했다. 실제로 열등한 유전자를 가진 자와 우월한 유전자를 가진 자로 나뉘는 시대가 되었다.

문제는 이것이 과거의 일이나 세상의 일이 아니라는 점이다. 우리는 여전히 능력을 중심으로 인간을 평가하고, 생산성으로 존재 가치를 판단한다. 경쟁에서 이기지 못한 사람은 노력하지 않은 사람으로 취급된다. 출신, 학력, 과학이라는 권위는 이제 알고리즘과 데이터로 옷을 갈아입고, 더욱 은밀하게 차별을 합리화한다. 이 구조는 정당한 것처럼 보이지만, 실은 불의를 감추는 장치다. 경쟁은 불평등을 재생산하고, 차별을 공고히 한다. 그리고 그것을 통해 사람들은 다시 교회 안에서도 우열을 나누기 시작한다. 누군가는 열등한 자를 제거하거나 배제함으로써 공동체를 정화하려 하고, 누군가는 자신의 안전을 위해 타인을 희생시킨다. 차별은 특정한 증오에서 비롯되지 않는다. 오히려 무관심과 무지에서 자라난다. 하지만 성경은 인간을 능력으로 평가하지 않는다. 복음은 철저히 비생산적인 자들을 향해 다가온다.

예수님은 잉여 인간이라 소외된 사람들, 생산성이 없는 자를 불쌍히 여기셨고, 오히려 그들 안에서 하나님의 나라를 보셨다. 하나님의 나라는 강한 자의 생존이 아니라 약한 자의 회복으로 임한다. 예수님은 선택받은 유전자를 가진 자가 아니라, 버림받은 존재들을 불러 모으셨다. 그분이 택하신 제자들은 세상의 기준으로 보면 결함 투성이었고, 십자가는 모든 우열의 분류를 무너뜨린 사건이었다. 그분은 우리의 기준을 뒤엎으셨고, 가장 버려진 자리에 하나님의 형상을 심으셨다. 이것이야말로 은혜의 혁명이다.

잉여 인간이 은혜의 혁명가로(2)

"너희는 가서 내가 긍휼을 원하고 제사를 원하지 아니하노라 하신 뜻이 무엇인지 배우라
나는 의인을 부르러 온 것이 아니요 죄인을 부르러 왔노라 하시니라" (마 9:13)

크리스천들의 성화는 은혜로부터 시작되고, 은혜의 깊이만큼 성화를 이룬다. 거룩하게 사는 것이 부담으로 느껴지는 이유는 은혜의 통로를 거치지 않기 때문이다. 우리는 믿음으로 의롭다 함을 받았고, 그 은혜 안에서 날마다 거룩하게 되어져 간다. 성화는 은혜의 연장선이다. 많은 이들이 이 성화는 내가 힘써 노력해야 하는 과정이라 믿는다. 물론 아주 틀린 말은 아니다. 하지만 그럴 때마다 자신의 한계에 부딪힐 때가 많다.

성화는 은혜로 시작된 구원이 은혜로 지속되고 완성되어가는 성령님의 역사이다. 구원을 계획하신 하나님, 구원을 성취하신 예수님, 그 구원의 열매로 우리를 성화의 길로 인도하시는 성령님이시다. 성화는 우리의 노력이 필요하지만 그것으로는 완성할 수가 없다. 하지만 은혜를 근거로 한 성령님의 협력적 열매가 성화이다. 내가 혼자 거룩해지려는 노력만이 아니라 삼위일체 하나님의 베이스로 가능한 것이다. 행동을 고치는 것, 습관을 고치고 말과 태도를 고친다고 거룩해지는가? 거룩은 단순히 행동을 고치는 것보다 더 먼저, 정체성이 선언되어야 한다. "나는 거룩하게 부름을 받은 존재이다." 이것이 정체성 선언이다. 성화

는 내가 거룩해져야 하나님의 사랑을 더 받는 것이 아니다. 이미 사랑받은 존재로서 거룩함을 살아내는 것이다.

복음의 열매, 성화의 출발, 거룩의 삶은 곧 은혜의 혁명이다. 우리는 살아가는 도구가 다르다. 믿음으로 살아가야 하고, 우리는 십자가 그 사랑으로 살아가야 한다. 기준을 낮추는 것이 아니라, 기준 자체를 바꾸어야 한다. 살아남은 자만이 아니라, 실패로 낙심한 자들까지 말이다. 실패를 탓하기보다 눈물을 닦아 주는 교회, 세상적 능력의 신화를 내려놓고, 존재의 은혜를 붙드는 사람들. 그것이 복음의 사람이고, 그곳에 하나님 나라가 임한다.

지금 이 시대에도 차별은 계속되지만 그러기에 복음은 더 깊이 스며들 수 있다. 그 차별을 이기려는 의지를 넘어 온전하신 하나님을 믿고 신뢰하는 만큼, 버려진 자들, 잉여 인간들과 함께 울 줄 아는 사랑으로 우열의 피라미드를 무너뜨리는 예수 그리스도의 은혜로, 우리는 은혜 혁명가가 되어야 한다. 그리고 우리 모두가 다시, 쓸모없는 존재가 아니라 존재 자체로 충분한 사람으로 불릴 수 있도록 생명력을 넣어 주어야 한다. 나는 은혜의 깊이만큼 성화될 수 있다. 나는 믿음의 크기만큼 거룩의 길을 간다. 나는 사랑의 온도만큼 소망의 삶을 산다.

'잉여 인간이 은혜로의 사람으로…'

은혜의 공급망에 올인하라

"하나님이 능히 모든 은혜를 너희에게 넘치게 하시나니 이는 너희로 모든 일에 항상 모든 것이 넉넉하여 모든 착한 일을 넘치게 하게 하려 하심이라"(고후 9:8)

당신은 은혜의 공급망과 단단히 연결되었는가? 나는 이 세대를 공급망 붕괴 시대라고 생각한다. 책임지지 않는 시대, 자아와 근원의 합일이 연결되지 않은 내적 혼란의 시대는 온라인 시대가 만들어 낸 부작용이기도 하다. 과학이나 기계가 편리해 선용하기도 하지만, 그에 따르는 부작용를 생각하지 않으면 보이지 않는 곳에서 서서히 무너지는 근원적인 것을 막을 수 없게 된다.

이 세상을 살아가는데 가장 근원이 되는 것은 바로, 은혜이다. 피조물인 우리가 하나님처럼 사랑이라고 말하기에는 인간은 죄인으로 태어났음을 잊지 말자. 하나님의 창조의 시작과 동기, 목적 모두가 사랑이었다면, 인간은 그 사랑의 배신자이다. 그래서 하나님의 은혜가 필요하다. 은혜의 선순환이 만들어 낸 사랑은 가장 고귀한 사랑의 열매를 맺는다. 그 사랑은 겸손하여, 우리가 누리는 모든 것의 근원이 되고 흘려보내는 통로가 되기도 한다. 은혜는 우리가 누리는 모든 것의 근원이다. 우리가 받은 은혜를 인식하고 그것을 다른 이들에게 나누는 것은 우리의 삶을 더욱 의미 있게 만들어 준다. 은혜의 순환은 단순히 물질적인 것이 아니다. 삶의 근원이요, 삶의 의미이다. 그 은혜의 공급망은 삼위일체 하나님이시고, 그를 통하여 하나님이 세우신 성령의 통로가 되는 관계망이다.

이 시대는 책임지지 않은 시스템으로 흘러가고 있다. 더욱이 영적으로 이 흐름은 영혼의 탕자들과 고아들을 만들어 내고 있다. 과거에는 전쟁 고아가 많았고, 현재에도 기아에 시달리는 경제적인 고아들이 많지만, 심각한 것은 영적인 탕자와 고아들이다. 코로나로 인하여, 갑자기 늘어난 영적 고아들, 이들은 교회나, 공동체에 들어가지 않는다. 온라인으로 자기들의 편리에 따라 움직이는 자들에게는 우선순위가 자기 스케줄이다. 나는 이런 크리스천들을 영적인 고아라고 생각한다. 책임지지 않고 책임을 느끼지 않는 관계 말이다.

공급망 붕괴 시대는 목회자들도 마찬가지이다. 스스로 영적인 공급망을 연결하는 영적인 시스템을 갖추기는 쉽지 않다. 옛 선배 목회자들은 스스로 영적인 공급망을 찾기 위하여 얼마나 기도에 올인했는가? 영적인 공급망을 구축하려는 사람보다는 경제적인 공급망을 찾는 것이 지금 다수의 목회자들이다. 세상의 시스템은 불안정하다. 세상의 공급망을 의지하지 말아라. 세상의 공급망은 어떠한 것에도 책임을 지지 않는다.

그러나 하나님의 나라는 다르다. 그분은 끊기지 않는 공급망, 은혜의 순환 시스템을 갖고 계신다. 창조하신 하나님은 창조의 책임을 지시기 위하여 예수님을 보내시고, 그 구원의 완성을 위하여 성령님을 보내시고, 성령님은 성령의 사람들을 통하여 계속해서 영향력을 행하신다. 이것이 하늘의 공급망이다. 은혜의 공급망이다.

소망 없는 불행

영어로는 희망과 소망, 둘 다 'hope'로 번역된다면, 우리말의 희망과 소망은 차이가 있다. 희망은 내가 기대하는 것, 바라는 것이지만 소망은 하나님이 주신 비전을 바라는 것이다. 소망은 내 꿈이 아니라 하나님의 뜻을 바라는 것이다.

『소망 없는 불행』이라는 책이 생각이 난다. 이 책은 오스트리아 작가 페터 한트케(Peter Handke)의 책으로, 이 책은 삶의 고통과 불행을 다루면서도 그 속에서 희망을 찾으려는 의지를 보여준다. 어머니의 불행을 보면서, 주인공이 자신의 내면을 탐구하는 과정을 중심으로 전개된다. 주요 테마는 '소망 없음'이다. 주인공은 삶에서 느끼는 무기력과 허무함을 표현하며, 이를 통해 깊은 감정을 전달한다. 그는 불행 속에서도 작은 희망의 불씨를 찾으려 노력하지만, 그 과정은 쉽지 않았다. "나는 나의 삶의 너무도 중요한 시점에 서 있다. 모든 사람들이 가는 길인 것 같지만, 나는 그 길을 거부한다. 나의 미래가 희망이 없지만 소망을 둔다."

내일에 대한 희망은 없다. 그러나 우리에게는 소망이 있다. 우리에게 희망은 그리 중요하지 않다. 하루 안에 담는 행복의 무게와 크기를 최대치로 올리면 된다. 그러나 소망은 놓치면 죽는다. 하나님을 향한 기대치, 그분이 주시는 기회에 대한 기대치이다. 희망의 상실은 있을 수 있으나, 육신의 나이에 따라 소망의 상실은 인생의 영원한 실패이다. 내면의 문제는 공허로 인함이다. 공허는 나의 내면에 모든 죄의 습성을 대표하는 반응이다. 영적인 메마름의 신호도 공허이고, 죄의 풍성함의 끝도 공허이다. 이 공허는 희망은 크지만, 소망이 없는 불행을 가져다준다. 희망이 현실이 되지 않는 이유는 외적인 문제보다 내적인 문제가 더 크다는 것을 강조한다. 젊었을 때는 소망 안에서 희망을 품어라. 그것이 젊었다는 증거이다. 그러나 나이가 들면, 희망은 없어도 소망으로 산다. 소망의 삶을 위해 몇 가지 자신에게 주문해 보자.

첫째, 들을 것! 훈련하자. 이제는 입보다는 귀를 더 많이 사용하라. 야고보서 1장에서도 '듣기는 속히 하고 말하기는 더디 하라'고 말씀한다.

둘째, 희망보다 소망에 관심을 둘 것! 희망은 이제 다음 세대들에게, 소망은 멀리 보고 오늘을 사는 나에게 두어라. 권태로운 삶이 아닌, 자유롭지만 질서 있고 절제 있는 삶을 살아라.

셋째, 기다리는 미학을 즐기는 삶! 미래의 가능성을 자녀들에게, 열린 마음으로 여유를 즐기는 평안함으로. 마음의 고향을 에덴으로 삼고 죽는 날까지, 가꾸고 즐기고, 찾고, 넓혀가는 삶의 애착이 아닌 즐기는 마음으로 살아라.

가진 것이 없어 불행한 것이 아니라 소망이 없는 사람이 가장 불행한 사람이다.

소망의 산에 오르라

유엔 사무총장을 역임하며 신실한 신앙인으로 널리 알려진 다그 하마슐드는 1961년 9월 17일 아프리카 정글에서 비행기 추락사고로 유명을 달리 했다. 그를 알고 있는 모든 사람은 한결같은 말을 한다. 그의 신앙은 늘 말과 행동의 일치였다고 말이다. 이렇게 그가 위대한 신앙을 소유했던 것은 부모님의 영향이 컸다고 한다. 그는 자신의 저서에서 이렇게 고백한다. "나의 아버지는 나에게 여러 차례 말씀하시기를 가장 만족한 인생은 조국과 인류를 위해서 몸을 바치는 것이라고 하셨고, 어머니는 항상 하나님의 정의를 위하여 인간을 섬기는 생활을 하라고 말씀해 주셨다. 이렇게 부모님의 가르침은 나의 일생을 그 말씀대로 살게 했다." 그는 언제나 하나님의 음성을 듣고 그 말씀에 순종하려고 부단히 애쓰고 힘쓰다가 이 세상을 떠났다.

나는 어떤 말을 남기고 있나? 아니 어떤 삶을 남기고 갈까? 그리고 무엇을 남기고 갈까? "산에 오르라." 모세가 믿음으로 순종하고 올라간 산은 시내산이었다. 아브라함이 오른 산은 모리아산이었다. 우리 예수님이 오르신 산은 갈보리산이었다. 이 산에 오른 자들은 다 복종과 순종함으로 올랐다. 복종과 순종의 산에는 하나님의 영광이 기다리고 있다. 우리가 올라야 할 산은 말씀의 산이다. 그 말씀 앞에 복종하는 것이다. 우리가 올라야 하는 산은 순종의 산이다. 하나님의 음성에 따라 올라가는 산이다. "그늘진 산에서 내려오고, 희망의 산에 오르라." 그늘진 산은 안개 속에 있지만 빛은 들어 오지 않는 곳이다. 그러나 희망의 산은 빛이 비치고 오르고 싶은 욕구를 만들어 준다. 과거의 산에서 내려오라. 그늘진 산에서 내려오라. 그 산은 나를 감옥처럼 제자리걸음을 하게 한다. 어두운 과거나 죄악의 뿌리는 나의 미래를 막는 감옥이다.

영국의 작가 엘리엇은 인간은 알게 모르게 다섯 가지 감옥에 갇혀 있다고 한다. 이기적인 자기 사랑의 감옥, 쓸데없는 근심의 감옥, 과거를 생각하는 향수의 감옥, 남의 것이 더 좋게만 보이는 감옥, 미움과 증오의 용서되지 않은 감옥, 스스로 이렇게 가두면 그 사람에게 노력은 불발이 되고, 새로운 희망의 산이 안 보인다. 사람들이나 환경이 나를 가두는 것이 아니라, 내가 스스로 가두는 감옥이 바로 그늘진 산이다. 갇힌 자신의 수갑을 풀어줄 수 있는 사람은 바로 자기 자신뿐이다.

그러나 우리 예수님은 우리에게 시온의 산에서 부르신다. 소망과 희망의 산에서 부르신다. 자기도취의 감옥에서 탈출하라. 절망과 비판의 산에서 내려오라. 과거지향의 산에서 내려오라. 옛날이 좋았다고 하면서 현재를 낭비하지 말아라. 선망은 허상이다. 내 떡 소중한 줄 모르고 남의 떡이 커 보이는 사람은 선망의 산에 머무른 것이다.

Part 5

십자가로 관계를 완성하라

십자가가 생명나무가 되다

"십자가의 도가 멸망하는 자들에게는 미련한 것이요
구원을 받는 우리에게는 하나님의 능력이라"(고전 1:18)

"나는 십자가에서 흘리신 예수님의 피를 받아 생명나무가 되었습니다." 인간은 에덴동산의 한복판에 있는 생명과를 따 먹음으로 언약 질서를 깨트린 죄인이다. 에덴동산의 두 나무는 단순한 나무가 아니라 하나님의 언약적 질서를 드러내는 영적 좌표였다. 선악과를 먹지 말라 명령하심으로 인간은 창조 아래 있는 피조물임을 기억하게 하셨다. 그것은 바로, 창조주와 피조물의 경계 질서였다. 동시에 영원히 책임지시겠다는 책임적 사랑이었다.

유혹에 약함이 먼저일까? 유혹에 여지를 본 뱀 안에 들어간 사단, 자신이 하나님처럼 되고자 하는 욕망으로 사탄은 그를 유혹한다. 선악과를 따먹은 아담과 하와는 창조주에 대한 신뢰, 믿음이 깨버리고 순종의 끈을 끊어 버림으로 관계 차단을 한 것이다. 불순종은 단순히 하기 싫어서 안 하는 것이 아니라, 관계 차단이라는 언약 파기를 한 것이다. 인간에게 자유 의지를 만들어 주신 것은 인간의 존엄성, 가치를 높여 주시기 위함이었다. 정말 높은 인격을 가지고 있지 않으면 행위 언약까지 이루어 내기가 쉽지 않다. 하나님, 창조주를 100% 신뢰하고 믿는 믿음이 아니면 불가능하다는 것이다.

그럼 하나님은 왜 인간을 시험하셨나? 그것은 인간을 높이시기 위한 것이다. 질서 유지, 행위 언약 등 이 모든 것은 무조건적 믿음이다. 믿음이 순종을 낳기 때문이다. 에덴동산의 선악과는 인간의 한계를 테스트 하시기 위한, 인간의 연약함을 폭로하기 위한 무대가 아니라는 것을 분명히 하고 가자. 더 놀라운 것은 불순종했을 경우를 위하여 선악과와 예수님을 동시에 준비하셨을 것이라는 사실이다.

그 이후, 사단이 가장 싫어하고, 가장 두려워하고, 가장 없애고 싶은 것은 바로 십자가일 것이다. 사단이 바라보게 하는 것은 죽은 나무, 그냥 상징적인 나무인 것이다. 그러나 성령님은 상징을 넘어 의미, 의미를 넘어 진리인 하나님의 사랑을 깨닫게 하신다. 십자가는 단순한 상징이 아니다. 위에서 흘리신 피로 인하여 내가 생명나무로의 거듭남이다. 행위로 실패한 인간이기에 이제는 믿기만 하면 얻을 수 있고 가능한 은혜 언약으로의 전환이다. 십자가는 행위 언약을 파괴한 인간을 위하여 예수님의 완벽하시고 온전하심이 대속으로 죽으신 장소이다. 짐승의 피의 언약, 무지개 언약, 할례 언약, 이 모든 것도 인간의 힘으로는 완전할 수가 없다. 그러나 예수님의 십자가 사건은 완벽하게 다시 회복의 기회를 주신다. 하나님, 창조주와 피조물인 인간과 연합은 선악과로 시작하여 생명나무로 끝이 난다.

"선포합니다. 십자가는 나의 끝이자 시작입니다. 나의 죄에 대한 죽음이지만 동시에 영원한 생명의 시작입니다."

영성의 삶이란?

"우리는 하나님의 동역자들이요 너희는 하나님의 밭이요 하나님의 집이니라" (고전 3:9)

영성의 삶이란, 삼위일체 하나님 안에서 성령님과 동역하는 삶이다. 성령님의 파트너십으로 예수 생명의 가치를 높이고, 하나님의 진심을 알리는 삶이다. 영성이란 말을 은사라는 말로 혼돈하지 말아라. 영성은 전인적이라면, 은사는 부분적이라는 것을 확실히 구분해야 한다.

최근에 그리스도인들의 생활의 성격을 규정하는 어휘들 중에 '경건'과 '영성'이란 말이 세력 다툼을 하고 있다. 그리고 영성과 은사라는 말에도 구분하지 못하는 경우가 있다. 세대적으로 본다면, 지식인들이나 젊은 세대 그리스도인들은 자신들의 신앙생활을 영성이란 단어로 표현하기를 좋아하는 반면, 기성세대 그리스도인들은 그것을 경건이나 은사란 말로 표현하기를 선호한다.

요즈음 교회나 신학교에서조차 영성 신학이니 영성 훈련이니 하는 표현들이 유행을 하고 있어도, 정치적 이념에 밀려 경건 생활 또는 경건 훈련이란 표현을 사용하면 조금은 시대에 뒤떨어진 사람인 것처럼 여겨지기도 한다. 사실 경건이란 말은 신약에 나오는 단어이지만 영성이란 말은 신약에 등장하지 않는 단어이다. 시대마다 성령님의 일하심에 대하여 어떤 단어가 시대성에 적합한가라는 문제가 야기되고 있다. 성경이 교훈하는 그리스도인 생활의 본질을 설명하는데 더 적합한가를 따지는 것은 필요한 작업이다.

나는 개인적으로 영적인 세계는 지식이나 이념, 개인적 은사에 가둘 수 없는 영역이라는 생각에 가장 적합한 단어로 '영성'이라는 단어를 붙였다. 이 단어 하나가 나의 인생의 판도를 완전하게 바꾸었다. 내적인 세계와 자신의 한계에 대한 대처와 인생의 계절과 시간에 대비하는 지혜까지도… 그래서 나는 삼위일체 하나님 안에서 각자 다른 위를 가지신 그 하나님께 집중함으로 그분들의 세계에 초대를 받고 하루 속에 영성을 붙이고 나만의 에세이를 써 내려가는 것이다. 그곳에는 쉼도 있고, 자유도 있고, 때로는 파도도 있고, 망망한 바다의 수평선 너머의 소망도 있다. 이 좋은 곳에 영적인 자녀들을 초대하고, 더 많은 사람들에게 소개하고픈 영적인 가이드가 되고 싶다.

따라서 영성을 추상적으로 정의하려고 시도하기보다 삶으로 증명해 내려고 한다. 신약의 저자들이 사용하는 경건 개념인 영성 개념의 정의를 무시하자는 것이 아니라, 영성은 적용이고 삶이고 절대 진리이어야 한다. 영성의 가장 안전한 곳은 삼위일체론이다. 그리고 세 분의 하나님의 시대를 따르는 지혜이다. 그렇게 해서 결론적으로 바른 경건 또는 영성 추구의 지향점이 무엇인지를 드러내야 한다. 창조의 나를 통하여 생명 나무의 열매를 맺는 삶이 하나님께 영광이 되는 삶이다.

바른 신학, 바른 신앙관

까마귀 둥지는 새들이 짓는 집 중에 가장 튼튼하다고 한다. 폭풍이 몰아쳐 다른 새들의 둥지가 흔적도 없이 사라져도 까마귀 둥지만은 멀쩡할 정도이다. 까마귀가 이렇게 튼튼한 둥지를 지을 수 있는 것은 두 가지 비결 때문이다. 첫째, 좋은 재료를 쓴다. 보통의 새들은 둥지 주변에서 찾기 쉬운 재료들을 모으지만 까마귀는 둥지에 적합한 재료가 아니면 눈길도 주지 않는다. 아무리 힘들고 시간이 오래 걸려도 둥지를 짓기에 최적인 재료만 골라온다고 한다. 둘째, 도둑질을 하지 않는다. 튼튼한 둥지를 만드는 재료를 구하는 것이 쉽지 않기에 다른 둥지에서 재료를 가져올 법도 한데, 다른 까마귀 둥지를 위협하는 일은 자기 둥지를 위협하는 일이라는 것을 알고 있기에 지혜로운 까마귀는 어떤 일이 있어도 다른 까마귀의 둥지를 건드리지 않는다.

하나님이 주신 큰 복에 감사하며 시기와 질투를 버리고 사랑하고 배려하는 것이 반석 위에 흔들리지 않는 믿음을 세우는 비결이다. 하나님을 위한 나를 찾으려면, 나를 위한 내가 먼저이다. 타인을 위한 나는 건강한 자아에서 가능하기 때문이다. 우리는 거룩한 뜻을 거룩한 마음에 세우고 그 거룩한 마음이 터전이 되어야 한다. 어떠한 뜻이든 생명이 전제가 되고 성령의 열매로 가득 찬 마음으로 흔들림 없는 믿음의 반석을 세워야 한다.

바른 신학에서 바른 신앙관이 나온다. 나의 신앙관이 견고하지 않게 되면 작은 흔들림에도 무너진다. 나만의 바른 신학, 바른 신앙관을 정립하는 것이 필요하다. 나의 신학을 정리하면 다음과 같다.

첫째, 무조건 은혜이다. 하나님의 창조의 시작과 끝이 무조건 사랑이었다면, 죄를 지은 피조물인 우리는 무조건적인 은혜가 필요하다. 은혜로부터 시작되는 칭의가 신앙인들의 시작이다. 둘째, 성화이다. 은혜를 입었기에 그 은혜에 보답하는 삶은 땅의 소속이 아닌, 하늘의 시민권자로 정체성이 맞는 거룩함이 이루어져야 한다. 그것이 내면세계인 창조의 나를 찾는 길이다. 셋째, 열매로 증명하자. 나무는 열매로 증명이 된다. 잎만 무성한 나무는 하나님의 분노를 사게 된다. 예수님을 분노케 한 잎만 무성한 나무를 한시도 잊지 말자. 넷째, 증명하고, 증거하는 자이다. 내가 누구인지, 내가 어디로 가는지, 내가 무엇을 해야 하는지, 나의 나 됨이 어디로부터 왔는지, 무엇을 하고 어떻게 살아야 하는 지에 대한 확실하고 확고한 단계이고 선포이다. 다섯째, 확장, 번성하여 나눔의 삶을 사는 것이다. 창세기의 명령의 준행이다. 생명 주신 예수님의 은혜에 대한 보답이다. 생명에는 확장이 있고, 생육하고 번성하는 능력이 있다. 나는 예수 생명으로 생명나무가 되었고, 십자가 부활의 능력으로 생명나무가 되었다. 그 나무가 생명이 있는지 없는지는 열매가 확인시켜 준다.

인생의 모든 문제는 하나님 안에 답이 있다

"예수께서 이르시되 내가 곧 길이요 진리요 생명이니 나로 말미암지 않고는
아버지께로 올 자가 없느니라" (요 14:6)

인생의 모든 문제에 답이 있다고 믿는 믿음과 인생의 모든 답을 알고 있다는 것은 다르다. 인생의 모든 문제의 답은 하나님께 있음을 의심치 않는 것은 우리는 그분으로 인하여 지어진 사람이기 때문이다. 우리가 그분 안에서 그분의 뜻과 맞추어 가다 보면 인생의 답을 찾게 된다. 중요한 것은 내 마음이다. 내 생각보다 크신 하나님은 측량이 불가하지만 나의 생각과 마음의 영역만큼 하나님을 알게 되고 느끼게 된다. 마음보다 크신 하나님은 예수님으로, 생각보다 크신 하나님은 성령님으로 말이다.

이 세상에는 문제가 없는 사람은 없다. 인간의 가장 근본적인 문제는 존재의 문제와 고통의 문제이다. 존재의 문제는 근본을 모르기 때문이고, 고통의 문제는 예수님을 모르기 때문에 발생한다. 신앙 안에서 문제의 해결 방법을 모르고 산다는 것은 말이 안 된다. 존재의 문제가 땅 속에 있는 뿌리와 같다면 고통의 문제는 땅 위에 있는 나무와 같다. 나무가 흔들릴 수는 있으나, 뿌리가 깊은 만큼 버티게 된다. 존재의 뿌리가 깊을수록, 세상의 바람이 아무리 세차게 불어와도 넘어지거나 뽑히지 않는다.

모든 결과에는 원인이 있다. 모든 존재에는 그 존재를 설계하고 만든 분이 있다. 인간의 모든 답은 나를 창조하신 그분께 있다. 인간에게 가장 큰 고통의 원인은 유한한 육체 안에 무한한 마음이 있기 때문이다. 이것이 믿어지는가? 하나님께서는 인간의 마음을 무한하게 만들어 놓으셨다. 그래서 이 세상 그 무엇으로도 인간의 마음은 만족하지 못하고 채울 수도 없다. 세상의 것으로 채워질 수 없다는 것이다. 오직 하나님, 오직 예수님, 오직 성령님이 아니면 채울 수 없다. 인간의 마음을 채울 수 있는 것은 이 세상에 단 하나도 없다.

공허한 마음, 이것이 곧 죄의 유혹이다. 이 공허가 채워짐이 곧 거룩이다. 예수님은 공허하고, 혼돈되며 흑암으로 타락된 인간의 마음에 재창조가 아닌 새 창조로 오셨다. 리모델링이 아니라, 새 건축이고, 새 예루살렘이다. 고장 난 것을 수리해서 사용하는 것이 마음이 아닌 마음은 새롭게 건축된 성전이다.

마음이 채워지지 않는 것은 원초적 무질서, 존재 이전의 무, 창조주 하나님과 피조물인 인간과의 간극적 차이 때문이다. 이 세상의 모든 것을 설계하시고 만드신 하나님은 우리의 공허한 마음을 채워주시기 위하여 예수님으로 오셨고, 성령님으로 오셨다. 그러나 죄 가운데 사는 우리는 이중적인 삶의 구도 속에서 고통이라는 것을 품고 가야 한다.

하나님의 손보다 하나님의 얼굴을 구하라

"여호와는 그의 얼굴을 네게 비추사 은혜 베푸시기를 원하며" (민 6:25)

나의 필요를 위하여 무엇인가를 찾고 믿는다는 것과 우리가 유일하신 하나님을 믿는다는 의미는 아주 차원이 다르다. 그러나 우리는 더 차원 있는 단계에 도전해야 한다.

'하나님의 손' 하면 나의 자리에서 하나님의 도우심을 찾는 것이라면, '하나님의 얼굴'을 구한다는 것은 '하나님의 뜻'을 구하는 것이다. 이것은 나 중심에서, 하나님 중심으로의 전환이다. 믿음의 초보 단계에서는 자신에게 필요한 것을 위하여 하나님의 손을 찾는다. 자신의 생각과 환경, 자신이 세워 놓은 계획과 뜻, 그것을 위하여 하나님의 도움의 손을 찾는다. 그러나 이제는 하나님의 손보다는 얼굴(빛, 뜻)을 구하고 찾는 것이 영적인 수준을 갖추는 것이다. 어린아이처럼 하나님의 손만을 기다리는 자가 아니라 하나님의 얼굴, 그 빛으로부터 길을 찾고, 나를 비추어보고 하나님의 뜻을 찾고 그 계획 안에서 순종하는 성숙함이 필요하다. 철이 없었을 때의 자녀들을 생각해 보라. 부모 자체보다는 부모를 통해 자신의 필요를 채우곤 하였다. 그러나 철이 들면 부모가 무엇을 해주지 않아도 부모 자체가 소중하다. 하나님을 사랑하고 그분에 대한 믿음이 확고해지는 만큼 내 뜻이 아니라, 그분의 뜻을 좇고 따르게 되어 있다.

예수님의 믿음을 보라. 죽음의 십자가 앞에서, "내 뜻대로 마옵시고 아버지의 뜻대로 하옵소서." 이 기도가 죽음을 초월할 수 있는 능력이 되었다. 예수님은 어떤 상황에서도 하나님의 뜻이 이루어지기를 최우선으로 기도하셨다. 왜냐하면 하나님의 큰 뜻 안에 우리를 향한 최고의 계획이 있기 때문이다. 하나님의 뜻이 이뤄지면, 하나님의 뜻 안에 우리의 뜻도 이루어진다는 것을 경험해야 가능하다.

하나님의 얼굴을 구하는 자들은 말씀을 통해서 뜻을 찾는다. 성경에서 하나님께서 행하신 일들을 자세히 보고 자신을 통해 행하실 하나님의 뜻을 찾아야 한다. 자신의 기도가 약할 때는 기도하는 자들을 통해서 뜻을 찾는다. 하나님은 항상, 그 시대의 사명자를 통해 뜻을 알려주셨다. 그러나 지도자들은 스스로 기도를 통해서 성령님의 조명으로 하나님의 뜻을 찾아야 한다.

하나님의 얼굴을 구하는 것은 하나님의 진심을 구하는 것이다. 중심을 구하는 것과 진심을 구하는 것은 매우 중요하다. 하나님의 진심을 알고, 우리의 중심을 드리는 자는 하나님께 거절당해도 충분히 감당할 수 있다. 그러나 하나님의 진심을 모르는 사람은 거절에 대한 분노나 억울함, 속상함, 그래서 로뎀 나무 밑에서 불평하는 엘리야처럼 투덜이가 된다. 우리에게 운명이나 팔자는 없다. 오직 하나님의 뜻과 섭리에 순응할 때, 최상의 복을 받게 된다. 하나님은 그분의 뜻 안에서 창조하신 인간, 사랑의 파트너인 사람에게 최상의 것을 준비하셨다. 이것이 믿어지는 사람은 하나님의 손보다는 하나님의 얼굴을 구한다.

하나님의 얼굴을 구하는 방법

"너희는 내 얼굴을 찾으라 하실 때에 내가 마음으로 주께 말하되
여호와여 내가 주의 얼굴을 찾으리이다 하였나이다" (시 27:8)

우리는 어떤 선택 앞에서 방법을 찾고 싶어 하고, 확신을 갖고 싶어 한다. 우리의 삶은 어떤 결정 기준보다, 하나님 앞에 머무는 올바른 태도로 채워져야 한다. 하나님은 우리에게 모든 정답을 알려주시지는 않지만, 그분을 의지하는 자에게는 반드시 가장 좋은 길을 열어 주실 것이다. 하나님의 얼굴을 구하는 방법이 있다.

첫째, 기도로 나의 감정을 잠잠케 하라. 분별이라고 하는 것은 하나님의 뜻과 내 마음 사이를 구분하는 일이다. 내 감정, 자존심, 분노, 불안, 걱정, 이런 것들이 앞서면 하나님의 뜻이 흐려지고 가려진다. 내 마음이 하나님의 뜻인 것처럼 가면을 쓰고 나온다. 그래서 내 감정을 하나님 앞에 내려놓는 기도가 분별의 첫걸음이다.

둘째, 말씀으로 사건을 비춰보라. 내 속의 감정이 잠잠해졌다면, 그 다음에는 내 앞의 상황을 말씀에 비춰봐야 한다. 하나님의 뜻은 언제나 하나님의 말씀과 일치한다. 그래서 먼저 말씀을 묵상해야 한다. 성경으로 돌아가 답을 찾아야 한다. 예수님이라면 어떻게 하셨을까? 그 안에 답이 있다.

셋째, 공동체에 묻고 오픈하는 것은 참 지혜이다. 신앙은 혼자 감당

하는 것이 아니다. 내 생각만 옳다고 여기면 위험하다. 심지어 하나님의 뜻에 대한 깨달음도 나의 깨달음만 최고가 아니듯, 하나님의 뜻은 공동체 안에서 함께 발견되는 경우가 많다. 믿음의 가족, 믿음의 친구, 영적 멘토, 공동체 가운데 함께 내 생각을 나누고 기도와 조언을 들을 수 있는 사람이야말로 진보적인 사람이다.

넷째, 열매를 통해 판단하라. 하나님의 뜻은 반드시 사랑과 생명의 열매를 맺는다. 하나님의 뜻을 분별할 때, '어떻게 하는 것이 사랑하는 것일까? 어떻게 하는 것이 평화를 이루고, 정의를 낳을까? 아니면 나의 결정이 나를 돋보이게 할 뿐인가 아니면 하나님께 영광이 되는가? 공동체에 유익이 되는가? 아니면 갈등을 일으키는가?' 이것을 고민해야 한다. "어떤 열매를 가져오는가?" 하는 것과 나만을 위한 것과의 차이는 모든 것을 결정하는데 큰 차이를 가져다준다.

다섯째, 성령이 내 영혼을 평안케 하시는지 살펴보라. 하나님의 얼굴과 마주하게 되면, 제일 먼저 내 마음에 평안이 있고, 기쁨이 차오른다. 샬롬의 유무는 중요한 판단 기준이 된다. 기회가 생겼다고 해서 다 하나님의 뜻은 아니다. 유혹일 수도 있고, 나를 시험하시는 것일 수도 있다. 내 계획대로 잘 된다고 해서 하나님의 길은 아니듯, 반대로 막혀 있다고 하나님이 싫어하시는 것도 아니다. 성령 안에서 오는 내면의 평안, 자유함이 어디로부터 오는지를 살펴야 한다.

우리가 참으로 분별해야 하는 것은 '내 앞의 상황이 어떤 상황인가?' 하는 상황의 '겉모양'이 아니라, '이 상황 속에서 하나님이 무엇을 원하시는가?' 하는 하나님의 얼굴(뜻)을 구하는 것이다.

하나님의 뜻을 분별하기 위한 기도

"…그러나 내 원대로 마시옵고 아버지의 원대로 되기를 원하나이다" (눅 22:42)

우리 삶의 여정에는 항상 막힌 길, 거절, 오해, 좌절 같은 일들이 반복된다. 기도해도 응답이 없고, 최선을 다했지만 인정받지 못하고, 정중히 요청했지만 단호히 거절당한 경험들 말이다. 하나님께서 우리의 삶의 소원과 바람을 거절하실 때, 나의 반응은 어떠한가? 하나님께서 왜 거절하시는지를 어렴풋이라도 이해할 수 있을 것 같을 때에는 하나님의 거절을 수용하고 받아들인다. 그리고 그 원인이 되는 내 삶을 성찰하고 회개하고 변화하려고 시도한다. 그런데 문제는 거절의 이유를 도무지 알 수 없을 때이다. 그럴 때는 우선적으로 하나님을 신뢰하고, 순종부터 해야 한다. 그리고 참고 기다리다 보면, 이유를 깨닫게 되고 알게 된다.

우리는 하나님의 뜻을 분별하기 위한 기도가 필요하다. 하나님은 항상 같은 방식으로 일하지 않으신다. 중요한 것은 우리의 눈에 비친 외적인 모습이 우리 눈에는 똑같은 거절같이 보이지만, 과거의 나와 현재의 내가 다르듯, 나의 성장, 성숙, 성화에 따라 하나님께는 전혀 다른 상황이요, 전혀 다른 사건이다. 하나님의 관점에서 보면, 중요한 것은 상황의 유사성이 아니라, 그 일로 인하여 이루어 가고자 하는 하나님의 뜻과 목적이다. 그래서 우리 앞에 놓인 중요한 신앙적인 문제는 똑같아 보이는 상황 앞에서, 하나님이 지금 "물러서라" 하시는지 아니면 "싸우라" 하시는지를 분별해 낼 수 있어야 한다.

"하나님의 뜻을 어떻게 분별할 수 있는가?" 이것은 신앙의 여정에서 반복적으로 마주치는 질문이자, 매번 새롭게 답을 찾아야 하는 과제이다. 외형적으로 비슷한 상황이라도 하나님께서 원하시는 우리의 반응은 전혀 다르다. 하나님의 뜻을 아는 일은 단순한 지식이나 계산이 아니다. 율법을 지키듯이 기계적으로 '이럴 때는 이렇게, 저럴 때는 저렇게' 하면 되는 게 아니다. 인격적인 교제 안에서 우리가 하나님 앞에 올바른 태도로 임할 때, 그 뜻을 우리에게 보이시는 분이다. 그래서 주님의 뜻을 분별한다고 하는 것은 영적인 기술이 아니라, 영적인 태도이다. 믿고 확신 속에 순종하는 태도이다.

기계적으로, 율법에 나와 있는 대로, 소위 거룩한 행동이라고 말하는 그런 외적인 행동만 정확하게 따라 하면 하나님이 기뻐하시는 것이 아니다. 어떤 상황이든지 '아, 이건 이렇게 하면 돼.' 하고 내 멋대로 판단하고 행동하는 것이 아니라, 모든 상황 앞에서 일관되게 하나님께 묻는 태도를 갖는 것이다. "내가 옳다" 하기보다는, "주님, 제가 틀릴 수도 있지요"라는 겸손함을 갖는 것이다. "빨리 답 주세요!" 하기보다는, "주님이 움직이실 때까지 기다리겠습니다" 하는 인내로 기다리는 것이다. "무엇을 할까요?" 하고 묻기보다는, "주님, 이 상황에서 제가 무엇을 배우길 원하시나요?" 하는 열린 마음을 갖는 것이다. 그 태도를 통해서 하나님의 뜻을 분별하는 힘이 생기게 되고, 하나님의 얼굴의 빛을 통하여 길이 열리게 된다.

나보다 나를 더 잘 아시는 하나님

무지한 사람들은 죄 때문에 하나님을 모르는 것이며, 하나님이 자신을 드러내셔서 우리의 눈을 열어서 알게 하지 않으면 우리도 하나님을 알 길이 없고, 나 자신도 알 길이 없다. 우리는 다만, 하나님의 계시를 통해서만 알게 된다. 하나님을 아는 방법은 말씀과 예수 그리스도 그리고 성령님을 통해서 아는 방법밖에 없다. 예수로 말미암지 않고서는 하나님을 알 수가 없다.

모세는 하나님과 아주 친밀한 사람이었지만 모세가 하나님을 다 알았다면 성경은 모세오경으로 끝났을 것이다. 하나님이 자신을 완전히 드러내신 것은 예수 그리스도를 통해서였다. 따라서 예수님을 아는 일이 성경을 이해하는 일이고, 하나님을 이해하는 일이다. 율법의 하나님이 예수님을 통해서 사랑과 인자하심과 자비로 다가오신 것이기 때문에 우리의 중보자이신 예수님을 통하지 않고 만난 하나님은 하나님이 아니다. 그러나 제자들조차 예수님을 다 알지 못했다. 마태가 다 알고 기록했다면 복음서는 마태복음 하나로 끝났을 것이다. 그래서 창세기부터 요한계시록까지 다 알아야 하나님을 비로소 이해할 수가 있는 것이며, 알기 위해서는 성령님의 조명이 필요한 것이다.

성령님은 말씀을 통하여 기도하는 사람에게 역사하신다. 믿음이 생기고 능력이 생긴다는 것은 곧 하나님을 알아간다는 뜻이다. 신기한 것은 하나님을 아는 만큼 나 자신을 알아간다는 것이다. 신앙생활은 하나님과 동행하면서 온 마음과 온 인격으로 하나 되는 것이다. 머리로만 아는 것은 신학자의 하나님이지만 신학자가 하나님을 위해 순교한 적은 없다. 또한, 성경을 알지 못하고 신앙생활을 한다는 것은 헛된 것을 구하는 것이고 매우 위험할 수 있다. 성경을 통해서 기도를 통해서 깊이를 깨닫게 되어 성숙, 성화에 이르게 된다. 하나님을 안다는 것은 축복이다. 사람의 위대함은 생각하는데 있고, 가장 위대한 생각은 하나님을 생각한다는 사실이다. 우리는 이제 예수님을 믿음으로 하나님과 특별한 사이가 되었다. 성령님이 우리 마음 가운데 이런 확신이 있게 하신다.

이런 주관적인 확신으로 사역하는 우리에게 필요한 것은 우리가 믿는 분에 대한 객관적인 지식이다. 이제는 철학적인 관념이 아니라 우리 가운데서 우리를 주장하실 그분을 더욱 잘 알아야 한다. 하나님과 그분의 성품에 대해서 모르기 때문에 불신하고 의심하며 사는 것이다. 우리가 할 수 있는 가장 위대한 생각은 하나님에 관한 생각이다. 그리고 이런 생각들은 하나님의 진리와 일치해야 한다. 그럴 때 우리는 진정한 그리스도인의 증인의 삶을 살 수 있다. 나보다 나를 더 잘 아시는 사랑의 하나님이시다. 나보다 나를 더 잘 아시는 하나님을 알아가는 것이 영성이다. 하나님을 아는 만큼이 나의 고백이 되고, 그 고백만큼이 영성이다. 깊은 영성 속에 열린 세계를 바라보고 보이는 것, 세상 것들을 포기하는 결단이 곧 건강한 영성이다.

동행자

"에녹이 하나님과 동행하더니 하나님이 그를 데려가시므로 세상에 있지 아니하였더라"
(창 5:24)

유명한 맨발의 인도 전도자인 '썬다 싱(Sadhu Sundarsingh)'의 일화이다. 그는 히말라야 산길을 걷다가 동행자를 만나서 같이 가는 도중에 눈 위에 쓰러져 있는 노인을 발견하였다. 그는 동행자에게 "여기에 있으면 이 사람은 죽으니 함께 업고 갑시다." 하고 제안하였다. 그 말에 동행자는 "안타깝지만 이 사람을 데려가면 우리도 살기 힘들어요."라고 대꾸하고 그냥 혼자 가 버렸다. 썬다 싱은 하는 수 없이 혼자 노인을 등에 업고 얼마쯤 가다 길에서 죽은 사람을 발견했는데, 그 사람은 다름 아닌 먼저 떠난 동행자였다. 썬다 싱은 죽을 힘을 다해 눈보라 속을 걷다 보니 등에서는 땀이 났고 두 사람의 체온이 더해져서 매서운 추위도 견뎌낼 수가 있었던 것이었다. 결국 썬다 싱과 노인은 무사히 살아남았고, 혼자 살겠다고 떠난 사람은 불귀의 객이 되고 말았다.

사람을 가리키는 한자 '人(인)'은 두 사람이 서로 등을 맞댄 형상이다. 나와 등을 맞댄 사람을 내치면 나도 넘어진다는 것이 '人'의 이치이다. 그렇게 서로의 등을 기대고서 살아가는 것이 바로 인생살이다. 히말라야의 동행자는 그것을 무시하고 행동하다 자신의 생명을 잃어버렸던 것이었다.

훗날 어떤 사람이 썬다 싱에게 "인생에서 가장 위험할 때가 언제입니까?"라고 물었다. 썬다 싱은 그때, "내가 지고 가야 할 짐이 없을 때가 인생에서 가장 위험할 때입니다."라고 대답하였다. 사람들은 자신의 짐이 가벼워지기를 바라지만 그때가 위험하다는 것이 그의 가르침이다. 나를 힘들게 하고 어려움을 주는 자들이 옆에 있을 때, '나와 등을 맞댄 그 사람 덕분에 내가 넘어지지 않을 수 있었다.'는 사실을 기억하자.

동행하면 떠오르는 성경의 인물은 당연 '에녹'이다. "에녹이 하나님과 동행하더니 하나님이 그를 데려가시므로 세상에 있지 아니하였더라"(창 5:24) 에녹은 하나님과의 동행을 넘어 하나님을 위로하는 삶을 살았다. 하나님과의 영적 동행은 그의 후손들에게까지 영향을 미쳤다.

동행자라는 말만 곱씹어도 힘이 되는 것은 나에게 동행자가 되어주시는 삼위일체 하나님이 계시기 때문이다. 나는 기도로 우리 영적 자녀들의 사역의 동행자가 되어주고자 준비하고 있다. 힘들 때, 손잡아주고, 지칠 때 끌어주고, 주저하고 머뭇거릴 때 밀어주고, 기쁠 때 함께 웃어주고, 슬플 때 함께 울어주는 동행자는 결코 쉽지 않은 길이다. 나의 주님이 나와 그렇게 동행해 주셨듯이, 나의 숨님(성령님)이 지금 앞으로 그렇게 동행자가 되어주듯이 나도 누군가의 동행자가 되어주고 싶다.

예수 그리스도는 우리 인생의 평형수

거친 바다를 항해하는 배가 균형을 유지할 수 있는 것은 배 밑에 있는 바닥짐(평형수) 때문이라 한다. 바닥짐(평형수)이란, 배가 전복되는 것을 막기 위해서 배 바닥에 채워 넣은 돌이나 물건, 물을 가리킨다. 그런 의미에서 예수 그리스도는 우리 인생의 평형수이다. 우리가 끊임없이 소망을 갖고 무릎을 꿇는 이유도 예수님이 계시기 때문이 아닐까?

평생을 아프리카인들의 삶과 노예제도 폐지를 위하여 살아온 '데이비드 리빙스턴'에게도 남들에게 말할 수 없는 아픔이 있었다. 그에게는 집을 나가버린 방탕한 아들이 있었다. 그는 그런 아들을 생각하며 남들 앞에서 더욱 겸손한 마음을 가졌고, 어려움을 당하거나 도움을 필요로 하는 사람을 만나면 외면하지 않았다. 리빙스턴에게는 집을 나가버린 아들이 평형수 역할이 되었다.

우리 인생도 이런 근심거리들이 발을 무겁게 할 때가 있다. 자녀, 가까운 가족, 친구가 될 수도 있다. 은퇴하면 자유롭게 될 것이라는 생각은 나의 착각이었다. 후임이 영적인 자녀가 되고 나니, 나의 마음의 짐은 더 커졌다. 그러나 이것은 짐이 아니라 나의 평형수라고 생각한다. 장애물이라고 생각하였던 근심거리가 어쩌면 내 인생을 지탱하는 바닥짐(평형수)일 수도 있다. 인생의 바닥짐은 자신을 겸손하게 하고, 하나님께 더 가까이 갈 수 있게 한다. 바닥짐은 버리는 것이 아니다. 자신에게 희망의 길을 보여주는 지혜의 눈이기 때문이다. 먼바다를 떠나는 선박도 항해를 시작하기 전, 배의 전복을 막기 위해 바닥짐(평형수)으로 채우는데, 우리는 과연 어떠한 영적 준비를 할까?

적절한 평형수로 중심을 유지한 배는 파도나 폭풍도 뚫고 지나간다. 그러나 평형수가 없거나 부족한 배는 작은 파도나 폭풍에도 위태롭게 흔들리고 때로는 전복되기도 한다. 풍파 많은 세상에서 인생 항해 내내 지켜줄 평형수는 충분히 채워져 있는가? 평형수의 원조, 그분은 예수 그리스도이시다. 그분만 내 안에 계시면 비록 풍랑에 흔들려도 전복되지 않는다. 감사하게도 그분은 우리 각자가 고단한 항해를 마치는 세상 끝날까지 우리와 동행자로 함께 계시겠다고 약속해 주셨다. "볼지어다 내가 세상 끝날까지 너희와 항상 함께 있으리라"(마 28:20).

"예수 그리스도는 내 인생의 평형수입니다."

세상에서 가장 강력한 이름, '예수'

나는 지금 어떤 이름으로 살아가고 있는가? 나는 임교희라는 이름으로 살았고, 사모라는 이름으로 잘 살았다. 그리고 이제는 천국 애칭, '깊은 우물의 생수'라는 타이틀로 살고 싶다. 예수 이름의 권세 안에 있는 깊은 우물의 생수로 말이다.

기네스북에 오른 가장 긴 이름의 주인공은, '허버트 블레인 볼페슐레겔슈타인하우젠베르거도르프 시니어…'로 성과 이름을 합쳐 무려 746자의 이름을 가진 자이다. 한국에서 가장 긴 이름은 '박하늘별님구름햇님보다사랑스러우리(17자)'라고 한다.

또한, 모든 사람에게 가장 위대한 이름이 있는데 그것은 어머니이다. 어머니라는 이름은 부르기만 해도 참 정겹고 따뜻하고 뭉클하다. 어머니라는 이름 안에는 희생이라는 단어가 같이 묻어나기 때문이다. 어머니라는 이름은 세상의 명예나 권력, 돈의 힘이 아닌 사랑의 힘, 그 자체가 아니던가?

나는 오랫동안 사모라는 이름으로 교회에 보호를 받았다. 교회가 나의 홈이었고, 삶이었다. 그 삶도 축복이었다. 그 안에 예수의 이름이 있었기 때문이다. 이제는 교회의 울타리는 없지만 세상이 홈이 되어 바운더리가 넓어졌다. 사모라는 이름은 세상을 응축한 교회의 바운더리 안에서 보호를 받았다면, 이제는 모든 울타리가 제거된 세상 속에서 복음을 위한 삶을 살아내야 한다. 이러한 상황에서 주시는 강력한 이름, 예수 안에서 그 이름의 보호를 받아야 한다.

세상 모든 이름 위에 뛰어난 이름 예수, 세상에서 가장 강력하고 위대한 이름 예수가 나의 삶의 무기가 되어줄 것이다. 예수 그 이름에서 흐르는 마르지 않는 은혜를 사모하라. 예수 그 이름은 막히지 않는 수로이다. 생수의 강이 흘러넘치게 하는 이름이다. 가장 높은 곳에서 가장 낮은 곳으로 흐르신 예수의 이름은 하나님과의 관계의 다리, 은혜의 다리로서 세상의 그 어떠한 것으로부터도 끊기지 않는 견고한 다리이다.

뿐만 아니라 확장을 이루게 하시는 이름이다. 하나님과 수직적 관계가 확실할 때, 수평적 관계가 확장된다. 예수의 이름은 은혜의 흐름과 관계의 확장이다. 물론 관계의 확장은 쉬운 일이 아니다. 그렇다고 거창한 일도 아니다. 나의 작은 욕심 하나 내려놓고, 나의 이기심에서 벗어나는 것으로부터 관계의 확장은 시작된다. 나에게서 너로, 너에게서 우리로의 확장은 나의 내면에서 출발한다.

"베드로가 이르되 은과 금은 내게 없거니와 내게 있는 이것을 네게 주노니 나사렛 예수 그리스도의 이름으로 일어나 걸으라"(행 3:6). 이 세상에서 가장 위대하고 강력한 이름 예수, 나는 그 이름을 내 영적인 성으로 붙이고 살고 싶다. 나의 성이 임씨가 아닌 예수로, 예수 이름이 붙여진 깊은 우물의 생수로….

만약 내게 성령이 없다면…

만약 내게 성령이 없다면, 나는 아직은 마땅히 되어야만 하는 그런 그리스도인이 아닐 수도 있고, 그리스도의 도움으로 언젠가 변할 그 사람이 아닐지도 모른다. 그러나 하나님께 감사드린다. 왜냐하면 나는 더 이상 과거의 내가 아니기 때문이다. 이렇게 고백할 수 있음도 내 안에 성령님이 계시기 때문이다. 성령이 내 안에 계심은 나는 예수님을 바로 알았고 믿고 있기 때문이다. 예수님을 바로 믿기에 하나님의 사랑을 오해하지 않고 은혜를 누리게 되는 것이다. 이러한 삼위일체 하나님과의 가교역할을 하시는 성령님의 부재를 생각만 해도 너무도 아찔하다.

"내게 성령의 충만함을 주옵소서." 내면의 죄의 찌꺼기가 매 순간 성령의 충만함으로 흘러 넘쳐야 한다. 죄의 찌꺼기가 쌓이지 않도록 하시는 분이 성령님이시다. 충만함이 유지되지 않으면 죄의 찌꺼기는 어딘가에 쌓이고 있을 것이다.

또한, 우리에게 성령의 충만함이 없다면, 죄의 쓴 뿌리의 절단이 어렵다. 죄의 쓴 뿌리는 우리를 괴롭게 하는 내면의 영역이다. 그 죄의 쓴 뿌리의 속성은 중심을 차지하려는 영역 다툼이다. 성령의 충만함의 유지는 예수님의 이름의 능력을 사용하게 하신다. 그리고 성령님이 우리에게 주시는 것은 하늘의 지혜이다. 그러나 성령의 충만함이 없이는 지혜보다는 내 생각과 감정의 노예가 된다. 메마른 내가 될 수 있다.

성경의 인물들도 마찬가지이다. 고집스러웠던 베드로, 우유부단했던 도마, 회의적이었던 야고보, 그리고 그와 크게 다를 바 없는 연약한 인간이었던 나머지 제자들, 하지만 성령의 충만함을 받은 이후, 그들은 오히려 세상이 감당할 수 없는 인간의 한계를 초월하여 예수님처럼 순교의 자리에까지 갔다. 그들은 어떻게 목숨까지 버려가며 자신의 믿음과 신념을 지킬 수 있었을까? 성령님이 함께하셨기 때문이다.

성령의 충만함을 유지하는 비결이 중요하다. "너희 안에 이 마음을 품으라 곧 그리스도 예수의 마음이니"(빌 2:5). 성령님은 예수님의 이름과 사역, 일하심을 기본으로 두시고 일하신다. 제자들의 삶을 잡아끌었던 끈은 거룩한 성령의 능력이었다. 우리의 삶을 이끄는 것은 돈도, 명예도 그 무엇도 아닌, 오직 성령의 충만함이다. 예수 그리스도를 구주로 받아들이는 순간 우리는 성령이라는 새로운 '신념의 동력'을 얻었다. 그다음 단계는 끊임없이 고백하고, 상기하면서 성령을 가슴과 근육에 새기는 것이다. 매일 조금씩이라도 시간을 내어 믿음과 신념에 살을 붙여가야 한다. 이것이 확장이다. 그냥 내버려 두는데도 살아남아 있을 신념은 없다. 신념, 곧 의지가 약해져 음지를 향하게 되는 이유는 성령님의 일하심을 무책임하게 방치하고 있기 때문이다. 믿음과 신념은 계속 북돋아 줘야 하는 것이다. 매일 성령의 톱니바퀴를 돌리면 오히려 그것이 우리의 삶을 잡아끌어 줄 것이다.

성령의 구름다리

"보혜사 곧 아버지께서 내 이름으로 보내실 성령 그가 너희에게 모든 것을 가르치시고
내가 너희에게 말한 모든 것을 생각나게 하리라" (요 14:26)

우리는 창조주 하나님과의 관계 속에서 하나님께서 나를 바라보시는 시선이 다른 곳으로 향하지 않도록 계속해서 내가 있는 곳에서 사인을 보내야 한다. 그것이 마음에서 우러나오는 진심의 행동이든, 주님과의 연결 고리가 되는 행위이든 아주 작은 마중물이라도 주님과의 언약 된 약속의 순종이라면, 무한하신 하나님의 마음은 감동하실 뿐 아니라, 나에게 초점을 맞추어 주신다.

우리는 성부 하나님과의 사랑은 '경외'라는 옷을 입고 나아가야 하고, 성자 하나님과의 사랑은 '은혜'라는 속옷을 입고 교제해야 한다. 그리고 성령 하나님과의 사랑은 '친밀함'을 위해 투명함과 절대 신뢰와 확신으로 나아가야 한다. 그럴 때 하나님께서는 성령의 구름다리를 놓아주실 것이다.

구름다리 역할을 하시는 분이 성령님이시다. 성령님의 도우심이 아니면, 하나님의 진심에 대하여 깨달을 수 없다. 또한, 예수님의 희생적 사랑의 깊이를 깨닫는데도 한계가 있다. 그러나 성령님의 다리 역할은 우리가 이론적으로, 상식적으로 깨달을 수 없는 곳까지 이르게 하신다. 인간의 한계에서 하나님의 무한대의 세계로 이어주시는 분이 성령

님이시다.

지금은 성령 시대이다. 예수님의 사역과 성령의 역할은 기독교 신앙의 핵심을 이루는 두 축이다. 예수님은 하나님의 아들로서 이 땅에 오셔서 사람들에게 평안을 전하셨고, 그의 사역을 통해 인류 구원의 길을 열어 주셨다. 예수님의 사역은 성령의 역할과 밀접한 연관이 있다. 성령은 예수님의 사역을 통해 이루어진 구원의 역사를 현재의 성도들에게 적용하며, 성도들이 하나님 아버지께 나아갈 수 있도록 인도하신다. 한 성령 안에서 우리는 예수님의 평안을 체험하고, 그 평안을 통해 하나님과의 화목을 이룬다. 따라서, 예수님의 사역과 성령의 역할은 신앙생활에서 떼려야 뗄 수 없는 관계를 형성하며, 하나님과 깊은 교제를 가능하게 한다. 성령의 역할은 우리에게 하나님의 임재를 경험하게 하고, 예수님의 가르침을 깨닫고 실천할 수 있도록 도와주는 중요한 존재이다.

성령님의 역할 중 가장 중요한 구름다리를 통하여 삼위일체론을 확증하고, 내 안에 그 거대하신 하나님의 나라가 이루어지고, 모든 틀어진 관계들이 질서를 잡는 교통함이 있을 것이다. 나의 한계의 자리에서 하나님의 무한대의 자리로 이끌어주시고 연결시켜 주시는 성령님은 나의 구름다리이시다. 그 구름다리가 삼위일체 하나님과의 소통의 통로이고 관계의 다리이다.

성령의 라인에 서라(1)

창조의 하나님이신 성부 하나님을 아버지로 모시고 있고, 구원자 예수님의 십자가 사랑을 믿고 있다 하더라도 성령 하나님과 친밀하지 않다면 우리는 온전한 신앙 위에 설 수 없다. 성령 하나님은 두려운 존재가 아니라, 우리를 돕고자 오신 하나님으로 가장 친밀해야만 하는 하나님이시다. 그래서 삼위일체 하나님 안에 거하는 영적인 '인싸(인사이더)'가 되어야 한다. 세 분의 하나님 중, 어느 한 분이라도 빠지게 되면 영적으로 '아웃사이더'가 된다.

인생을 살다 보면 누구나 자신이 옳다고 믿는 방향이 있기에, 익숙한 삶을 토대로 자신의 판단을 기준 삼아 인생의 문제를 선택하고 결정한다. 그러나 작은 문제든, 큰 문제든 기도하며 성령의 인도를 받아 결정하는 선택은 후회가 없다. 내가 원하는 결과가 아니라 해도 그 안에서 분명한 하나님을 뜻을 찾게 해주시기 때문이다.

성령의 라인에 서 있는가? 우리가 어느 라인에 서 있는지에 따라 우리의 인생의 길은 달라진다. 육체의 라인에 서 있는지, 혼의 라인에 서 있는지, 성령의 라인에 서 있는지를 점검하는 것이 중요하다. 성령의 라인에 서게 된다면, 인생의 바로 그 순간이 성령으로 사는 삶의 출발점이 될 것이다. 성령의 라인에 서서 성령의 사람으로 사는 사람들에게 나타나는 가장 큰 특징이 있다.

성령의 사람은 말씀이 삶의 기준이 된다. 성령님은 감정이 아니라 말씀으로 일하신다. 그러나 육체와 혼을 따라 사는 사람은 기준이 상황이나 대상에 따라 흔들린다. 우리는 유연성과 기준을 분별할 수 있어야 한다. 기준은 진리 위에 세우고, 진리 아닌 것에는 유연성을 발휘해야 한다. 내가 옳다고 믿었던 것이 하나님의 뜻이 아닐 수도 있다는 것을 생각하고, 내 생각보다 하나님의 인도를 더 신뢰해야 한다는 것을 배우고 깨닫는 사람이 성령의 사람이다. 내 생각과 다르더라도 하나님의 뜻이라면 기꺼이 그 길을 가겠다는 마음, 이것이 성령에 순종하는 삶이다.

많은 사람들이 성령의 충만함을 감정적인 경험이나 기도의 열정으로만 생각하지만, 진짜 성령 충만은 매일의 삶에서 하나님의 뜻을 따라 사는 구체적인 순종으로 드러난다. 그들은 자신의 감정이 아니라 하나님 아버지의 뜻을 선택한다. 성령께서 우리 안에 오신 이유는 단지 우리가 위로를 받도록 하기 위함이 아니라, 우리를 모든 진리 가운데로 인도하시기 위함이다. 진리의 길은 내 뜻과 어긋날 수 있다. 때로는 손해를 입은 것 같고 불편할 수 있다. 하지만 성령의 사람은 그 길을 기꺼이 따른다. 왜냐하면 자신보다 하나님이 옳다는 것을 믿기 때문이다.

자기의 뜻보다 하나님의 뜻을 우선시한다는 것은 단순히 겸손한 태도 이상의 의미를 지니고 있다. 그것은 삶의 실질적인 문제 앞에서도 하나님의 뜻을 우선에 두는 삶을 의미한다.

성령의 라인에 서라(2)

잠언 3장 5절에서는, "너는 마음을 다하여 여호와를 신뢰하고 내 명철을 의지하지 말라"고 말씀하신다. 성령으로 산다는 것은 바로 이 말씀처럼 내 명철, 내 이성, 내 경험을 절대화하지 않고 하나님의 말씀과 인도를 더 신뢰하는 삶을 의미한다. 그리고 이 신뢰는 단지 말로 하는 것이 아니라 삶의 선택에서 드러난다. 하나님의 말씀을 붙들고 기다릴 줄 알고, 상황이 어렵더라도 그 뜻을 포기하지 않고 따라가려는 태도, 이것이 성령의 사람에게서 나타나는 특징이다.

성령으로 사는 사람은 조급하지 않다. 안주하지 않는다. 하나님의 타이밍에 자신의 발걸음을 맞추는 것이 동행이기 때문이다. 성령님은 늘 깨어 있는 사람에게 하나님의 뜻을 알게 하신다. 아니, 깨어 있어야 하나님의 사인을 받을 수가 있다. 성령으로 사는 사람은 영적인 신호에 민감하고 그것에 즉시 반응하는 민첩한 영혼을 갖고 있다. 우리는 하나님 앞에서 완벽한 사람이 아니라 늘 부족한 사람이다. 그래서 성령의 인도 없이는 쉽게 길을 잃고 만다.

성령으로 사는 삶은 내 뜻을 꺾고 하나님의 뜻에 순종하는 삶이며, 그 순종의 끝에는 반드시 하나님의 선하심이 드러나게 된다. 지금 나의 삶은 누구의 뜻을 따라가고 있는가? 내 욕심과 판단이 기준이 되어 있는 삶이라면, 다시 주님의 뜻 앞에 무릎 꿇기를 소망한다. 내 뜻을 내려놓고 하나님의 뜻을 선택하는 작은 실천부터 시작하자. 그것이 성령으로 사는 첫걸음이다.

성령으로 사는 사람은 자기감정보다 말씀을 기준으로 사는 사람이다. 감정은 불안정적이고 이성은 온전할 수가 없다. 나의 생각이 온전하지 않기 때문이다. 감정이나 이성이 말씀에 기준하지 않으면 결국 신앙의 기준이 하나님의 말씀이 아니라 자기감정이 되어 버리고 만다. 하지만 성령의 라인에 서 있는 사람은 기분이 어떠하든 상황이 어떠하든 말씀 위에 자기 삶을 세운다. 감정은 존중하되 지배당하지 않고, 이성은 존중하되 말씀보다 앞설 수 없다. 말씀 앞에 자기 이성과 감정을 내려놓을 줄 아는 훈련된 삶은 성령의 라인에 선 사람의 삶이다.

시편 119편 105절의 "주의 말씀은 내 발의 등이요 내 길에 빛이니이다"라는 말씀은 단지 좋은 문장이 아니라 우리 삶을 이끌어주는 실제적인 빛이다. 어둠 속에서는 기분이나 감각에 의존할 수 없다. 유일하게 믿을 수 있는 것은 앞을 비추는 등불, 빛이다. 우리의 인생도 마찬가지이다. 힘들고 지칠 때 감정은 흔들리지만 말씀은 변하지 않는다. 그래서 성령으로 사는 사람은 감정이 아니라 말씀에 사로 잡힌 이성으로 자신의 길을 걷는다. 감정은 우리의 삶에서 중요한 요소이지만 그것이 신앙의 중심이 될 수는 없다. 성경 어디에도 기분이 좋을 때, 하나님을 믿으라는 말은 없다. 오히려 기분이 좋지 않아도 낙심이 밀려와도 말씀을 붙들고 버티는 것이 신앙의 본질이다. 당신이 서 있는 라인은 어떤 라인입니까?

인공지능 시대의 대안

"하나님의 어리석음이 사람보다 지혜롭고 하나님의 약하심이 사람보다 강하니라"
(고전 1:25)

우리가 시대적 사명을 감당하기 위해서는 혁명이 필요하다. 하수는 남을 연구하고, 고수는 나를 연구한다. 영성은 민감한 양심을 회복하는 것이다. 우리는 전혀 경험해 보지 못했던 새로운 역사의 변곡점을 지나고 있음을 감지해야 한다. 그것은 인공지능 AI시대로 접어드는 것으로 거대한 변화의 물결이다. 이러한 변화의 변곡점에서 인류가 한 번도 가보지 못한 미지의 과학으로 인한 신대륙의 초지능의 시대로 나아가고 있다. 이 세대를 맞설 수 있는 대안이 필요하다. 파괴적인 변화를 획기적으로 바꿀 수 있는 대안이 필요하다.

제아무리 인공지능이 가능해도 영성은 없다. 지식은 제공한다 해도 지혜는 없다. 사람에게 영이 없고 지혜가 아닌, 지식만 있다면 이것이 곧 기계적인 사람, 인공지능의 사람이 아닐까? 사랑은 말하지만 감정이 없고, 늘 가까이 대화를 하고 필요를 말하지만, 이기적인 관계를 유지하게 되는 인공지능과의 관계 말이다. 시대를 대비하는 영성이 필요하다. 시대를 바꾸는 창의력과 깊은 영성이 절대적인 시대이다. 지식 창이 뛰어난 인터넷으로 인해 우리는 지식에 대한 두려움도 사라졌다. 그러나 그들이 제공하는 지식에는 영성도 지혜도 없다는 것을 명심해야 한다. 기계적인 관계에서는 사랑의 힘보다는 미움과 폭력의 힘을 더 의지하고, 기도보다는 세상의 힘과 인간 자신의 힘에 더 의지한다.

그리스도인들 가운데에도 인공지능적인 사람들이 있다. 기계적인 사람들 말이다. 이성은 있으나 감정이 부족하고, 감정은 있으나 영성도 없는 그래서 표정도 없고 삶의 변화도 없는 사람들 말이다. 자기 생각에 갇혀서 하나님을 자기 기준에 가두어 두는 사람들이다. 하지만 영성의 길이란, 내 생각을 내려놓고 하나님의 뜻에 순종할 때, 나는 확장의 현실을 맞이하게 된다. 시야도, 생각도, 마음도, 삶의 유연성까지도 말이다. 이것이 거룩한 자기 혁명이다.

그리스도인에게 있어서, 특히 영성의 길을 걷는 사람이라면 기도는 하나님께 공급받는 젖줄이요, 생명줄이다. 그리고 생각의 도로를 확장시켜 주는 중요한 작업이다. 내 생각이 일방통행이나 1차선이 되면 오해가 생긴다. 기도는 하나님의 진심을 알아가는 비밀 통로이기에 4차선 6차선, 나아가 하늘을 나는 비행도 가능하게 확장되어야 한다. 기도는 하나님의 능력을 이어받을 수 있고, 하나님의 영광에까지 도달할 수 있는 대로, 수로, 항로이다.

당신은 지금 하나님과 기도, 소통의 몇 차선을 유지하고 있는가? 그러므로 기도를 포기한다는 것은 모든 것을 포기하는 것을 의미한다. 기도보다 인공지능에 잡혀 먹힐 수도 있다는 위험을 느껴야 한다. 내적으로 자기 혁명이 일어나지 않는 이유는 분명하다. 내적 혁명은 인공지능이나 지식으로 불가능하다. 삼위일체 하나님만이 가능하다.

진심이 통하는 관계

세상은 혼자 살아갈 수 없다. 우리는 일상 속에서 수많은 사람을 만나며 관계를 맺고 살아간다. 그중 좋은 친구는 삶의 질을 높여주는 소중한 존재이기도 하다. 하지만 나이가 들수록, 마음을 나눌 수 있는 진짜 친구를 만드는 일이 점점 어려워지는 것도 사실이다. 관계를 유지하고 소통하는데 있어서 말의 기술보다는 진심이 더 중요하다. 진심이 느껴지지 않으면 오해를 부르고 신뢰가 무너진다.

인간관계에서 가장 중요한 것은 진심이다. 진심이 통하는 관계는 점점 깊어지게 되고 서로에게 힘이 되고 시너지가 된다. 말하지 않아도 느껴지는 것이 직감을 넘어 영적인 감각이라면, 만나고 이야기하고 교제를 해도 끝은 아쉬움이 남는다. 말의 내용보다 중요한 것은 진심이다. 진심을 전하는 것은 단순한 솔직함을 의미하지 않는다. 서로의 감정이 왜곡되지 않도록 표현하되 상대방을 신뢰하는 마음이 필요하다. 신뢰하기에 속이지 않고 진솔하게 감정을 포장하지 않아도 자신의 마음을 건강하게 표현한다.

단답형의 말은 진심을 가로막는 장애가 된다. 예를 들어 자신의 감정에 대하여 설명할 줄 아는 사람과 모르는 사람은 "됐어", "몰라", "아니"라는 단답형의 말을 사용하지만 진심으로 상대를 대하는 사람은

“지금은 좀 내 마음이 복잡해서 말하기가 어려워. 마음이 정리되면 말해 줄게”라고 말한다. 상대를 배려하는 훈련이 되면 관계가 더 발전되고 서로에 대한 신뢰가 생긴다.

진심이 담긴 대화는 관계의 방향을 바꾼다. 대화는 대인관계의 수단이지만, 진심이 담긴 대화는 서로에 대한 관계가 깊어진다. 말이 기술이라는 생각을 버려라. 말에는 반드시 진심이 담겨야 한다. 사람의 무게는 문자를 쓰고 어려운 말을 할 때가 아니라, 진심이 곧 그 사람의 힘인 것이다.

진심은 선언이 아니라 증명해야 한다. 우리가 책임을 회피하기 위하여 “진심으로 사과드립니다.”라고 말하면 끝이다. 그러나 진심은 책임을 회피하지 않는다. 사과가 담긴 진심이라면, 책임은 출발이지 끝이 될 수 없다. 진심이라는 말은 감정을 무기로 삼고 말의 책임을 지우는 도구가 된다. 진심이 깊을수록 더 표현해야 한다. 설명 없이 외치는 진심은 감정의 독점일 뿐이다. 그리고 진심은 상대방에게 관심을 갖게 된다.

진심으로 사람을 대하고, 신뢰를 쌓으며, 작은 배려를 실천하는 삶은 분명 좋은 사람들을 당신 곁에 머물게 할 것이다. 지긋지긋한 이기심의 죄의 뿌리를 뽑고 예수님의 진심, 하나님의 진심, 성령님의 진심의 씨를 뿌려 보자. 무의식 속에 깊이 자리 잡고 있는 이기심을 쓸어버리고 날려 버리면, 진심의 싹이 나고 신뢰받는 사람이 된다. 진심은 우리의 말의 힘과 능력을 받쳐주는 꽃받침이다.

책임 있는 관계

"철이 철을 날카롭게 하는 것 같이 사람이 그의 친구의 얼굴을 빛나게 하느니라"(잠 27:17).

철은 플라스틱이나 나무로는 날카롭게 만들 수 없다. 오히려 철은 철로만 날카롭게 된다. 사람이 사람답게 살아가기 위해서는 반드시 나를 참되게 해주는 사람이 필요하다. 사람은 기쁨보다는 고통과 상처를 줄 때도 있지만 그래도 사람은 사람들끼리 어울리며 살아갈 때 참사람으로 다듬어진다. 사람의 인격과 성숙은 조금 불편하고 힘들지만 부딪치면서 더불어 살아갈 때 많은 유익과 자기 성장을 가져다준다.

가족끼리 한집에서 살다 보면 힘들고 어려울 때가 많다. 식구가 많을수록 바람 잘 날 없다. 가족끼리 부딪치면서 싸우다가 혼나기도 하고 양보도 하고 타협도 하면서 공동체 생활을 배워나가게 되고 인격도 성숙하게 된다. 또한, 우리는 교회 공동체에 속해 있다. 교회 다닌다고 다 천사 같지 않다. 누구나 옛사람의 성품이 남아 있어 서로 상처를 주고받기도 한다. 우리는 부대끼고 갈등하며 살아갈 때, 날이 예리해지고 쓸모 있는 도구가 된다.

만약에 철이 사람처럼 신경을 가지고 있다면 서로 마찰할 때 얼마나 아프고 고통스러울까? 그러나 그러한 과정을 통과하지 않으면 날카로운 철은 만들어질 수 없다. 그래서 하나님은 사람을 훈련하실 때 천사나 동물이 아니라 사람을 사용하신다. 사람은 칭찬과 책망을 통해 하나님의 도구로 만들어진다. 삼위일체 하나님의 동역은 우리에게 깊은 교훈을 주고 모델이 된다. 서로의 존재를 높여주고 확실한 역할을 통하여 결과를 만들어 낸다. 한분 한분의 분명한 캐릭터, 쓸모 있도록 준비된 도구, 서로를 빛나게 해주는 서포트 등 어느 것 하나 빠지는 부분이 없다.

육적인 가족보다 신앙 공동체의 구성원들이 더 책임 있는 관계를 이루기가 쉽다. 혈연관계는 한 피 받아 이 땅에 왔지만 살아갈수록 각자의 길로 갈라진다. 영적인 수준이 다르고 이념이 다르며 가치관이 다르기 때문이다. 그러나 영적인 가족은 시간이 흐를수록 함께하는 것이 가능하다. 같은 목적과 목표, 같은 방향 안에서 각자가 훈련하여 서로가 있어 시너지를 내기 때문이다.

책임 있는 관계가 되려면 자신을 먼저 살피는 자가 되어야 한다. 무딘 영을 날카롭게 갈고, 둔한 혼을 지혜롭게 훈련해야 한다. 마음이 무디어지는 것은 각가지 죄 때문이고, 영이 둔해지는 이유는 단순하지 않기 때문이다. 책임 있는 관계는 정직과 겸손과 신뢰를 요구한다. 책임 있는 관계는 더 거룩하게 되어 다른 사람들을 더 잘 섬기는데 목표가 있다. 가장 용감한 사람과 가장 선한 사람은 책임 있는 관계의 사람이며 믿음의 사람은 책임질 줄 아는 사람이다.

거리 좁히기

하나님과 나와의 관계가 눈동자와 눈꺼풀의 관계였으면 좋겠다. 하나님께서 나를 눈동자와 같이 보호하심을 의심하지 않는다. 다만, 눈동자에 티가 들어갔을 때의 나의 반응이 어떠한지 생각해보라.

신앙 안에는 두 종류가 있다. 구원에 만족하고 사는 사람과 구원을 은혜로 받고 관계에 올인하는 사람이다. 아는 것으로 적당히 서로에게 유익을 주는 것으로 만족하는 사람과 더 가까이 관계를 밀착해가는 사람이 있다. 밀접한 만큼 경험되어져 가는 것이 관계인 듯하다. 아는 관계에서 느끼고 경험하는 관계로, 맛을 느끼고 경험하는 것을 넘어 일체가 되기를 소망한다. 이는 성령님과 동거 중이기에 가능하다.

고 김수환 추기경은 "사랑이 머리에서 가슴까지 내려오는데 70년이 걸렸다."고 고백했다. 하나님과 나의 거리는 어떠한가? 나의 신체, 머리의 정수리에서 나의 발끝까지의 거리를 생각해보자. 심장에서 발끝까지 피를 전달할 능력이 부족하다면 육체에 빨간 불이 켜진다. 중심에서 멀거나 머리에서 멀게 되면 한 지체라 해도 건강에 문제를 가져오듯, 나의 머리끝에서부터 발끝까지 성령의 열선을 깔아달라는 기도를 해보면 어떨까? 영적으로 나의 몸이 유기체가 아니던가, 그 어느 부분도 소외되어 외딴섬처럼 되지 않기를 소망한다.

관계에서 문제가 발생하는 것은 상대에게 빈틈을 보이지 않으려는 고체화된 심리 때문이다. 또, 다른 문제는 과거의 인간관계 경험에서 형성된 자신만의 잘못된 신념이 굳어지고 자리 잡고 있기 때문이다. 고정관념과 고착화된 사고가 깨어져야 관계가 발전할 수 있다. 나의 기준이 전부가 아니라는 것을 깨달을 때 발전이 있다. 이런 사람은 내면의 불안과 걱정이 앞서서 마음의 경계선을 먼저 긋는다. 내 생각으로 상대를 판단하는 착각이 자신을 고립시킨다. 과거 경험에 비추어 내가 더 다가가 건강한 모습을 보이고 싶다고 여기는 사람과 틈을 주지도 않고 자신은 그 자리를 고수하면서 상대가 다가와 주지 않는다고 불평을 분노로 쌓아가는 사람이 있다.

자신만의 기준을 정하고 내 관점의 틀 안에서 거리를 두고 바라봄으로써 발생하는 오해는 관계에 아픔을 준다. 물론 인간은 모두 본능적으로 적정한 선(심리적 거리감)을 가지고 있다. 각자의 선을 존중하지 말자는 것이 아니다. 건강한 거리는 필요하다. 그 거리는 그 사람과 하나님과의 거리를 뺀 거리이다. 그 무엇도 하나님보다 가까울 수는 없기 때문이다.

관계가 주는 기쁨과 상처 사이에서

"상심한 자들을 고치시며 그들의 상처를 싸매시는도다" (시 147:3)

감정과 언어 사이의 보이지 않는 벽이 있을 때, 사단은 그 틈을 이용하여 상처라는 프레임을 씌운다. 관계가 깊어져 가는 즘에 우리는 다름, 갈등, 엇갈림을 만난다. 그때 감정의 표현을 언어에 담아내야 한다. 덮어 두거나, 숨기지 말고 정직하고 건강하게 감정을 다루는 훈련이다. 감정과 언어는 매우 중요한 역할, 시너지를 주고받을 수 있는 관계이다. 상처를 정직하게 바라보고 감정을 다루는 방법은 언어의 훈련이다. 감정과 언어 사이에 보이지 않는 벽이 있는가? 그것은 해소되지 않은 감정의 찌꺼기이다. 사람마다 그 벽을 허무는 방법은 다르겠지만, 나는 해소될 때까지 중보를 하고 상대에게 받은 사랑, 은혜를 떠올리는 은혜 연상법을 사용한다.

감정표현불능증이란? 자신의 감정을 인식하거나 말로 표현하는 데 어려움을 겪는 상태를 말한다. 1970년대 정신과 의사 피터 시프네오스가 처음 제안한 개념으로, 당시 그는 자신의 감정을 언어로 옮기지 못하는 사람들을 관찰하며 이 용어를 만들었다. 그는 감정표현불능증을 가진 사람들은 감정을 느끼기는 하지만, 그것을 구체적인 언어로 설명하지 못한다고 강조했다. 즉, 느낌은 존재하지만 '언어화'의 통로가 막혀 있는 것이다. 이런 사람들은 관계에 발전이 없다. 관계에 발전이 없다는 것은자신의 내적 성장에도 한계가 있다는 것이다.

감정표현불능증을 가진 사람들의 특징을 보면 첫째, 감정 인식에 어려움이 있다. 이것은 내적 분리가 안 되고 객관화에 문제가 있기 때문이다. '나는 지금 기분이 이상해' 정도는 말할 수 있지만, 그것이 화, 슬픔, 불안 중 어떤 감정인지 구체적으로 구분하지 못한다.

둘째, 감정 언어가 부족하다. 일상 대화에서 '좋다, 나쁘다' 같은 단순한 표현만 반복하는 경우다. 그리고 분석력이 약하다.

셋째, 신체화 경향이 나타난다. 감정을 표현하지 못해 대신 신체 증상으로 드러나기도 한다. 신체적 반응의 사람은 대단히 위험한 존재의 사람이다. 억울함을 신체로 표현하는 것은 무저항의 분노이다. 이해 부족, 공감 부족, 교만으로 인한 반응이다.넷째, 대인관계에 어려움이 있다. 상대방의 감정을 공감하거나 자신의 속마음을 나누는 데 한계가 있어 친밀한 관계 형성이 어렵다.

상처를 회피하거나 덮어 두거나 숨기지 않으려는 의지는 사건보다 관계가 더 중요하기 때문이다. 그렇다고 관계의 질을 높이기 위하여 무조건 덮어 두거나 회피하는 것은 아니라는 것이다. 사건은 정직하게 바라보고, 감정은 건강하게 다루는 훈련은 감정을 솔직하게 언어에 담는 것이 필요하다. 진정한 관계를 지키는 힘은 무조건적으로 참는 것이 아니라, 이해와 솔직함이다. 단단한 관계를 형성하는 일등공신은 너와 나의 존재의 의미와 감정과 언어의 사용 능력(기술)이다. 언어는 단순히 감정을 담는 그릇이 아니라, 자신의 존재를 담는 그릇이다.

누구를 위하여 종을 울리는가?

"병든 자를 고치며 죽은 자를 살리며 나병환자를 깨끗하게 하며
귀신을 쫓아내되 너희가 거저 받았으니 거저 주라" (마 10:8)

세상의 공급망은 소유에 집중한다. 세상의 경제는 축적 중심이다. 더 모으고, 더 저장하고, 더 확보하려 한다. 그 결과는 불안과 경쟁이다. 이것이 어디 세상뿐인가? 교회 시스템에서도 세상의 방법으로 부흥을 외친다. 그러나 하나님 나라의 공급은 '흘러감'에 있다. 하나님은 우리에게 당신의 시스템을 통하여 공급하신다. 변하지 않는 말씀으로, 기도를 통하여 일하시고, 사람을 통하여 흘러가게 하신다. 그 공급은 멈추지 않고 흘러가야 하고 순환되어야 한다. 멈춘 것은 썩지만, 흐르는 것은 살린다.

은혜의 공급망에 연결된 사람은 책임을 느낀다. 이 사람은 받을 줄 알고, 계산 없이 흘려보낼 줄 알며, 중요한 것은 다시 채움 받는 법을 아는 사람이다. 주고 채우는 법을 아는 사람이 바로, 영적인 공급망을 가지고 있는 사람의 흐름이다. 이런 사람은 위기 속에서도 반드시 살아남는 지혜가 있다. 영적인 위기 속에서도 마르지 않는 통로가 있기 때문이다.

지금은 영적인 위기 시대이다. 왜냐하면, 전산화 되어져 가면서 영적인 공급망, 정상적 시스템이 붕괴되고 있기 때문이다. 영적인 공급망

은 관계에 있다. 엘리야 시대의 사르밧 과부는 마지막 밀가루와 기름을 드렸다. 그리고 하나님은 그 통을 비우지 않게 하셨다. 이 과부의 영적인 공급망은 관계였다. 이기심이 아닌, 섬김이었다. 가뭄으로 인한 죽음 앞에서도 아들의 목숨보다 선지자의 목숨에 우선순위를 두는 이 사르밧 과부는 가정을 살리고 자식을 살리는 영적인 존재의 사람으로 성경에 이름을 올린다. 나는 어떤 시스템에 연결되어 있는가? 당신은 불안한 세상의 공급망에 연결되어 있나? 아니면, 신실한 하나님의 공급 시스템에 기대고 있나? 하나님의 공급망은 은혜의 선순환이지만 세상의 공급망은 이기심에 근원을 두기 때문에 곧 끊기고 영적인 흉년을 맞게 될 것이다.

어니스트 헤밍웨이의 질문을 스스로에게 해보자. 「누구를 위하여 종은 울리나」는 단순히 전쟁의 비극을 묘사한 소설이 아니다. "어느 사람의 죽음도 나와 무관하지 않다. 누구를 위해 종이 울리나? 그 종은 바로 나와 너를 위해 울린다." 이 구절은 인간은 서로 연결된 존재이며, 타인의 고통과 죽음을 외면해서는 안 된다는 메시지를 담고 있다. 너의 일이 나의 일이 될 때, 나의 일이 너의 일이 되기도 한다. 이것이 바로 은혜의 순환이다.

영적인 레벨은 생존의 자리가 아닌 타인을 위한 자리 곧 하나님의 은혜에 대한 보은의 자리에서 나눠진다. 많은 사람들의 내적 갈등은 이기심인가, 이타적인가의 갈등이다. 하지만 은혜의 근원을 둔 사람은 은혜의 선순환으로 힘들지 않게 흘러간다. 이러한 사람을 통하여 하나님은 세상에 영향력을 가지는 주인공으로 세우신다.

나에게 친구란?

"사람이 친구를 위하여 자기 목숨을 버리면 이보다 더 큰 사랑이 없나니
너희는 내가 명하는 대로 행하면 곧 나의 친구라" (요 15:13-14)

나에게 친구는 또래, 같은 동질성을 지니고 있는 사람이라기보다는 신앙적 개념이 더 크다. 나에게 친구는 하나면 족하다는 생각을 가지고, 늘 다윗과 요나단의 관계와 같은 그런 친구를 달라고 기도했다. 그런데 그런 관계의 친구를 찾기가 힘들었다. 찾았다 싶으면 신앙관이든 인생의 가치관이든 서로가 안 맞았다. 나의 장기라도, 나의 눈이라도 아낌없이 줄 수 있는 친구를 만나고 싶었다.

그러던 어느 날, 주님이 이미 너에게 그런 친구를 주었다 하시는데, 바로 나의 남편이라 하셨다. 그리시면서 너는 네가 꼭 다윗이 되어야 한다고 생각하냐 물으시면서 네가 요나단이 되어주라 하셨고, 더 이상 다윗과 요나단을 찾지 않아도 되었다.

그런데 요즘, 나의 친구관은 달라졌다. 나를 필요로 하는 사람, 내가 도움을 주길 바라는 사람, 나의 존재가 그에게 빛과 거름이 되는 사람이라면 우리는 서로 친구이다. 그러기에 우리 손주하고도 베스트 프렌드가 될 수 있고, 잠깐 만난 사람이지만 마음이 통하면 친구라 여긴다. 무엇보다 우리 영적인 자녀들이 나에게 가장 소망을 주는 친구이다.

요즘은 나의 깊은 마음에서 요동치는 프렌드십이 있다. 가깝게 자주

만나지는 않지만 오랫동안 친구로 함께했던 사모님이다. 육체의 고통으로 힘들어 하는 이 시간을 어떻게 동행해 줄 수 있을까 고민하며 내가 생각하는 것보다 사모님을 참 많이 사랑하는 것을 깨닫게 되었다.

"주님! 친구를 위하여 목숨을 버리는 것보다 더 귀한 삶이 있을까요?"

"사람이 친구를 위하여 자기 목숨을 버리면 이보다 더 큰 사랑이 없나니 너희는 내가 명하는 대로 행하면 곧 나의 친구라" (요 15:13-14) 예수님이 그러셨듯이 친구를 위하여 희생하는 사랑, 그것이야말로 위대한 우정이요, 사랑이다. 예수님은 우리의 친구가 아니시던가? 친구를 위하여 기꺼이 십자가의 길을 가신 주님처럼 어떻게 하면 그 뒤를 따를 수 있을까? 답은 성령님께 실려 가는 길뿐이다. 예수님으로부터 받은 사랑을 어떻게 표현하고 살 수 있을까? 향기 없는 꽃이 아닌, 곤충과 공생하는 향기 나는 꽃이 되어 이 땅의 번성과 번식, 그리고 아름다운 세상에 이바지하는 크리스천이 될 수 있다면 얼마나 좋을까? 사랑은 용기이고, 사랑은 나를 버림이다.

사랑하는 나의 친구들이여! 향기 나는 인생으로 예수 안에서 누군가와 공존하는 삶을 통하여 다스리고 충만하라는 이 진리의 역설을 이행하는 영성의 길을 갑시다.

관계의 윤활유

누군가로 인해 내 마음이 많이 아팠다면, 그것은 내 마음의 사랑의 부재 때문이다. 누군가로 인해 내 마음이 힘들었다면, 갈팡질팡하는 생각을 정리하지 못했기 때문이다. 누군가로 인해 내 감정이 요동쳤다면 그것은 목적의식을 잃었기 때문이다. 관계 속에서 힘듦은 사랑의 윤활유가 부족하기 때문이다. 그리고 사랑의 윤활유가 적음은 목표 의식이 약해서이다. 생명을 품었다면, 그 생명의 상태가 아직 미숙아라면 더 품어야 한다. 미숙한 생명을 성숙할 때까지 품어 내려면, 고통이 따르고, 희생이 따른다. 그러나 사랑의 윤활유가 충분하면, 그 고통이나 희생은 행복을 가져다준다. 사랑이 풍성하면, 그보다 더한 염려가 있어도 사랑 때문에 견딜 수 있고, 더 사랑할 수 있는 것을 찾게 된다. 사랑의 윤활유가 적으니 관계 가운데 삐걱거리고, 그 관계를 이어가는 것이 힘든 것이다.

관계 속에 생명이 있는가? 관계 속에 사랑이 있는가? 관계 속에 희생할 가치가 있는가? 관계 속에 감사가 있는가? 관계 속에 서로가 있어 행복한가? 세상의 모든 사람들과 다 잘 지낼 수는 없다. 관계 가운데서도 내 기준이 아닌 하나님의 기준으로 분별과 구분이 필요하다. 그리고 관계를 이어가기 위해서는 사랑의 윤활유가 필요하다. 관계눈 머리가 아닌 머리와 마음이 각자 역할을 건강하게 해줄 때, 상승효과를 준다.

관계에 필요한 도구들이 많다. 그중에 중요한 것은 '말'이다. 언어는 서로의 관계를 이어주는 중요한 역할을 한다. 그런데 사람이 사용하는 언어와 마음이 사용하는 언어가 다르다. 이성은 논리적 언어를 사용하지만, 마음은 은유적 언어를 사용하기 때문에 머리로는 이해했는데도 마음은 반대로 갈 수 있다. '내가 왜 이러는지 나도 모르겠어'라고 말하는 사람이 있는데, 바로 자기 멘탈을 통제할 수 없다는 의미이다. 심리적 통제권을 갖지 못한 사람은 특정 상황만 되면 평정심을 잃고 멘탈이 흔들린다. 심리적 통제권을 가지려면 자신이 어떤 상황에서 반복적으로 과잉 반응을 하는지 파악해야 한다. 무의식을 의식화하지 않으면 무의식이 우리 삶의 방향을 결정하게 되는데 혼란을 준다. 진정한 변화를 위해서는 나의 생각과 감정의 원천인 무의식이라는 심층지대까지 내려가서 그 두려움을 대면할 수 있어야 한다.

나의 마음의 통증은 어디로부터인가? 행복에 대한 더 좋은 정의는 의미 있고 가치 있는 삶을 사는 것이라면, 사명자로 사는 자의 선택은 나 중심도 너 중심도 아닌, 하나님의 관점에서 보고 판단하는 것이다. 이러한 정의를 지닌 사람은 불안이나 마음의 힘듦 같은 마음의 통증이 삶을 더 의미 있게 만들어 준다. 아름답게 매듭짓는 훈련은 관계를 더 돈독하게 해준다. 성공하는 비결은 자기중심적인 관계를 맺지 않는 것이다. 관계의 윤활유는 유연성, 존중, 긍정적 사고, 회복 탄력성, 인내에 있지만 무엇보다 중요한 것은 '사랑'이다.

진심과 진실이 만날 때…

성공은 하나님과 사람에게 진심을 다한 결과로 찾아온 열매이다. 행복은 자신에게 진심을 다하고, 타인에게 진심을 다할 때 찾아오는 선물이다. 진심이 성공의 핵심이고, 진심이 행복의 꽃이다. 나의 삶을 사랑한다는 것이 무엇일까? 매 순간 나 자신과 하나님, 그리고 타인에게 진심을 다하는 것이다.

진심은 표면적 행동 이전에 마음 깊은 곳에서, 가장 깊은 그곳에서 우러나오는 진정성이며 그것을 우리는 사랑이라 말한다. 거짓 없는 사랑 말이다. 진심과 진실의 만남을 훼방하는 것이 있다. 그것은 '가식'이다. 가식은 자신을 속이고, 하나님을 속이고, 나아가서는 자기의 마음을 방치하고 타락시키는 일이다. 가식과 형식은 기계적이고, 고장 난 관계의 무기이다. 언제 폭발되고 파괴될지 모르는 고장 난 기계 말이다. 진심과 거짓 사이의 '가식'과 '형식'을 제거해야 한다. 하나님은 우리의 중심을 보신다.

진심의 특징이 있다. 그가 가지고 있는 특징은 거짓과 손을 잡지 않는다. 정직과 투명함을 바탕으로 아름다운 성을 만들어 간다. 진심은 단순한 표면적 반응을 넘어서 내면 깊숙한 곳에서 우러나오는 생수와 같다. 그곳에서 흘러나오는 감정을 우리는 순수라고 부른다. 진심은 일관된 행동을 한다. 상황이 변해도 자신의 원칙과 가치, 태도에 변화가 없다. 다시 말하면, 말과 행동의 일치를 보여준다. 그런데 더 매력적인 것은 대가나 보상보다는 사랑을 소중히 여긴다. 진심은 공감 능력이 뛰어나고, 이해력이 뛰어나다. 반면, 수용력은 수준급이 된다. 무조건적인 수용이 아닌, 분별력 속에서의 수용력은 다 받아들이는 것 같지만 분리수거가 잘 되는 기능을 발휘한다. 무엇보다 진심을 갖고 있는 사람의 특징은 자기 자신을 진짜 사랑한다.

내 중심의 자리에 작은 빛, 진심의 심지에 예수님의 빛을 붙이자. 위험 속에서도 이 빛 하나면 된다. 이 진심의 심지에 붙은 예수님의 빛은 나를 나 되게 할 뿐만이 아니라, 나의 색깔을 분명하고 선명하게 할 것이다. 삶의 끝자락에서도 진심의 불꽃만이 나를 비추어 주길 기대한다. 하나님과 나의 관계가 내가 무엇을 대단하게 해야 하는 것이 아니라 나를 사랑하시기 위하여 독생자 아들, 자신을 기꺼이 주셨다는 그 진심을 믿기만 하면 된다. 하나님의 진심을 믿는 그것이 하나님을 향한 깊은 신뢰이다.

진심과 진실이 만날 때 온전한 자, 아무 흠도 없는 자가 된다. 물론 나의 무흠이 아니라 예수님의 사랑이 나를 온전한 자로 만든다. 하나님과 나의 관계가 내가 무엇을 대단하게 해야 하는 것이 아니라 나를 사랑하시기 위하여 자신을 기꺼이 주셨다는 그 진심을 믿는 것이다.

친밀함의 열쇠는 집중력이다

"여호와께서 너희를 위하여 싸우시리니 너희는 가만히 있을지니라" (출 14:14)

산만한 세상, 혼란스러운 세상에서 나는 지금 무엇을 보고, 무엇을 향하여 집중하고 있는가? 이 세상은 하나님께서 질서대로 생명을 담아 창조하셨건만, 죄로 인해 이렇게 혼란하고 무질서한 세상이 되었다. 같은 세상에서 다른 시각으로 보고 산다는 것이 영성의 길이다. 하나님과의 친밀함과 창조하신 창조 세계와의 친밀함을 회복하는 것이 이 땅에서의 행복이다.

친밀함의 열쇠는 집중력이다. 집중력은 무엇을 집중할지, 무엇을 무시할지를 결정하는 개인의 능력을 가리킨다. 이것을 선택적 주의라고도 하며 내적 집중력이라고도 하는데, 이는 의식 전환이 훈련된 사람에게 우선권이 주어진다. 그러할 때 실행주의로의 결실이 맺어진다.

영적으로 깊어지지 못하는 이유는 집중력이 부족하기 때문이다. 이런 사람은 '영적 ADHD'라고 말한다. 이런 사람의 혼적인 연약함은 쉽게 우울감을 느낀다. 그리고 불안과 감정 처리가 미숙하다. 영적인 특징으로는 자신의 마음 챙기는 일이 참 쉽지 않다. 통제가 잘 안되다 보니 늘 마음 챙기는 것을 놓치고 감정적으로 저지르고 후회하는 스타일이 된다.

영적인 집중력은 영성의 열쇠이다. 하나님은 우리를 위하여 대신 싸워주시고 우리에게는 가만히 있으라고 말씀하신다. '가만히 있으라'는 말은 아무것도 하지 말고 '멍 때리고 있으라'는 뜻이 아니다. '가만히' 있으면서 생각하는 것, 곧 집중의 시간을 가지라는 뜻이다. 주님의 음성을 듣는 시간, 주님과 1:1로 대화하는 시간이 바로 묵상의 시간이다. 우리는 멈춤의 시간을 통해 하나님께 집중하는 것을 배우고 연습해야 한다.

멍 때리지 마라! 그것은 나의 생각의 멈춤이다. 그러나 집중은 한 곳을 향한 깊은 묵상이다. 멍 때림의 반대는 묵상이다. 이미 우리는 한꺼번에 여러 일을 하는 데 익숙할 수 있다. TV를 시청하면서 저녁을 먹고, 전화하면서 요리를 하고, 가족들과 외식하면서도 휴대폰으로는 친구들과 메시지를 주고받고, SNS를 하면서 게임을 하기도 한다. 컴퓨터 모니터에 여러 개의 창을 열어놓고 작업하듯이 삶에서도 여러 개의 창을 열어놓고 정신없이 바쁘게 살아간다. 물론 그중에 하나님을 위한 창도 몇 개 정도 열려 있다. 그러나 그런 패턴은 친밀함과 집중도는 그렇게 강하지 않다. 친밀함과 집중력, 몰입을 원한다면 불편해도 멈추고 다른 창들을 닫아야 한다. 성령의 사인을 받기 위하여 절대적인 필요 요건이 집중이다. 멍 때림은 멈춤이 아니다. '멈춤'은 친밀함을 위한 거룩한 선택이자 담대한 선택이다. 영적 친밀로의 승화를 위하여 무엇에 집중할 것인지, 무엇을 포기할 것인지를 결정하는 것은 그 사람의 능력이다. 집중력은 선택적 능력이고, 내적인 질서이며 의식적 전환이고, 실행적 결과이다.

서로를 빛나게 해주는 관계

인생을 살아가면서 너무도 많은 사람들과 만나고 헤어지고를 반복한다. 그중에 가장 중요한 만남, 그리고 필요한 만남, 반드시 있어야 하는 만남은 '서로를 빛나게 하는 관계'이다. 심리학자들은 3명의 사람만 있으면 그 사람이 살아가는데 어려움이 없는 관계를 형성한다고 말한다. 첫째, 가치관이 같은 사람, 둘째, 목표와 방향이 같은 사람, 셋째, 갈등을 풀어가는 방법이 같은 사람이라 말한다.

진정한 관계란, 외부적인 문제에도 흔들리지 않는 관계이다. 단순히 오래되었다고, 혈육이라고, 한쪽만 잘한다고 좋은 관계일 수는 없다. 가치관만 같다면, 서로에 대하여 배려하는 것은 그다지 어렵지 않다. 그러나 가치관이 다르면 배려가 있다 해도 깊은 관계를 맺기 어렵고, 외부적인 문제가 생기면 극복하기가 어려울 수 있다. 이것을 관계에서 '가치관 정렬 효과'라 한다. 부부관계, 부모와 자식 관계, 그리고 동역자(멘토와 멘티) 관계에서 가장 중요한 것이 가치관이 맞아야 한다. 생각과 마음, 가치관이 일치된다면 그 관계는 퍼펙트한 관계이고, 하나님의 선물이다.

목표와 방향이 같은 사람과는 감정교류가 잘된다. 이것을 심리학에서는 '감정 공명'이라 한다. 감정 공감은 정말 관계를 친밀하게 가깝게 그리고 하나 되게 해주는 접착제이다. 상대가 힘든 일이 있을 때, 공감 해주고, 진심 어린 위로가 되어주는 것은 무엇을 하지 않아도 옆에만 있는 것으로 힘이 된다. 기쁜 일이 있을 때, 가장 먼저 생각나고, 기쁜 일이 있을 때, 내 일처럼 기뻐해 주는 관계 말이다. 어떤 관계이든지, 갈등은 있다. 그럴 때 그 갈등을 바라보고 풀어가는 지혜가 있어야 한다.

서로의 내면에 끌리는 관계는 서로를 빛나게 해준다. 성숙한 내면은 관계를 지속하는 힘이다. 좋은 관계를 위해서는 나와 상대 둘 다 성숙한 내면을 가지고 있어야 한다. 나 중심으로 관계를 맺는 것은 아주 미숙한 관계이다. 그렇다고 상대만을 위하여 존재하는 것도 성숙하다고 볼 수 없다. 함께 성장하고, 함께 성숙하고, 함께 성화되어져 가는 관계가 가장 바람직한 관계이다. 관계는 서로가 노력하고 훈련하며 만들어 가는 것이다. 서로의 관심사, 생각, 가치관, 더 발전적인 관계를 위해 노력하는 마음이 일치될 때, 생명을 나누는 관계로 발전되고 서로가 있어 서로를 빛나게 하는 관계가 된다.

좋은 관계는 서로에게 부담이 아니라 서로를 돋보이게 하는 성장 효과를 준다. 서로를 배려해주는 만큼 존중감이 생긴다. 나를 위한 너가 아니라, 너를 위한 나가 아니라, 우리를 위한 너와 내가 되어야 한다. 하나님의 일을 위한 너와 나, 서로를 빛나게 해주는 너와 나, 하나님께 영광이 되는 너와 나이어야 관계에 의존이 아닌 에너지가 되고, 서로의 삶을 풍요롭게 해주는 은혜의 선물이 될 것이다.

영웅 심리의 근본

"내가 너로 여자와 원수가 되게 하고 네 후손도 여자의 후손과 원수가 되게 하리니 여자의
후손은 네 머리를 상하게 할 것이요 너는 그의 발꿈치를 상하게 할 것이니라" (창 3:15)

인간의 연약함은 하나님처럼 되고자 하는 욕망으로부터 시작되었다. 피조물과 창조주의 질서가 시작된 에덴동산의 한복판에는 두 나무가 있었다. 선악 나무와 생명나무, 이 두 나무는 단순한 식물적 상징이 아니라 하나님의 언약적 질서를 드러내는 영적 좌표였다. 하나님은 아담에게 "선악과를 먹지 말라"고 명령하심으로, 인간이 창조주 아래에 있어야 할 피조물임을 기억하게 하셨다. 그것은 경계였고, 질서였으며 동시에 사랑이었다. 이 사랑의 논리를 이해하지 못하고 깨닫지 못하는 것이 죄의 근본이다. 죄의 근간이 된 사랑의 왜곡은 인간의 내면에 흐르는 추악한 무질서를 만든다. 상처로, 왜곡으로, 오해와 시기, 질투 등 각가지 결핍으로 말이다.

그런데 지금도 뱀의 간교한 유혹 앞에서 인간은 자신을 '하나님과 같이' 되려는 욕망에 넘겨준다. 선악과를 따먹은 아담과 하와는 단지 하나의 명령을 어긴 것이 아니다. 창조주에 대한 순종의 끈을 끊어 버린 것이다. 관계를 파괴한 것이다. 이 사건은 행위 언약의 파기를 의미한다. 하지만 우리는 여기서 중요한 진리를 볼 수 있어야 한다. 아담이 선악과를 따먹은 것을 단순한 실수로 보는 것이 아니라, 더 큰 하나님

의 사랑이 숨겨져 있음을 보아야 한다. 그런데 그 사랑이 너무 크다 보니 보일 듯, 잡힐 듯, 알 듯 모를 듯하다는 것이다. 하나님의 사랑을 안다 해도 다 아는 것이 아니라 미지의 세계로 이어진다. 하나님의 사랑의 깊이와 넓이, 그리고 높이를 인간이 어찌 다 알겠는가?

인간을 창조하시고 자유 의지를 주시기 위하여 모험을 감행하셨음을 깨닫게 하신다. 자유 의지를 잘못 사용하였을 때를 대비하여, 예수 그리스도를 준비하심은 하나님 자신에 대한 모험적 희생이었다. 누군가를 사랑하는 데는 모험이 필요하다. 사랑이라 해서 안전장치가 되는 것은 아니다. 사랑의 크기만큼 모험의 모험을 감행해야 하는 사랑이 하나님의 사랑이다. 우리가 자유 의지를 인간에 대한 존중으로 깨닫고 끝까지 선악과를 범하지 않았다면 아마도 인간은 거룩한 피조물로서 하나님의 파트너로 사랑의 관계를 유지했을 것이다. 하나님은 거룩하시기에 거룩한 인간과 관계의 대상으로 여기셨으리라.

"내가 거룩하니 너희도 거룩하라." 이것이 창조의 목적이셨음을 깨닫는다. 예수님은 자신을 인자로 표현하신다. 하나님이 사람으로 오셨다는 것이다. 에덴동산의 아담과 하와, 그리고 두 번째 아담(사람)으로 오신 예수님도 사단에게 유혹을 받으신다. 그러나 첫째 아담과 달리 유혹을 말씀으로 물리치심으로 하나님의 파트너로 뜻을 이루는 유일무이한 동역자가 되신다. 그리하여 그의 이름은 길이고 진리이고 생명이 되었다.

두 언약이 만나는 지점, 십자가

선악과가 단순히 하나님의 언약 안에서 예정된 드라마의 일부였다고
정리한다면 우리는 하나님의 진심을 곡해할 수밖에 없다. 행위 언약은
애초부터 인간이 지켜낼 수 없는 언약이었을까? 아니다. 지키고자 하
고, 순종하고자 하는 사람에게는 능력과 지혜를 얼마든지 허락하셨을
것이다. 지금도 마찬가지이다. 우리가 하나님의 파트너가 되려면 거룩
한 삶을 살아야 한다. 우리의 거룩은 죄와의 분리이며 세상과 구별이
다. 어떤 학자는 "선악과, 그것은 인간의 연약함과 한계를 폭로하기 위
한 무대였습니다."라는 망언을 하기도 한다. 그러나 그런 망언에 속지
마라.

하나님은 선악과를 따먹은 아담과 하와에게 저주를 선포하시지만,
동시에 가장 놀라운 복음의 씨앗을 심으신다. "여자의 후손"이라는 약
속이다. 뱀의 머리를 상하게 할 자, 곧 죄와 죽음, 마귀의 권세를 꺾을
자가 올 것을 예고하신 것이다. 이는 은혜 언약의 시작이자 복음의 원
형이라 할 수 있다. 선악과 사건은 죄의 시작이지만, 동시에 은혜의 계
시가 시작된 지점이다. 하나님은 저주 속에 사랑과 복을 감추시고, 죽
음 속에 생명을 준비하셨다. 아담과 하와의 부끄러움을 가리기 위해

하나님께서 가죽옷을 지어 입히셨다는 사실은 그저 따뜻한 배려가 아니라 가슴 먹먹한 사랑이다. 이는 희생과 피 흘림 없이는 인간의 수치를 가릴 수 없음을, 즉 십자가의 그림자를 보여준 상징적 사랑의 행위였다.

행위 언약과 은혜 언약, 두 언약이 만나는 지점은 십자가이다. 행위 언약은 인간에게 명령한다. "이것을 하지 말라. 이렇게 하면 살 것이다." 그러나 인간은 여전히 선악과에 관심이 가고, 선악과를 따 먹고, 생명과 죽음 앞에서 시소를 타고 있다. 그러나 하나님은 지금도 죽음에서 생명으로 온전히 옮겨지기를 기다리신다. 그러기에 그 죽음의 지점에서 하나님은 성령님을 통하여 다시 일하신다. 하나님은 죄로 인해 죽어야 할 아담에게, 오히려 여자의 후손을 통한 회복을 약속하심을 이행하시고 계신 것이다. 이는 전적으로 인간의 행위와는 무관한 하나님의 일방적인 은혜 언약이다. 그리고 이 두 언약은 십자가에서 극적으로 만난다. 십자가는 행위 언약 아래에서 죽어야 할 죄인인 우리를 대신하여 예수께서 죽으신 장소이며, 동시에 은혜 언약에 따라 새로운 생명이 시작되는 장소이다.

선악과나무와 생명나무는 단지 에덴동산의 식물이 아니었다. 선악과나무는 율법을, 생명나무는 복음을 상징한다. 예수님은 선악과를 따먹은 자들을 위해 생명나무로 오셨고, 자신이 찢기심으로 그 생명을 우리에게 먹이셨다. 창세기에서 요한계시록까지, 성경은 십자가로 이어지는 언약의 여정이다.

영웅이 아닌 인간이 되라

창세기 3장의 비극은 성경 전체에 잔잔히 흐르는 거대한 은혜의 강 줄기의 시작이었다. 노아의 홍수 속에서도, 아브라함의 언약 속에서도, 모세의 율법과 출애굽의 사건들 속에서도 우리는 언제나 이 두 언약이 교차하며 흐르고 있음을 본다. 노아의 무지개 언약은 인간의 악함에도 불구하고, 다시는 저주로 온 세상을 멸하지 않겠다는 하나님의 은혜 언약이 아니던가? 아브라함의 할례 언약은 인간의 생식력, 곧 생명을 잘라내며, "너의 힘으로는 불가능하다. 내가 너를 새 생명으로 태어나게 하겠다."는 은혜의 상징이다. 출애굽 사건의 유월절 어린양, 홍해를 건너는 세례의 사건, 모두 죄인이 죽어야 할 자리를 대신하신 그리스도의 십자가 사건의 예표이다.

그리고 이 모든 이야기의 완성은 요한계시록에서 드러난다. 생명나무가 다시 등장하고, 그것의 열매를 먹는 자들은 영원히 산다고 말한다. 다시 말해, 선악과로 시작된 인류의 역사는 생명나무로 끝난다.

오늘 '나'라는 존재는 과연 어떤 언약 아래에 서 있는가? 나는 선악과를 따먹은 아담의 자손이다. 율법을 지킬 수 없는 자, 하나님의 말씀 앞에 무너져야 할 죄인이다. 그러나 동시에 나는 여자의 후손이신 예수 그리스도 안에서 생명나무의 열매를 먹은 자이기도 하다. 하나님의 형상대로 창조된 나이지만 욕망에 눈이 어두워 하나님처럼 되고자 하는 영웅적 심리가 죄인으로 만들었지만 다시 예수 생명, 구속의 은혜로 다시 생명나무로 존재하게 되었다.

나는 실패할 수밖에 없지만, 주님은 실패를 넘어서는 은혜를 베푸시는 분이다. 나는 피조물로서 한계를 지닌 자이지만, 그 한계 속에서 주님의 은혜는 더 깊이 작동한다. 십자가는 나의 끝이자 시작이다. 죽음이지만 동시에 생명이다. 절망의 장소이자 은혜의 무한한 샘터이다. 십자가에서 흘리신 예수님의 보혈의 피는 우리에게 은혜의 샘터가 되었다. 하나님의 이 사랑을 어떻게 증명해 낼 것인가? 거룩한 파트너로 사랑의 열매로 증명해야 한다.

인간은 제한된 육신 안에 무한한 욕망을 품은 존재이다. 그러나 예수 생명이 들어가면 욕망을 무너트리고 영원한 생명이 자라게 된다. 하늘의 생명을 소유한 자에게, 내게 능력 주시는 자 안에서 모든 것을 할 수 있는 에너지가 공급된다. 모든 사람은 자신이 마지막에 읽어야 할 한 권의 책이다. 거룩으로 관계적 사랑의 스토리로 인생의 책을 써보자. 영웅이 아닌 인간이 되는 것이 가장 성공한 사람이다. 영웅이 되고자 하는 자는 욕망의 사람이다. 그러나 인간이 되고자 하는 자는 창조의 나를 만나게 될 것이다. 선악과를 선택한 욕망은 지금도 죄의 근원이 되어 스스로가 영웅이 되고자 한다. 모든 유혹을 이기면 우리는 인자이신 예수님처럼 창조의 사람이 된다. 사람다운 사람….

Part 6

영적 건강 검진

영적 건강 검진

몸이 아프면 우리는 병원을 찾아가 건강 검진을 받는다. 검진을 받게 되면 진단받은 대로 회복을 위해 치료에 매진한다. 육체의 건강 검진만큼 중요한 것은 영혼의 건강 검진이다. 영혼의 건강 검진은 우리의 구원과 영원한 생명과 연결되어 있기에 결코 소홀히 할 수 없다. 우리는 일상에서 일어나는 현상을 통해 자신의 내면을 짚어볼 수 있어야 한다. 다른 누군가가 점검하는 것이 아니라 스스로 자신을 돌아볼 수 있어야 한다.

바울은 고린도 교인들을 향하여 너희가 믿음 안에 있는지 스스로 시험하고 너희 자신을 확증하라고 당부한다. 우리가 점검해야 할 사항은 바로 우리가 "믿음 안에 있는가?"이다. 이 명령의 시제는 현재형 동사로 우리가 계속해서 반복적으로 점검하고 확증해야 함을 강조하는 표현이다. 우리의 참된 믿음은 영원한 구원을 보장한다. 하지만 우리가 그 참된 믿음 안에 있는지의 여부는 언제나 시험과 확증의 대상이 되어야 한다. 다섯 가지 질문을 통해 내가 믿음 안에 있는지 점검해 보자.

첫째, 나는 우선순위가 제대로 서 있는가? 믿음 안에 있는 자는 어느 장소에 있든, 무엇을 하든 하나님의 자녀로서 정체성을 분명히 하며 우선순위에 있어서 하나님보다 앞서는 것이 없으며 자신이 하나님의 사람임을 증명한다.

둘째, 나는 악을 멀리하고 있는가? 믿음 안에 있는 자들은 환경의 분위기나 내면에 솟아오르는 것들 중에 악과 선, 죄와 의를 분리수거하는 작업을 게을리하지 않는다. 어쩌면 우리는 아주 사소한 죄는 죄로 여기지 않을지도 모른다. 이에 대해 히브리 기자는 "죄와 싸우되 피 흘리기까지 싸우라."고 강력하게 권면한다. 우리는 절대로 죄와 친해지고 익숙해져서는 안 된다.

셋째, 나는 작은 것을 포기하고 큰 것을 기대하고 있는가? 일상에서 큰 그림을 가지고 사는 사람은 일상에서 끊임없이 작은 것에 목숨 걸지 않고 양보한다.

넷째, 나는 선한 일을 적극적으로 행하고 있는가? 믿음 안에 있는 사람은 선을 적극적으로 실천하는 사람이다. 좋은 것을 알면서 망설이다가 선한 것을 놓치는 사람이 있다. 처음 주신 생각은 하나님께서 주신 생각이지만 한 번 더 생각할 때 내 생각이 들어오고, 그 순간 사단이 선한 생각을 가로챈다. 그렇게 되면 믿음은 모든 삶의 우선순위에서 밀려나게 된다.

다섯째, 나는 입술의 말을 조심하고 있는가? 입술의 말로 다른 사람을 세우는 자가 자신의 성장과 성숙을 보게 될 것이다. 쉽게 할 수 있는 험담이나 가벼운 말 대신 생명의 언어를 사용하는 사람이 복된 사람이다.

이제 스스로 나 자신의 영적 건강을 검진해 보자! 나는 믿음 안에 있는가?

선택적 순종은 불순종이다

이 시대가 싸워야 할 영은 무엇일까? 바로 온전한 순종을 위한 선택적 순종과 싸워야 한다. 하나님께서 기뻐하시는 것은 형식보다 순종임에도 불구하고 많은 사람들이 선택적 순종을 한다. 그러나 하나님께서는 선택적 순종을 불순종으로 규정하신다. 믿음의 결정체는 순종이고, 믿음의 능력도 순종이다. 좋은 열매를 얻을 수 있는 비결도 순종이다.

하나님은 사울에게 아말렉과의 전쟁에서 모든 것을 진멸하라는 분명한 명령을 주셨다. 그러나 사울은 가장 좋은 것들을 남긴다. 이것은 자신의 생각과 판단을 하나님의 명령 위에 둔 '선택적 순종'이었다. 그리고 이 사건에 대해 사무엘 선지자가 책망하자 하나님께 제사드리기 위해 좋은 것을 남겼다고 변명한다. 심지어 승리를 기념하며 자기를 위하여 기념비까지 세운다. 이에 대해 사무엘은 '순종이 제사보다 낫다'고 외친다.

나의 삶에도 '그러나 이것만은, 아직 조금만 더' 하며 남겨 둔 불순종의 영역은 없는가? 불순종의 영역을 찾아 철저히 굴복시켜야 한다. 왜냐하면 순종을 불의 역사로 보시는 하나님의 마음을 느끼기 때문이다. 나의 편리와 유익을 따라 말씀을 골라 듣는 선택적 순종이 아닌 하나님의 모든 말씀 앞에 '아멘'으로 나아가는 온전한 순종의 삶을 살아내는 고도의 훈련이 필요하다.

아직도 애굽의 시절을 그리워하는 이스라엘 백성들처럼 죄의 습성에 길들인 작은 습성까지도 골라내지 않으면 그것이 순종을 방해하는 불순종의 근거가 된다. '이렇게까지 해야 하나? 네 생각은 없어? 차차 해도 돼.' 그런 유혹은 아직 내 안에 죄의 근성이 남아 있음을 보는 사단의 계략이다. 우리가 주의 말씀에 절대적으로 순종하려면 피 흘리기까지 죄와 싸워야 하고, 죄에 대해서는 항상 육체의 본능을 죽여야 한다. 적극적인 방법으로 육체의 기득권을 포기하고, 영적인 힘을 실어주는 것이 순종이다. 선택적 순종은 내가 하는 것이지만 절대적 순종은 성령의 도움이 필요하다. 육적인 자아가 권리를 완전히 포기하면 나의 영적인 자아는 온전한 순종의 삶을 살 수가 있다.

우리가 순종하는 만큼이 나의 능력이 될 것이다. 우리는 모두 아브라함의 과정을 다 밟을 필요는 없다. 깨달은 날부터 모리아의 시작이 될 수 있다면 그 사람을 하나님께서 눈여겨보실 것이다. 아브라함이 많은 고민 끝에 자기의 모든 기득권을 한순간에 끊어 버리고 하나님 말씀에 순종한 것을 통하여 우리는 답을 찾아야 한다.

우리는 마지막 불의 시대를 준비해야 한다. 바로 순종의 불로!! 선택적 순종은 아나니아와 삽비라요, 사울이다. 온전한 순종은 모리아산의 아브라함과 갈보리 산의 예수 그리스도이시다. 순종과 불순종으로 우리의 삶의 결과는 달라질 것이다. 선택적 순종에서 절대적 순종으로 나아가자.

하늘의 것과 땅의 것을 분별하라

우리는 이 땅에서 살아가지만 하늘(천국)을 누리며 사는 사람들이다. 오늘날 우리는 수많은 정보와 자극 속에서 하루하루를 살아간다. 이 땅에서의 삶을 더욱 잘 살아내기 위해 애쓰는 것이 곧 현실적인 삶이라고 여기며 산다. 그러나 사도 바울의 시선은 다르다. "너희가 그리스도와 함께 다시 살리심을 받았으면 위의 것을 찾으라." 이 말씀은 단순한 도덕적 권면이 아니라 정체성에 대한 선언이며 방향에 대한 지시이다. 우리는 이미 그리스도 안에서 다시 살아난 존재이며, 이제는 그 사실에 걸맞는 삶, '위의 것'을 바라보고 추구하는 삶이어야 한다. 땅에 살지만 천국을 누리는 삶이 되어야 한다. 위의 것을 찾는 삶이 되기 위해서는 땅의 것과 하늘의 것을 분별할 줄 알아야 한다.

"너희가 그리스도와 함께 다시 살리심을 받았으면"이라는 말씀은 우리 존재의 근본적인 변화를 전제한다. 그리스도 안에서 우리는 더 이상 옛사람으로 살지 않고 부활하신 예수님과 함께 새 생명(생명나무)으로 살아가는 존재이다.

"위의 것을 찾으라."는 이 능동적인 명령은 단순한 관심을 넘어서 삶의 중심을 재설정하라는 강한 요청이다. 위의 것이란 바로 하나님 나라의 가치, 그리스도의 뜻, 하늘 아버지의 관점을 말한다. 이 땅에서의 모든 삶의 자리를 하늘의 관점으로 바라보며 살아야 한다. 우리의 삶 안에 들어가 있는 인간관계, 미래에 대한 계획까지도 그리스도의 시선으로 재정렬해야 한다. 세상의 성공 기준이나 유행을 따르기보다 하나님의 뜻과 영원한 목적을 따르며 사는 삶이 곧 위의 것을 찾는 삶이다.

"땅의 것"이란 단순히 물질이나 세상의 소유를 의미하는 것이 아니다. 하나님을 떠난 인간 중심의 삶, 일시적이고 썩어질 것에 집착하는 삶의 방향을 말한다. 자기 영광, 육체의 정욕, 세상의 자랑, 탐심, 염려와 두려움, 하나님 없이도 살 수 있다는 교만한 생각 등 이 모든 것이 땅의 것이다. 우리는 그리스도와 함께 다시 살리심을 받은 자이기에 더 이상 땅에 속한 존재가 아니다. 땅의 것은 영원하지 않고 우리의 마음을 하나님으로부터 멀어지게 하며, 하나님의 뜻을 흐리게 만든다. 땅의 것을 계속 생각하면 우리의 시선은 아래로, 자신에게로, 세상으로 향하게 된다.

그러나 우리의 삶은 이제 하늘에 속한 자로서 위를 바라보며 살아야 할 존재로 부르심을 받았다. 하늘의 것을 생각한다는 것은 다르게 사는 삶이다. 이는 단지 마음속으로만 생각하라는 말이 아니다. 하늘의 것을 생각하는 삶은 삶의 가치와 방향을 바꾸는 삶이다. 세상의 기준, 상황이나 다수의 사람을 따라가는 것이 아니라 하나님의 기준에 따라 관계를 맺으며 시간을 사용하며 재물을 사용해야 한다. 우리가 그리스도와 함께 다시 살아난 자라면, 하나님 나라의 가치를 중심에 두고, 땅 위의 삶을 살아가는 것 이것이 참된 제자도의 길이며 부활의 생명을 소유한 자의 생명나무로의 마땅한 삶이다.

영적 공복을 느끼는가?

목이 마르면 물을 찾고, 배고 고프면 음식을 찾는다. 하나님을 간절히 만나고자 하는 사람에게는 영적인 공복감을 느낀다. 영적인 공복감은 무엇일까? 굶주림과 영적 공복에는 차이가 있다. 굶주림은 충족되지 않는 육적, 혼적 필요의 욕구이다. 욕망일 수도 있고, 물질적, 심리적, 영적으로 강도 만난 사람에게 나타나는 현상이기도 하다. 또한, 결핍의 반응이기도 하다. 굶주림은 채워지지 않아도, 채워져도 충분하지 않다고 느낀다. 쉽게 박탈감, 심리적 공허함을 느낀다. 혼자라는 것이 슬프고 외롭다. 굶주림은 먹어도 가져도 허기지게 하기에 주변과의 관계의 의미를 부여하지 못한다.

하나님과의 연결이 안 되는 사람은 모든 관계가 어렵다. 여기에서 오는 공허함을 해결하지 못하여 각가지 중독에 빠진다. 기쁨과 만족감을 느낄지라도 오래 지속적으로 유지하지 못한다. 장애물을 제거하려는 의지가 약하다. 추진력과 야망이 맞물리면 수단과 방법을 가리지 않는다. 신체적 굶주림은 무의식적 처리 능력에 있어 무능하다. 육체의 욕구를 다스릴 능력이 부족하다. 육체를 다스리는 힘도 음식을 조절하는 능력이나 욕구에 극심한 갈증을 드러낸다. 이런 삶들의 욕망은 마치 굶주린 사자처럼 무의식에 저장된 욕망이 있다. 이런 사람의 영적인 상태는 먹고 싶은 것만 먹는다는 특징이 있다. 영적인 편식은 정말 교만의 일부이다. 이렇게 된다면, 영적인 영역이 자라지 못하고 기형이 된다.

영적인 공복감은 무엇일까? 첫째, '일하심'이다. 영적인 공복은 일한 후에 느끼는 자연스러운 현상이다. 열심히 일하고 배고파 하나님을 찾는 즐거움을 동반하는 행복인 사모함이 따라온다. 공복감은 성실하게 꾸준히 일하는 자에게 나타나는 현상이다. 학교 다녀온 자녀가 엄마에게 배고픔을 호소한다면 엄마가 흐뭇하듯, 하나님은 그 이상이시다.

둘째, '집중과 묵상'이다. 소의 위대함은 24시간 되새김질이 증명한다. 영적인 배고픔, 공복을 느끼는 것은 말씀의 되새김질과 집중의 증상이다. 집중할 때 찾아오는 에너지 소비, 성실하게 사역한 후 찾아오는 공복감은 최고의 행복이다.

셋째, '굶주림이 아닌 채움'의 비밀이다. 날마다 새것으로의 채움이다. 새 것, 새 맛, 새 영의 체험이 우리가 하루하루 살아가는 이유가 되는 것이고, 내일이 기다려지는 이유이기도 하다. 영적 공복감이 있는 사람은 충전이 잘 되는데, 무엇보다 기도를 통해 충전한다.

영적 공복감은 갈망함이요, 사모함이요, 성실함이다.

"의에 주리고 목마른 자는 복이 있나니 그들이 배부를 것임이요"(마 5:6).

물고기는 자기 가시가 아프지 않다

"여러 계시를 받은 것이 지극히 크므로 너무 자만하지 않게 하시려고 내 육체에 가시 곧 사탄의 사자를 주셨으니 이는 나를 쳐서 너무 자만하지 않게 하려 하심이라" (고후 12:7)

나에게 가시는 무엇일까? 나에게 가시는 있을까? 자신을 사랑하고 자신을 살피는 사람 중에 가시가 없다고 생각하는 사람은 없을 것이다. 물고기는 자신의 가시를 절대로 약점으로 생각하지 않는다. 자신의 가시에 절대로 아파하지도 않는다. 그 가시가 자신을 지탱해 주는 뼈대라고 생각하기 때문이다.

하지만 만물의 영장이라 하는 사람은 자신 안에 있는 가시에 대하여 은혜의 흔적으로 보는 사람은 자기와의 싸움에서 승리한 사람이라 볼 수 있다. 가시가 은혜의 흔적이 되는 사람과 가시가 열등감이 되는 사람이 있다. 가시 때문에 드리는 감사의 은총이 나를 거룩하게 한다. 어떤 이의 가시는 자신만 찌른다. 그러나 어떤 이의 가시는 타인, 상대만 찌른다. 또한, 어떤 이의 가시는 자신도, 타인도 찌른다.

나에게 가장 큰 산, 장애물은 내 안의 가시에 대한 관점이다. 우리에게 상처만 남기는 가시인가? 그래서 그 가시가 나 자신도, 타인도 다가오지 못하게 하는 방어기제인가? 바울의 가시는 교만을 막는 엄청난 은혜였다. 바울에게 가시가 없었다면, 바울의 능력은 꽃이나 열매가 될 수 없었을 것이다. 바울의 능력을 하나님 앞에서 지켜준 것은 그의 가시였다. 하나님은 교만한 자를 내 치시기 때문이다.

때로는 가시가 나 자신을 찔러 우리가 살아 있다는 것을 알게 해준다. 가시 때문에 아프다면 내가 살아 있다는 증거이다. 그래도 죽은 것보다 살아 있는 것이 낫지 않는가? 자식이 가시라면 그 부모는 기도의 자리로 나아가게 되고 거룩해진다. 나 자신의 가시이든, 환경의 가시이든 이를 선용하는 것이 지혜이고, 하나님을 신뢰하는 믿음의 반응이다.

한센병 환자에게 가장 큰 고통은 고통을 느끼지 못하는 고통이라고 한다. 폴 브랜드가 한 한센병 환자에게 하나님께 받고 싶은 가장 귀한 선물이 무엇이냐고 물었을 때 그는, "내게 고통을 내게 주십시오."라고 대답했다. 고통의 감각이 마비된 채 살아가는 그에게 가장 귀한 선물은 고통이었던 것이다. 고통은 고통스럽지만 유익이 있다는 것을 깨달은 사람만이 할 수 있는 수준 있는 이야기이다.

가시로 인한 고통을 통해 우리는 겸손하게 된다. 그 겸손은 늘 하나님께 묻게 되고, 묻는 자에게는 하나님의 음성을 듣게 하신다. 고통은 하나님의 확성기이다. 고통의 순간, 평소에 들을 수 없었던 하나님의 음성을 듣게 되기 때문이다.

가시의 고통은 우리로 하여금 죄를 멈추게 한다. 속도를 조절하도록 도와준다. 너무 빠른 속도는 우리를 파멸로 이끌기 때문이다. 속도는 중요하지만 속도처럼 위험한 것도 없다. 좋은 차의 가치는 속도에 있는 것이 아니라 안전에 있다. 나의 가시는 우리 인생의 속도를 조절할 수 있도록 도와주는 안전장치이다.

가시를 대하는 지혜

가시는 관계에 있어서 일정한 거리를 유지할 수 있도록 도와준다. 고슴도치에게 적절히 거리를 유지하는 사랑의 신비를 배우게 된다. 고슴도치는 날씨가 추워서 가까이하면 서로를 찌르게 된다. 반면, 너무 멀리 떨어지면 추위를 느끼게 된다. 체온을 유지하기 위해서는 어느 정도의 거리를 유지해야 한다. 가시는 가장 서로에게 유익한 거리를 조정해 준다. 선을 유지하도록 도와준다. 그 선을 넘어서면 위험하다. 기차는 철로 위에서 가장 안전하다. 철로를 벗어나는 순간 전복하게 된다. 영성의 길은 자신의 가시든, 상대의 가시이든 해석의 깊이와 다루는 능숙함이 요구된다. 영성의 능력은 조절하는 지혜이다. 깊은 영성을 위해서는 원근의 원리를 잘 배워야 한다. '홀로 있음'과 '함께 있음'의 균형이 필요하다.

친밀함을 유지하기 위해서는 어느 정도의 거리가 필요하다. 친밀함은 물리적 거리로 늘 붙어있어야 하는 것이 친밀함이 아니다. 지나친 밀착은 친밀함의 적이 될 수도 있다. 어느 정도의 거리를 잘 조절하는 것은 관계에 매우 중요한 것이다. 관계에 미숙한 사람은 좋으면 늘 붙어있어야 하고, 눈앞에 보여야 한다. 이것은 집착이다. 그러나 관계에 유연한 사람은 물리적 거리를 거리로 보지 않는다. 심리적 거리 유지, 영적인 거리를 좁혀가는 사람이다.

내 안에 가시, 환경적인 가시를 어떻게 받아들이고 수용하는가? 가시를 은혜의 흔적으로 자기 성화로 보는 사람은 오히려 가시를 주심을 감사해 한다. 그러나 자신의 가시를 열등감으로 보는 사람은 다른 사람에게 가시처럼 산다. 바울은 육체의 가시 때문에 고통을 받았지만 가시처럼 살지 않았다. 오히려 그는 가시 때문에 받은 고통을 통해 그리스도의 능력을 경험했다. 그는 예수님처럼 치유자의 삶을 살았다. 가시에 찔리는 것은 아프지만, 그 흔적을 보자. 은혜의 흔적이라면, 감사하며 그 가시, 약함을 자랑하게 된다. 그런 사람은 절대로 가시처럼 살지 않는다.

예수님께서는 십자가 위에서 찔림을 당하셨다. 가시관의 가시들이 예수님을 찔렀다. 날카로운 창이 예수님의 옆구리를 찔렀다. 찔리신 예수님의 몸에서 물과 피가 나왔다. 그런데 지금 그 피가 가시에 찔려 고통받고 있는 수많은 사람들의 상처를 치유하고 있다. 동종요법처럼 독을 독으로 치료하듯, 상처를 상처로 치유할 수 있다는 샘플이 되었다. 예수님의 상처는 수많은 상처를 치유했다. 그래서 예수님께서는 상처받은 치유자이시다. 예수님께서는 가시에 찔린 상처를 통해 오히려 다른 사람, 가시 때문에 고통스러워하는 사람들에게 소망이 되셨다.

가시가 주는 신비로운 은총을 감사하자. 장미를 좋아하는 사람은 가시까지 사랑해야 한다. 가시가 없는 장미는 없다. 하나님께서는 우리의 인생을 장미와 가시를 함께 선물로 주신다. 피할 수 없는 가시라면 가시마저도 선용하자.

세 가지 독, 탐진치

"노하기를 속히 하는 자는 어리석은 일을 행하고 악한 계교를 꾀하는 자는 미움을 받느니라"
(잠 14:17)

사람에게 있는 세 가지 독을 흔히 탐진치(貪瞋痴)라고 한다. 탐내는 욕심(貪)과 노여움이나 분노(瞋), 어리석음(癡)을 말한다. 이 세 가지는 우리 삶의 목표인 거룩으로 성화의 삶을 살아가는데 큰 걸림돌이 된다.

첫 번째 독은 '욕심'이다. 탐욕은 날카로운 가시를 움켜쥐고 놓지 않는 것과 같다. 움켜쥐면 쥘수록 자신에게 상처를 입힌다. 재물에 대한 욕망, 이성에 대한 애욕, 먹을 것에 대한 탐식, 명예에 대한 야망, 이기심으로 인한 교만이 이에 해당한다. 이것이 죽음이요, 어두움이라는 것을 알면서도 놓지 못하고 더 움켜쥐고 집착하여 중독이라는 늪에 빠진다. 탐욕을 두고 본능적인 독이라 하는 까닭이 여기 있다. 하지만 놓는 순간 고통은 사라진다.

두 번째 독은 '분노'이다. 성내는 것은 철저히 이기적이고, 자신에게 집착하기 때문에 나타나는 자기방어적 기제이다. 모든 기준을 오로지 자신에게 맞추고, 그 기준에 맞지 않는 것을 견디지 못하여 성이 나는 것은 죄의 심보에서 나오는 반응이다. 내가 아닌, 하나님의 기준에 옳고 그름을 판단하여 거룩한 분노가 있을 수는 있다. 그러나 거룩한 분노의 특징은 감정적으로 신속한 처리가 된다. 뒤 끝이 없다. 그리고 겉으로는 화를 내지만 내면으로는 긍휼함이 있다. 상대를 사랑한다는 전제가 깔려 있다. 잘못해도 화도 나지 않는 관계라면, 문제가 있다.

자기중심의 성냄은 거친 말과 폭력을 부르고, 마침내 사단에게 기회를 주게 된다. 이리하여 이기적인 분노는 감성적인 독이라 한다. 자기 자신에게 늘 화가 나는 사람이 있다. 자신이 가지고 있는 가시 때문이다. 자신의 가시를 잘 다루는 사람이 거룩의 열매를 거둔다. 타인의 가시까지 품어 줄 수 있는 사람이 성화의 길을 걷는다.

세 번째 독은 '어리석음'이다. 우치는 어리석은 마음을 말한다. 치아의 딱딱한 조직이 작은 벌레에 박히어서 썩어가는 것처럼, 어리석은 사람은 사물을 있는 그대로 보지 못하고, 자기중심의 돋보기로 그릇되게 이해하고, 비뚤어지게 받아들인다. 이것은 선입견의 독이다. 선입견이 많은 사람은 결정 장애를 갖게 되고, 어떻게 하면, 자신에게 더 유익이 될 수 있는지를 계산한다.

그러나 선입견의 반대는 믿음과 신뢰이다. 믿음과 신뢰를 선택하는 사람은 자신의 유익보다 모두의 유익을 선택하고 하나님의 관점에서의 답을 찾는다. 이 때문에 우치를 이성적인 독이라 하는 것이다. 탐욕 안에 있는 어리석음을 발견하게 된다. 지나치게 욕심을 부리면, 더 좋은 것을 놓치게 된다. 만족함이란 한 번에 오지 않는다. 나의 가시를 제거하는 만큼 상대의 가시를 수용하고, 안아줄 수 있는 마음에서 만족이라는 것이 열매로 맺히게 된다. 우리가 가는 길에는 거룩의 길과 유혹의 길, 고난의 길과 쾌락의 길이 있다. 유혹의 길을 선택할 때, 나의 가시는 거짓으로 나를 포장하게 만들지만 거룩의 길을 선택하는 자는 그 가시로 인한 은혜를 고백한다.

영적 빈혈 인생

"이는 젖을 먹는 자마다 어린 아이니 의의 말씀을 경험하지 못한 자요
단단한 음식은 장성한 자의 것이니 그들은 지각을 사용함으로 연단을 받아
선악을 분별하는 자들이니라" (히 5:13-14)

그리스도인들이 조심해야 할 것은 영적 빈혈 인생이다. 영적 빈혈 인생은 영적으로 안색이 창백해지고, 어지러우며 쉽게 피곤을 느낀다. 빈혈은 의학적으로 심한 출혈, 소화불량, 지라에 염증, 비타민B12의 부족 등으로 생긴다. 그렇다면 영적 빈혈 인생을 막으려면 어떻게 해야 할까?

첫째, 심한 출혈을 막아야 한다. 섭취한 영양분에 비해 세상일이 너무 많다면, 심한 신앙적 허탈감에 빠지게 된다. 그렇기 때문에 우리는 영적으로 섭취한 말씀이 허비되지 않도록 해야 한다.

둘째, 편식을 막아야 한다. 편식을 막으려면 기도 생활, 성경 연구, 생활신앙 등이 따라야 한다.

셋째, 소화불량을 막아야 한다. 먹기만 하고 운동하지 않는 것이 원인이 될 수 있다. 성경을 많이 아는데 생활 속에서 뜨겁게 실천하지 못할 때, 영적 소화 불량에 걸리게 된다. 그리고 내 생각과 하나님의 생각이 부딪히면 소화불량이 생긴다. 영적인 소화제는 순종이다.

넷째, 지라에 염증이 생기는 것을 막아야 한다. 체내에 염증이 생긴 것을 영적으로 비유한다면 정신적으로 삐뚤어지고, 사고방식이 왜곡

되며 아집이 세고, 불평에 가득찬 사람을 말한다. 그런데 영적 빈혈 가운데 가장 무서운 것은 '영적 재생불량성 빈혈'이다. 이 병은 한마디로 피가 만들어지지 않는 병이다. 만약 나에게 영적으로 피가 만들어지지 않는다면 나는 영적으로 죽은 사람이 된다. 깊은 회개와 함께 주님에 의한 대수술을 받지 않는다면 전혀 소생할 가망성이 없을 것이다. 사도 바울은 다메섹 도상에서 주님으로부터 영적 대수술을 받았다. 그래서 그는 영적 재생불량성 빈혈 인생에서 예수 충만 인생으로 변화되었다.

다섯 번째, 내가 오늘 선택하는 것이 나의 미래의 삶이 된다는 것을 기억해야 한다. 내가 이해할 수 있는 삶을 선택을 하면 내 수준의 삶을 살고, 내가 이해할 수 없는 삶을 선택하면 내 수준 너머의 삶을 살 것이다. 우리에게 선택의 기준은 '예수님이라면 어떻게 하셨을까?'이다. 예수 부재는 전인적으로 빈혈을 일으킨다. 그러나 예수꾼은 날마다 새로운 예수님의 피가 생수의 강처럼 흘러 영적 빈혈에 시달리는 사람까지도 살려낼 수 있는 십자가의 사랑이 필요하다.

육체가 아프면 마음을 살피고, 마음이 아프면 몸을 돌아보는 통합적 치료가 필요하다. 영이 빈곤하면 혼과 육의 방향을 살펴라. 우리는 신체와 정신, 영혼이 서로 대화를 나누는 존재다. 이 세 가지 요소가 균형을 이루는 삶을 추구할 때 진정한 건강과 행복을 누릴 수 있다. 우리의 인생의 균형은 삼위일체 하나님이시다. 영적 소화불량은 영적인 빈혈 인생을 만들 것이다.

영적 굴뚝(굴뚝과 부엌 영성)

"외식하는 자여 너희가 천지의 기상은 분간할 줄 알면서 어찌 이 시대는 분간하지 못하느냐"
(눅 12:56)

한국 전통가옥은 단순한 주거 공간이 아니라 인간과 자연 그리고 보이지 않는 세계가 교감하는 신성한 가정의 에덴이 목적이었으리라 생각한다. 특별히 부엌은 가족 전체의 생명을 책임지는 곳이고, 굴뚝은 부엌의 숨구멍이기도 하다. 가정의 의식주를 감당하는 중요한 기구이기에, "굴뚝과 부엌 영성"이라 붙여본다. 굴뚝은 가장 초라하고 보잘것없어 보이고 사람들의 관심이나 눈에 띄지 않는 영역이다. 하지만 굴뚝은 단순히 아궁이에서 나온 연기를 내보내는 장치가 아니라, 불길을 다스리고 집안의 기운을 조절하는 중요한 요소이다. 불은 가정의 생명을 지탱하는 에너지이자 동시에 재앙의 원인이 될 수가 있다. 불씨가 꺼지면 생계가 어려워지고, 불길이 잘못 번지면 화재와 재앙이 따라온다. 따라서 불을 다스리는 부엌과 아궁이, 그리고 연기를 밖으로 내보내는 굴뚝의 위치와 방향은 곧 집안의 길흉화복과 직결된다.

부모는 자녀를 위하여 영적인 굴뚝이 되어야 한다. 굴뚝은 기본적으로 아궁이에서 발생하는 연기와 열기를 외부로 배출하는 통로이다. 여기서 연기는 자신이 머물고 있는 자리, 정체성을 알리는 신호이기도 하다. 굴뚝에서 피어오르는 연기는 단순한 생활 현상이 아니라 그 집

안의 기운으로 연결된다. 영적으로 보면, 원활한 소통이다. 영적인 소통이 막힌 가정과 영적인 소통이 열려 있는 가정의 기운을 느껴보자. 굴뚝은 단순히 연기를 빼는 구멍이 아니다. 사람의 의식주, 삶과 죽음을 예고하는 신호등과 같은 역할을 하는 중요한 영역이다.

굴뚝의 생명은 불길을 잘 빨아들여서 불의 에너지와 매연을 분리하여 빨아내는 것이다. 연기의 흐름은 바람과 기후 조건에 따라 달라진다. 만약, 이 연기가 집 안을 향해 들어오는 경우 집 안 기운이 탁해져서 병이 발생하고, 탁한 공기로 인하여 가족 모두가 죽을 수도 있다. 연기의 방향은 한 가정을 넘어 공동체에 생존과도 연결이 된다. 굴뚝이 자기 역할 기능을 다하기 위해서는 반드시 구부러지면 안 된다. 연기가 대문, 집 안으로 들어 오지 못하도록 높여야 한다. 우리가 영적으로 화목하고 에덴의 기쁨을 누리려면, 열을 빨아들이는 힘이 굴뚝의 역할이고, 매연을 배출하는 힘이 굴뚝이다. 굴뚝이 막히면 불이 밖으로 기어나와 화를 입고 어떠한 유익을 줄 수가 없다. 굴뚝은 단순한 건축 요소가 아니라 부엌의 분위기를 넘어 가정의 화목, 화평, 행복을 지켜주고 식구들의 건강과 집안의 번영을 책임지는 신성하고 거룩한 장치이다.

서양에서는 굴뚝을 악령이 드나드는 통로라 여겼다 한다. 그런데 산타클로즈는 왜 굴뚝으로 오셨을까? 악령이 드나드는 통로를 우리 예수님은 생명의 길로 전환하셨다. 우리는 영적인 통로로 전환하여 우리 가정의 영적인 기류가 어디로 흐르고 있는지를 점검해 보자.

심은 대로 거두는 카르마 법칙

"스스로 속이지 말라 하나님은 업신여김을 받지 아니하시나니
사람이 무엇으로 심든지 그대로 거두리라" (갈 6:7)

성경이 전하는 이 말씀은 우리가 이미 자연과 일상 속에서 경험하고 있는 보편적 진리이다. 봄에 씨를 뿌리면 가을에 열매를 얻듯, 우리의 삶도 심은 대로 결과가 나타난다. 나의 오늘의 삶은 어제 내가 심은 삶의 결과이다. 노력한 만큼 성과가 있고, 노력하지 못한 만큼 부족한 열매를 거두는 것처럼, 하나님께서 세우신 질서는 속일 수 없는 법칙이다. 하지만 이 법칙은 단지 자연 세계나 사회 속에서만 적용되는 것이 아니다. 성경은 이 법칙이 영적 세계에서도 동일하게 작용한다고 말씀하신다. 하루에 일생을 담아 본다면, 오늘의 삶은 씨를 뿌리는 시기이고, 내일은 그 씨앗을 거두는 시기이다. 오늘은 나에게 어제의 열매는 무엇인지 보여주며, 내일을 위하여 오늘 심어야 하는 것이 무엇인지를 점검하는 시간이다.

성경은 두 종류의 사람으로 구분한다. 육체를 위하여 사는 사람과 영을 위하여 성령을 의지하여 사는 사람이다. 육체를 따라 사는 삶은 죄의 본성을 따라가며 결국 썩어질 것을 거둔다. 갈라디아서 5장은 음행, 우상숭배, 시기, 분쟁, 방탕함과 같은 육체의 일들을 열거하며, 그것이 결국 파멸로 이어짐을 경고한다. 반면, 영을 위하여 성령을 따라

사는 삶은 성령의 열매를 맺는다. 이런 사람은 자신이 누구인지, 정체성을 증명하며 사는 사람이다.

하나님 앞에서는 두 가지 결실밖에 없다. 하나는 멸망과 저주의 썩은 열매, 다른 하나는 하나님과 함께하는 영원한 생명이다. 삶은, 곧 심는 과정이며 자신이 심은 것을 거두어 누리게 되는 것이 영적인 수확 법칙이다. 이것을 카르마 법칙이라 한다. 심은 대로 거두는 법칙이다. 카르마 법칙은 우리가 행하는 모든 생각이나 말, 행동은 반드시 그에 상응하는 결과를 초래한다는 뜻이다. 무엇이든 내가 심은 대로 거두게 하시는 카르마 법칙에 용서라는 것을 대입해 본다.

카르마 법칙과 용서, 인생 게임은 부메랑 게임이다. '카르마'는 그리스어로 '되돌아옴'이란 의미가 있다. 우리는 삶 속에서 용서를 심어야 한다. 왜냐하면 나는 용서로부터 은혜를 입은 사람이기 때문이다. 우리가 용서라는 것을 가볍게 여기지만, 용서는 큰 은혜를 품고 있다. 나의 은혜의 키는 하나님의 용서였다. 그런데 용서를 묻어 두면 증오가 되고 자신에게 악영향을 미친다. 그래서 용서는 상대를 위한 것이 아니라 자신을 위한 것이라고 하는 것이다. 용서가 은혜와 맞물리는 사람은 희망적인 사람이다. 내일에 소망이 있거나 자기 자신에게 소망이 있는 사람은 타인으로부터 받은 트라우마에 자신을 맡기지 않는다. 증오를 용서로 바꾼 사람은 은혜를 품은 사람이다. 이것이 카르마의 법칙으로 나의 관계 속으로 되돌아온다. 이 법칙은 우주 만물을 창조하신 하나님의 가장 기본적인 원리이며, 우리가 복되고 풍요로운 삶을 살도록 마련하신 은혜 베이스 법칙이다.

거두려면 심어야 하는 세 가지 씨앗

첫째, 시간을 심어라. 하나님께 드린 시간은 결코 헛되지 않는다. 우리는 모두 똑같이 하루 24시간을 선물로 받는다. 그런데 어떤 사람은 이 시간을 '나 자신'을 위해, 어떤 사람은 '하나님'을 위해 사용한다. 하나님은 우리에게 6일 동안은 열심히 일하고, 하루는 온전히 하나님을 위해 사용하고 쉬라고 말씀하셨다. 외적으로는 무엇인가 열심히 주님의 일을 하지만 중심과 뜻, 마음이 주님께로 향하고 있지 않고 은혜로 베이스가 되어 있지 않는다면, 하나님께 드리는 시간이 아니다. 우리는 하나님께서 책임져 주고 싶으실 만한 시간을 심어야 한다.

둘째, 관계를 위한 사랑을 심어라. 이것은 하나님으로부터 풍요의 문을 여는 열쇠이다. 엘리야를 섬긴 사렙다 과부의 사랑을 생각해 보아라. 자신이 먹어야 할 것을 포기하는 것도 쉬운 일은 아니지만, 아들, 자식이 굶어 죽어가는 것을 보아야 하는 엄마의 마음을 포기한다는 것은 쉽지 않은 일이다. 사렙다 과부는 단순히 선지자를 섬긴 것이 아니라 그 시대의 영적 가뭄을 느꼈던 것 아닐까? 이 여인은 자신과 아들을 희생해서 그 시대의 선지자를 살려야 자신의 가정을 넘어 시대를 살릴 수 있다는 것을 감지한 것이다. 이러한 마음은 육과 혼을 넘어 영적인 섬김이었다. 사렙다 과부의 행동은 믿음으로 시대를 바라보는 선견자의 사랑이었다. 그리고 하나님이 내리시는 결과는 그 가정의 육과 혼, 영의 풍요였다.

셋째, 고난과 고통을 심어라. 그러면 영광의 열매로 거두게 될 것이다. 우리 삶에서 가장 심기 힘든 씨앗은 아마도 고난과 아픔일 것이다. 하지만 성경은 눈물로 씨를 뿌리는 자는 반드시 기쁨으로 거둘 것이라고 약속한다. 예수님도 하나님의 영광을 위해 십자가의 고난을 기꺼이 감당하셨다. 그 결과, 우리는 그 고난을 통해 영원한 생명이라는 열매를 얻게 되었다. 고난을 피하기만 하는 삶은 결코 온전한 기쁨을 누릴 수 없다. 고난을 믿음으로 심을 때, 하나님은 그 고난을 영광의 열매로 바꾸어 주신다.

'심는 대로 거둔다'는 이 단순한 진리가 우리의 삶을 완전히 변화시킬 수 있다. 그리고 이는 눈에 보이는 것보다 믿음의 눈을 가진 자가 할 수 있고, 삶의 주도권을 하나님께 맡긴 자가 선택하는 길이다. 내 힘으로 모든 것을 해결하려는 습관을 내려놓아라. 우리의 계산은 불완전하지만, 하나님의 계산은 완벽하다. 우리의 삶을 가장 풍요롭게 이끌어주시는 성령님께 온전히 의지하라.

"사람이 무엇으로 심든지 그대로 거두리라." 성경은 역설적인 법칙이 대부분이다. 팔복의 모든 법칙이 세상의 이치와는 다른 역설의 법칙이다. 이것이 믿어지고 실천하려면 은혜 베이스 법칙이 선행되어야 한다.

듣는 것으로 시작해서 순종으로 완성하라

"내 양은 내 음성을 들으며 나는 그들을 알며 그들은 나를 따르느니라" (요 10:27)

나는 미라클 모닝을 위하여 새벽에 주님의 음성 듣기를 늘 청하는 마음으로 잠자리에 든다. 그리고 새벽의 알람으로 들려주시는 쉐마가 나의 하루의 영성이 된다. 사람들의 말, 광고, 뉴스, 경적 등 우리는 하루에도 수없이 다양한 소리를 듣게 된다. 그런데 정작 가장 중요한 것은 하나님의 음성을 듣고 있는가이다.

'쉐마'는 히브리어 동사로 '듣다, 순종하다'라는 뜻을 가지고 있다. 단순히 소리를 듣는 것이 아니라 하나님의 진심을 듣고, 하나님의 마음을 듣고, 하나님의 뜻(생각)을 들으라는 것이다. 그럴 때, 마음과 뜻과 힘을 다해 하나님을 사랑할 수 있고, 순종할 수 있다. '듣는다'는 것의 의미인 쉐마는, 곧 믿고 그 말씀대로 살아낸다는 것이다.

왜 하나님은 '듣는 신앙'을 원하실까? 하나님은 말씀으로 세상을 창조하셨고, 인간과도 말씀으로 교제하신다. 그분과의 교제, 친밀함은 듣는 것으로 시작되고 순종함으로 완성된다. 하나님과 관계가 깊어지지 못하는 이유는 인간이 죄로 인하여 귀는 열려 있지만, 마음이 닫혀 있기 때문이다. 그러나 하나님은 인간의 귀가 아니라 마음을 원하신다. 듣기는 들어도 쉐마가 되지 않는 이유는 100% 순종이 안 되기 때문이다. 또한, 하나님의 음성을 듣지 못하는 이유는 자기 소리, 세상의 소리, 사단의 소리 때문이다. 이런 사람은, "듣기는 하여도 깨닫지 못하고, 보기는 하여도 알지 못하는도다"(사 6:9). 이것이 신앙의 위기이다. 하나님의 쉐마에 응답하지 못하는 사람들은 자기 형편이나 자기 조건, 자기 생각으로 인해 쉐마에 응하지 못한다.

신앙의 위기는 곧 쉐마의 위기이다. 말씀보다 유행을 빨리 듣고 따른다. 자기 형편에 이유가 많다. 듣기는 들어도 하나님을 자기 소리로 설득하려 한다. 성경은 덮어두고 세상의 소리, 유행하는 소리에 민감하다. 이런 사람의 들음은 듣기만 하고 실천이 없는 삶이다.

"너희는 말씀을 행하는 자가 되고 듣기만 하여 자신을 속이는 자가 되지 말라"(약 1:22). 이런 사람은 개인주의와 자율성 강조 속에서 최상의 자리를 스스로 포기하고 놓치게 된다. 하나님의 권위 있는 음성보다는 내가 듣고 싶은 것만 선택적으로 받아들이는 소비자 신앙이다. 현대 사회에서 소비자 신앙이 가장 큰 문제이다. 소비자 신앙은 인간의 눈맞춤으로 인간의 입맛에 맞게 사람의 비위를 맞추는 신앙이고 목회이다. 쉐마, 하나님의 말씀은 의무가 아닌 관계이다. 쉐마로 들었다면, 반응하고 순종할 때, 관계는 더 깊어진다.

말씀을 들었으면 행동으로 따라야 진짜 제자이다. 듣는 것은 믿음의 시작이다. 들음에서 믿음은 나고 자라고 성숙해진다. 그러나 쉐마는 단순히 듣기만 하는 것이 아니라 하나님의 통치를 삶으로 받아들이는 믿음의 선언이요 순종의 열매이다. 당신은 쉐마의 소리를 듣고 있는가?

책임은 특권이고, 특권은 책임감이다

"율법에 있는 지식과 진리의 모본을 가진 자로서
어리석은 자의 교사요 어린 아이의 선생이라고 스스로 믿으니" (롬 2:20)

과도하게 책임감만 느끼는 사람과 과도하게 특권 의식만 가지고 있는 사람이 있다. 나는 목회하는 중에 가장 나 자신을 스캔했던 부분이 바로 책임감과 특권 의식이었다. 목회자라는 특권은 분명히 있다. 그러나 그 특권을 잘못 해석하거나 잘못 사용한다면, 그에 대한 심판이 따를 것이다. 책임감이 강한 사람에게 하나님은 특권을 주시기는 하지만 특권 의식에 사로 잡혀서는 안 된다. 왜냐하면 특권은 곧 바로 책임이기 때문이다.

책임이 특권이고 특권이 책임이다. 하나님은 유대인들에게 많은 특권을 주셨다. 특히 직접 모세를 통하여 율법을 주셨다. 그들은 율법을 통해 하나님의 뜻을 알고 가장 선한 일을 분간할 줄 알기에 스스로 선생 될 자격이 있다고 여겼다. 유대인들은 율법을 가졌다는 사실을 특권처럼 여겼다. 하지만 정작 그 율법을 지키지 않았다. 다른 이들을 가르치고 정죄했지만, 스스로 같은 죄를 범했다. 유대인이 가진 그 어떤 특권도 공의의 심판에서는 면책 사유가 되지 못한다. 특권에는 반드시 책임이 따르기 때문이다. 참된 하나님의 백성은 단지 율법이나 할례라는 외적 표지에 있는 것이 아니라, 성령께서 새롭게 하신 마음의 변화에 있다. 바울은 이것을 '마음의 할례'라 부르며, 겉모습이 아니라 내면이 하나님의 백성을 드러낸다고 강조한다.

오늘날 우리의 모습은 어떠한가? 무책임한 행동이나 말, 교회 지도자들의 도덕적 추락과 그에 대한 회피가 안타깝다. 하지만 우리는 정죄가 아닌 복음으로 하나님의 얼굴을 살려야 한다. 우리를 부르심은 정죄할 권리를 주신 것이 아니라 회복시키기 위함이다. 복음을 맡은 자들의 특권은 곧 사명과 책임으로 이어져야 한다. 변화된 나의 내면의 세계로 복음의 능력을 보여줘야 한다. 물론 교회는 세상에 진리를 선포해야 한다. 그러나 그것은 정죄가 아니라, 회복을 위한 권면이어야 한다. 예수님처럼 죄를 드러내되 동시에 길을 열어 주는 태도, 그것이 복음의 방식이다. 우리에게 주어진 책임을 넘어 사명은 회개를 통하여 아름다운 통합과 사랑의 회복을 가져 오게 할 것이다.

특권에는 책임이 따른다. 그러나 특권 의식에는 책임은 없고 권위만 있다. 율법과 할례가 단지 외적 표지가 아니었던 것처럼, 목회자나 성도들도 세상에 대한 책임감과 교회에 대한 사명감, 복음에 대한 책임과 사명을 다해야 한다. 성령께서 주신 새 마음으로, 복음에 합당한 삶을 살아갈 때 비로소 교회는 세상 속에서 하나님의 영광을 드러내게 된다. 지도자의 진짜 매력은 겉모습이나 특권 의식이 아니라, 내면의 향기와 삶의 무게에서 터져 나오는 책임감과 사명감이다. 하나님과의 관계에서나, 사명의 자리에서 특권만 누리려 하고 책임은 외면한 적은 없었는가?

인생의 이른 비와 늦은 비를 맞으라

"여호와께서 너희의 땅에 이른 비, 늦은 비를 적당한 때에 내리시리니
너희가 곡식과 포도주와 기름을 얻을 것이요"(신 11:14)

이스라엘은 한국과 기후가 달라서 농사를 짓는 시기가 다르다. 우린 보통 봄에 씨를 뿌리고, 가을에 추수한다. 그러나 이스라엘은 가을에 씨를 뿌리고, 봄에 추수한다. 기후 자체가 완전 다르기 때문에, 성경에 나오는 이른 비와 늦은 비의 개념을 오해할 수 있다.

이스라엘은 건기(5~9월)가 지나고 10월쯤 비가 내리는데, 이때 내리는 비가 이른 비이다. '씨를 뿌리게 하는 비'라고도 하는데 그 이유는 건기 동안에 말라 있던 땅에 비가 내려야 씨를 뿌릴 수 있게 되기 때문이다. 그래서 이 비는 '시작을 가능하게 해주는 은혜'라고 볼 수 있다. 이 비가 내리지 않으면 농사를 시작할 수가 없다. 우리에게도 이른 비가 필요하다. 우리 마음 밭에 심긴 씨가 자라서 열매를 맺으려면, 반드시 비를 맞아야 한다. 마음의 면적이 집 안의 화단 정도라면, 인간의 손으로 물을 뿌릴 수 있겠으나 이 또한 한계적이다. 그러나 영토가 넓으면 넓을수록 하늘의 뜻에 맡기게 된다.

반면, 늦은 비는 열매를 완성하는 비(봄비)이다. 농작물은 겨울 동안 천천히 자라고, 수확 직전인 3~4월경에 늦은 비가 내려서 곡식알이 제대로 속이 꽉 차도록 도와준다. 이때 비가 내려야 곡식이 풍성해져

서 풍요를 누리게 된다. 그래서 이 비는 '열매 맺음을 돕는 은혜'로 이해할 수 있다. 물론 이 시기는 사람의 나이로 정해지는 것이 아니다. 하나님의 시기와 때가 있기 때문이다.

이른 비와 늦은 비는 반드시 우리가 구해야 하는 절실한 기도이다. 성경은 이 자연현상을 그냥 농사 이야기로만 끝내지 않는다. 하나님께서는 자연의 법칙도 세우셨듯이, 영적인 법칙도 세우셨다. 물론 영적인 법칙이 자연의 법칙의 위에 있지만, 서로가 완전 다른 법칙은 아니다.

성경에서는 이른 비는 초대 교회에 임한 성령, 늦은 비는 마지막 때에 임할 성령의 역사로 해석되기도 한다. "이른 비와 늦은 비를 너희에게 주시리니…" (욜 2:23). 요엘서는 전반적으로 심판과 회복을 주제로 말하는데 1장과 2장 앞부분에서는 메뚜기 재앙과 같은 심판이 등장하지만, 2장 후반부터는 하나님의 회복 약속이 시작된다. 그 회복의 첫 번째 표징으로 등장하는 게 바로 "비"이다. 즉, 하나님은 메마른 땅과 같았던 삶에 다시 생명을 공급하시겠다는 약속을 하신다는 것을 의미한다. 주로 하나님은 우리가 어떤 시점에 있든 때를 따라, 가장 알맞은 은혜를 주시는 분이심을 알게 해주는 상징이다. 그게 이른 비든 늦은 비든 말이다. 개인적 구원의 흐름과 역사의 흐름과 시대의 흐름을 분석 분별하라. 나는 지금 어떤 비가 절실한가?

향기 없는 꽃

나는 꽃보다 열매를 더 좋아한다. 시작은 비슷해 보여도 열매가 되기까지의 과정을 알기 때문이다. 그것들은 시작부터 끝까지 창조의 목적을 정확하게 알고 이루어 내었다. 그리고 열매의 과정 속에 꽃은 절대적이다. 꽃이 지고 열매가 되든지, 열매를 따고 꽃이 피든지 그들은 결정체의 불가분의 관계이다. 외모는 뛰어나지만 매력이 없는 사람을 비유할 때, '빛 좋은 개살구'라 말한다. '향기 없는 꽃'과 어느 정도 통하는 면이 있다. 이 역시 겉모습만 좋지 속은 전혀 그렇지 않은 것을 뜻한다.

이 말의 유래는 〈삼국유사〉와 〈삼국사기〉에 등장하는 선덕여왕의 모란꽃 고사이다. 선덕여왕이 공주이던 시절에 당나라에서 모란꽃 그림과 모란꽃의 씨앗을 보내면서 해당 꽃의 비밀을 알아내라고 했는데, 아버지 진평왕과 신하들이 이것의 비밀을 도통 알아내지 못해서 고민이 심했다. 이전까지 모란꽃을 실제로 보지 못했던 그녀는 이게 무슨 꽃인데 벌과 나비가 없는 거냐고 부친에게 묻자 모란꽃이라고 답했는데, 모란꽃이라는 말만 듣고 향기가 없는 꽃일 거라 추측했으며, 과연 이듬해 그 씨앗에서 핀 모란꽃은 향기가 전혀 없었다.

실제로 굉장히 화려하지만 향기가 없는 꽃이 많다. 들꽃이 좋은 이유 중 하나가 향기가 짙기 때문이다. 작은 꽃일수록 향기는 더 진하다. 벌은 꽃의 외모보다는 향기를 찾지만, 새는 향기로 꽃을 찾는 것이 아니라 눈으로 꽃을 찾는다고 한다. 인생도 향기 없는 꽃과 향기가 짙은 꽃, 향기를 맡고 찾아오는 사람과 외모를 보고 찾는 사람들이 있다.

꽃과 곤충의 공생관계를 보면, 저들의 공생은 자연을 통하여 협력한 완벽한 창조의 작품이다. 꽃은 생존과 번식을 위하여 곤충의 도움이 필요하고, 곤충은 꽃으로부터 먹이를 얻는다. 꽃과 곤충의 공생은 단순한 이용의 관계가 아니라 서로의 생존을 뒷받침하는 필수적인 연결고리이다. 꽃이 곤충을 끌어들이는 방법은 꽃의 색상으로 곤충의 시선을 사로잡는다. 그리고 향기를 통하여 멀리에 있는 곤충들을 불러온다. 곤충이 꽃에게 주는 역할이 있다. 꽃의 번식과 열매로 수정하는 과정을 돕는다.

모든 관계의 공생은 하나님의 창조의 룰이다. 서로 돕고 사랑할 때, 창조의 목적의 시너지가 생긴다는 교훈 이상의 진리이다. 만약, 꽃과 곤충의 관계가 깨진다면 생태계 전체에 심각한 문제가 발생한다. 하나님을 알아간다는 것의 다양성은 참으로 신묘막측하다. 만물의 영장이 이 창조의 진리를 깨닫지 못하기 때문에 무질서, 혼돈, 공허가 찾아오는 것이다. 관계에 질서를 찾아라. 먼저 삼위일체 하나님과의 질서, 그리고 자신의 내면의 질서, 모든 피조물과의 관계의 질서 그렇게 되면 혼돈은 사라지고 공허가 어디 있는가? 채움과 풍요, 그리고 넘침으로 창조의 아름다움을 유지 보존하게 될 것이다.

죄로 인한 탄식이 나에게 있는가?

나의 삶이 누군가에게 믿음의 증거가 되고 있는가? 우리는 과연 '크리스천 냄새'가 나는 사람인가? 오직 성령으로 삶의 동력을 삼는 것, 이 상태를 붙잡아 놓치지 말아야 가능하다. 이렇게 살아갈 때, 어느새 우리의 입은 하나님을 말하며, 우리의 행동은 하나님을 증거하고 있을 것이다. 성령 충만을 유지하기 위해서 잊지 말아야 할 것이 있다.

첫째, 나는 하나님의 형상대로 지어진 사람이지만, 죄인으로 태어난 존재임을 명심하라.

둘째, 나는 부족하고 교만한 존재라는 것을 항상 상기한다. 나 자신의 부족함을 고백하는 것이 성령 충만의 시작이다.

셋째, 무슨 일을 하든 시작 전에 과연 이 일이 주님과 무슨 관련이 있는가를 상기해 본다. 성령님을 인정하는 만큼 '묻고, 듣고, 순종'이라는 '삼종 세트'를 놓치지 않는다.

"내 속사람으로는 하나님의 법을 즐거워하되 내 지체 속에서 한 다른 법이 내 마음과 법과 싸워 내 지체 속에 있는 죄의 법으로 나를 사로잡는 것을 보는도다" (롬 7:22-23).

성령과 상관없는 그리스도인이나 세상 사람들은 자신이 지은 죄에 대해 별로 개의치 않는다. 후회하거나 죄가 탄로 날까 봐 두려워할 수는 있다. 그러나 죄를 지은 그 자체로 인해 근심하지 않는다.

그러나 거듭난 크리스천은 다르다. 작은 죄에도 민감하게 반응한다. "여호와여 내가 수척하였사오니 내게 은혜를 베푸소서 여호와여 나의 뼈가 떨리오니 나를 고치소서 내가 탄식함으로 피곤하여 밤마다 눈물로 내 침상을 띄우며 내 요를 적시나이다"(시 6:2, 6). 죄로 인해 가슴 앓이하고, 눈물 흘리고, 고통에 잠 못 이루며 탄식한다. 성령께서 내 속사람을 거룩으로 이끄시기 때문이다. 역설적으로 이 탄식은 생명으로 나아가는 탄식이다.

죄로 인한 탄식이 나에게 있는가? 만약 없다면 아직 거듭나지 않았거나, 영혼이 죽은 것이다. 양심이 잠자고 있다거나, 성령의 일하심이 없다는 것이다. 가난한 심령과 애통하는 심령을 가진 사람은 죄로 인해 탄식한다. 죄를 자백하고 슬퍼한다. 자신이 죽을 수밖에 없는 비천한 자임을 안다. 주의 은혜가 아니면 살 수 없음을 고백한다. 그는 자신을 낮춘다. 긍휼로 이웃을 대하고 섬긴다. 이렇듯 죄에 대한 탄식은 영혼이 살아 있다는 증거요, 구원받았다는 확실한 표징이다.

"내 형제여, 내 마음이 굳어 있다는 것을 모르는 사람만이 그 마음이 굳어진 것이고, 그 마음이 완악한지 모르는 사람이 완악한 것이지, 죄로 인해 근심하고 탄식하는 사람은 아직 그 영혼이 살아있고, 하나님을 갈망하는 것이다."

구원과 평안의 관계

나는 하나님을 얼마나 믿고 신뢰하는가? 나에게 '평안'이라는 것과 '비움'이라는 것과 '용기'라는 다양한 것으로 나의 믿음을 테스트할 수 있다. 순결함과 청결함으로 나아가는 순수함은 가장 고귀한 믿음이라 했다. 믿는 만큼 투명함과 투명한 만큼 회개함으로 놀라운 창조의 나를 회복해 간다. 갓난아기들은 씻기는 만큼 자란다고 한다. 성도의 빛나는 영광은 회개하는 만큼 정결해진다. 구원의 열매는 평안이다. "네 믿음이 너를 구원하였으니 평안히 가라"(눅 7:50). 죄를 지은 후, 회개의 응답도 평안이고, 다른 사람을 용서하면 그 용서의 끝도 평안이다.

나에게 구원이란? 해방이다. 억눌렸던 나에게서의 해방, 다시 말하면, 죄에서의 해방, 내적인 무질서에서의 해방, 부끄러운 과거에서의 해방, 미숙한 과거에서의 해방, 물리적 구출 이전에 심리적 구출이다. 심리적, 정신적 구출의 해방이 물리적 구출의 해방도 가져온다. 물리적 해방은 관계에 얽매이지 않고 자유하다.

그럴 때, 영적 관계의 구원, '샬롬'을 이룰 수 있다. 이것은 하나님과의 관계 성공이고, 자신과의 관계 성공이며 타인과의 관계 성공이다. 평안함은 영혼의 완전한 복지이다. 우리가 육체의 복지를 누리듯이,

영혼의 복지는 '절대 평안'이다. 구원은 단순히 적이나 죄에서부터의 해방이 아니라, 세상이 요동해도 흔들리지 않는 내적 평안이다. 그 내적 평안은 하나님과의 관계를 증명해 주는 보증서이다.

 예수님으로 완성된 구원은 죄에서의 해방, 죄를 용서하시고 관계를 회복하시는 구원이다. 삶의 변혁이다. 단순히 미래의 구원이 아니라 현재 삶 속에서 하나님 나라의 현실을 경험하는 것이다. 과거, 세상 것, 자기 자신, 혈육이나, 관계 등 얽매였던 것에서의 해방이다.

 또한, 죽음에서의 해방이다. 단순히 미래에 다가올 죽음이 아니라, 나의 현실적 선택의 문제이다. 죽음에서의 해방, 구원을 이룬 사람은 선택에 있어서 많이 다름을 보여준다. 용기가 있고, 역설적이지만 오늘에 최선을 다하고, 후회 없는 사랑을 한다. 평안이 화평을 이루고 평화를 만들어가는 시발점이 된다. 이것을 우리는 샬롬의 복이라 하고, 샬롬의 확장을 사명이라고 말한다. 이것이야말로 종말론적 믿음이라 이름 붙이고 싶다. 평화의 왕으로 오신 예수님의 승리가 바로 샬롬의 축복이었다. "네 믿음이 너를 구원하였으니 평안히 가라." 평안의 선언, 평안의 화해는 완전한 구원의 열매이다. 더 이상 죄와 묶이지 말고 과거에 얽매이지 말고, 죽음을 두려워하지 말고 내적 평안이 외적 화평을 이루고 세상의 평화를 위한 사명의 길을 가라. 이것이 예수님의 가르침이고 구원의 선물이다.

 평안은 구원의 필연적 결과로서 하나님과 자신과 타인과의 진정한 화해이다. 이것이 예수님이 오신 구원의 목적이시다. 죄에서 해방, 삶에서 얽매인 것들에게서 해방, 죽음에서 해방을 외치자.

좋은 나무가 좋은 열매를 맺는다

"이와 같이 좋은 나무마다 아름다운 열매를 맺고 못된 나무가 나쁜 열매를 맺나니"
(마 7:17)

십자가에서 어디까지 변화, 전환이 되었는가? 십자가와 생명의 연결이 되었는가? 좋은 열매를 맺는 사람은 기준이 확실하다. 삼위일체 하나님을 기준으로, 그의 말씀을 기준으로 삼는다. 그리고 보는 눈이 다르다. 같은 일을, 같은 장소에서 해도 보는 눈은 다를 수 있다. 초점을 자신에게 두어 단순히 인간적으로 멋진 사람이 되기보다는 예수님의 성품에 도전해야 한다. 예수님의 사역의 기준은 오직 하늘의 아버지께 있었고, 자신이 멋진 사람이 되려는 욕구를 죽이고, 아버지의 영광에 초점을 두셨다. 보는 눈, 시선을 나에게서 하늘의 아버지께로 돌려라. 우리가 간과해서는 안 되는 몇 가지를 명심하자.

첫째, 좋은 나무는 생명나무이다. 좋은 나무의 열매는 '자기 행위'의 열매이다. 그 열매는 생명이 있느냐, 없느냐이다. 말씀을 가르치고 선포하는 것과 자기 자신의 삶의 괴리는 가지가 나무에 붙어있지 않는 것과 같기에 열매가 있을 수가 없다. 우리는 살아가며 크고 작은 선택을 하고, 그 선택의 결과를 고스란히 맛보며 살아간다. 병든 생각은 병든 열매를 맺고, 건강한 마음은 건강한 열매를 맺는다. 신앙도 마찬가지이다. 주님의 뜻을 거스르는 생각과 태도가 쌓이면, 내면에 병이 자라고 결국 그것이 삶으로 드러나게 된다. 반대로 말씀을 가까이하며 바르게 살아가면, 영혼 깊은 곳에서부터 거룩한 열매가 맺힌다. "자기 행위의 열매를 먹는다"는 이 말씀은, 신앙의 상태도 마찬가지로 드러난다는 진리이다.

둘째, 좋은 나무는 온전한 열매를 맺는다. 온전함을 바라보고 훈련하라. 온전함은 타고나는 것이 아니라 만들어 가는 것이다. 죄인으로 태어난 우리가 어떻게 온전함을 가지고 태어날 수 있겠는가? 하지만, 온전하게 창조된 나라는 것을 인식한다면 우리는 나 자신을 절대로 포기할 수가 없다. 삶의 기준을 설정하고 바라보는 시선의 방향을 바꾸고 말씀을 실천하고자 하는 훈련은 좋은 인격의 열매와 성령의 열매, 빛의 열매를 거두게 된다. 사람은 어떤 부분은 타고 나지만 삶의 방향과 성품은 행함을 통해 만들어진다. 정직하려는 반복적인 선택을 하라. 정직과 투명함의 반복적 선택이 결국 성실의 열매를 거둔다. 그리스도의 온전함은 단순한 도덕성이 아니라 하나님 앞에서 진실함이다.

셋째, 좋은 나무는 의의 열매를 맺는다. 보는 눈이 없으면 보물을 주어도 흙처럼 보인다. 삶을 바꾸는 것 중에 중요한 부분이다. 지혜 있는 사람은 눈앞에 있는 것을 소중히 여긴다. 그러나 이기적인 사람은 아무리 값진 보물을 주어도 그것을 귀하게 여기거나 깨닫지 못한다. 늘 기회를 놓치고 후회하는 사람이다. 하나님의 관점에서 보라. 관점이 틀어지면 인생의 후회를 남긴다. 하나님을 제대로 알아야 만물도 귀하게 보인다. 하나님의 말씀은 단순한 조언이 아니라 삶을 바꾸는 진리의 거울이다. 말씀과 삶의 괴리를 좁혀, 말씀이 삶과 하나 되게 하라.

온유함이 품고 있는 강함과 부드러움

"나는 마음이 온유하고 겸손하니 나의 멍에를 메고 내게 배우라
그리하면 너희 마음이 쉼을 얻으리니" (마 11:29)

온유함은 내가 참 닮고 싶고 배우고 싶은 예수님의 가장 매력적인성품이다. 온유함이 예수님의 성품이었다면, 우리는 예수님의 성품을 닮아 내기 위하여 훈련을 해야 한다. 예수님의 성품이 우리에게는 타고난 성품이 아니라 훈련이라는 것이다. 온유함은, 겸손, 절제, 사랑, 단호함 그리고 인내의 종합적 성품이다. 다시 말하면 성령의 열매(갈 5:22-23)의 하나로, 성숙한 자의 표지이다.

국어사전의 온유함과 성경에서의 온유함은 본질적으로 다르다. 성경에서의 온유함은 단순한 성격이 아니라, 훈련되고 선택된 영적 자세이다. 폭력 없는 강함, 자기를 낮출 줄 아는 용기, 하나님의 뜻에 순복하는 마음, 진리를 사수하기 위한 단호함이다. 바울의 진리를 위한 단호함과 다니엘과 세 친구의 단호함이 떠오른다.

분노는 열등감이나 상처에서 나온다면, 온유함에서 나오는 단호함은 생명을 지키고 생명을 살린다. 내면의 두려움이 해결되지 않은 사람은 온유함을 가져갈 수가 없다. 착한 척, 타협하고, 비굴하기까지 하다. 내면의 최상의 상태가 만들어 내는 것이 온유함이다. 절대 평안을 기반으로 하기에 하나님 외에 두려울 것이 없다. 진리에 끌려가고, 갇혀

있던 자가 진리의 수호자로서 책임을 다하는 사명자가 된다.

예수님은 하나님이고, 전능자이시다. 그런데 육신의 몸을 입고 계시는 동안에 철저하게 하나님의 뜻대로 사셨다. 어떤 고난 속에서 자신의 힘으로 해결하기 위해서 대항하지 않으시고, 모든 것을 하나님께 맡기셨다. 심지어 십자가의 고난 위에서도, 자신의 전능성을 내려놓으시고, 열두 영이 되는 천군 천사를 동원하실 수 있는 힘을 가지셨지만, 그런 방법을 사용하지 않으시고, 모든 과정과 결과를 하나님의 손에 철저하게 맡기셨다.

예수님의 온유함이 꽃피운 자리가 십자가이다. 이처럼 온유함이란 어떤 상황에서도, 하나님의 선하심을 믿고, 하나님의 인도하심을 바라며 하나님의 뜻 앞에 무릎 꿇는 태도이다. 격분하여 자신의 힘으로 무언가 이루는 것이 아니라, 하나님의 뜻에 자신을 의탁하는 지혜로운 태도이다.

온유는 나약함이나 비겁함이 아니다. 사실 예수님의 온유함은 세상 사람들이 절대로 따를 수 없는 삶이다. 왜냐하면 세상의 눈으로 보면 나약하고, 소극적이고, 무능력한 모습처럼 보이기 때문이다. 오늘날과 같이 자기중심적이고, 약육강식의 삶에서는 무능한 모습처럼 보인다. 그러나 하나님 나라에서 온유는 가장 강력한 능력이자 적극적인 태도이다. 이처럼 온유함이란 성품의 문제가 아니라, 어떤 상황에서도 자신의 힘으로 자신의 뜻을 이루려는 것이 아니라, 모든 것을 하나님의 뜻에 맞추고 자신을 하나님께 맡기는 자이다. 온유함이 품고 있는 강함과 부드러움에 도전해 보자.

신앙의 양심을 살려라

인간의 양심이란, 하나님과의 접촉점이다. 이 접촉점에 양심이 비대해지면 하나님과 초점을 맞추지 못한다. 나무에 못을 박을 때 한 번에 정확하게 박으면 모양도 좋고 튼튼하게 연결된다. 그런 것처럼 하나님과의 접촉점을 살려야 하는데, 그 접촉점이 양심이다. 이 시대는 양심이라는 것을 잊고 사는 시대이다. 그것이 신앙적으로도 묻혀 있기에 영이 둔하고 혼이 마비되고 육적으로 열매가 없다.

양심이 비대해지면 사람이 둔하다. 깨닫는 것도 둔하고, 판단하는 것도 둔하고, 영적으로도 무디어져 굳어 간다. 우리가 암이라는 질병에 대한 두려움은 있으나, 양심에 대해 직면하고 사는 사람이 얼마나 될까? 양심의 마비 이전, 양심의 비대는 사람을 더욱 무지하게 만들고 하나님의 소리보다는 죄의 본능의 소리에 움직이게 하는 영적 마비 상태로 끌고 간다. 양심의 영역은 하나님과의 고도의 강한 접착력이 있는 영역이다. 양심이 민감하고 살아있으면, 영적으로 집중력이 뛰어나게 된다. 그 집중력이 지혜와 만나면, 통찰력이 된다. 양심의 작동에 있어서, 시간과 재능(은사), 물질, 생명과 자녀 그 무엇도 제외될 수 없다.

하나님과 접촉점을 발생, 확산시키려면 신앙의 양심을 살리고 회복해야 한다. 외적인 것으로부터 문제를 찾지 말아라. 그 외적인 결과는 내적인 문제에서 발생된 것이기에, 문제의 원인을 내적인 것으로부터 찾아야 한다. 물론, 온전한 사람은 없다. 죄인으로 태어난 인간은 뒤틀린 목재와 같다. 하지만, 우리는 예수님을 통하여 우리가 정상적인 재목이 아니었다는 것을 알게 되지 않았는가? 뒤틀린 목재, 이것을 바로 잡고 세우기 위해서는 먼저, 양심을 살려야 한다. 그래야 죽어가는 불씨를 살릴 수 있다. 심령의 부흥을 일으킬 수 있다.

양심이 비대해지면, 나타나는 현상이 있다. 하나님의 소리가 안 들린다. 내 생각이 꽉 차 있기 때문이다. 분노 조절을 못해 툭하면 화를 내고 자기방어 기제를 사용한다. 공감 능력이 없어지고, 오해를 잘하며 타인의 입장을 이해하지 못하고 헤아리지 못한다. 자기중심적이라 공사를 구별하지 못하고 어린아이처럼 자기만 생각한다. 도덕과 윤리 의식이 희박해지고 거짓말을 잘하고 위기를 면하려고 양심을 외면한다. 물론 온전한 사람은 없다. 다만 뒤틀린 내면, 그것을 바로 잡는 것이 필요하다.

양심은 하나님이 인간인 피조물에게 허락하신 교제의 장소이다. 이 양심의 영역이 오염되거나 비대해지거나 활동이 멈추어지면 살았다 하는 이름은 있으나, 죽은 자이다. 온전한 자들은 자신이 기준이 아닌, 자신의 욕망이 아닌, 하나님께서 주신 신앙의 양심을 따라 사는 자들이다. 양심을 지키는 방법이 있다. 은혜에 감사하라. 이전에도 현재에도 이후에도 은혜가 아니면 아무것도 아님을 깨닫는 것이 양심을 지키는 일이다.

영적 콧대(자존감)를 높여라

"내가 주께 감사하옴은 나를 지으심이 심히 기묘하심이라
주께서 하시는 일이 기이함을 내 영혼이 잘 아나이다"(시 139:14)

영적인 콧대를 높여라. 그 콧대는 자존감이고 정체성이다. 그 안에 인생의 모든 철학과 신학과 영성이 담겨 있다. 내가 누구이고, 어디로부터 왔으며, 무엇을 하고 어디로 가는지까지, 확실한 답을 가지고 퍼즐을 맞추어 가는 사람은 끝까지 나를 존중하는 자존감을 갖고 산다. 자존감은 곧 용기이다.

영적 자존감 하면 떠오르는 인물들이 많지만, 대표적으로 모세가 있다. 그는 처음부터 자존감을 갖고 태어난 사람이 아니다. 부르심 앞에서도 유약한 모습을 드러내지만, 그는 점진적으로 그가 있어야 할 자리에서 그 자리에 맞는 영적인 콧대를 높인 지도자이다.

자존감이 낮은 사람의 특징은 자책을 많이 하고, 긴장을 많이 하고, 눈치를 많이 보고, 걱정이 많고, 스스로에 대한 기대가 낮고, 비교를 많이 하고, 결정적으로 부정적인 생각을 많이 하고, 거절을 잘 못하고, 인정받고 싶은 마음이 과도하고, 외모에 만족하지 못한다. 그러나 영적인 자존감이 높은 사람은 회개에 익숙하지만, 탄력 회복성이 뛰어나다. 나는 약하지만, 하나님의 능력을 의심하지 않고 모든 해답을 하나님께로부터 찾는다.

하나님의 사명이 부담이 되는가? 그것은 내가 무엇을 해야 한다는 착각 때문이다. 하나님의 말씀이 부담이 되는가? 그것은 하나님의 영광보다는 자신이 드러나고 싶은 욕망 때문이다. 영적 거장들의 인생 전환점은 자존심에서 자존감으로의 전환이다. 자존심은 세상적 기준으로의 평가라면, 자존감은 하나님의 기준의 평가이다. 하나님의 사랑의 위대함은 내가 하나님께 맞추어 가면 갈수록 나를 찾게 해준다는 것이다. 이것이 하나님의 찐사랑이다. 나를 만드신 그분은 하나님을 사랑하라 하시는 이유가 하나님을 위해서가 아니라, 나를 위한 사랑의 방법일 뿐이다.

사랑의 목표와 방법의 다름을 아는가? 사랑의 방법은 오직 하나님께 초점을 두지만, 사랑의 목표는 창조의 나를 회복하는 것이다. 자존감은 어디에서 시작되는가? 창조로부터 씨앗이 되었다. 하나님의 형상을 우리에게 부어 주셨다. 그리고 내면에서 자란다. 나의 내면의 건강 상태에 따라 그 자존감이 어디까지 영향을 미칠지가 결정이 된다. 내면이 하나님의 나라를 이루어 가는 사람은 사랑의 온기 속에서 정체성의 씨가 생명처럼 자라서 내면을 뒤덮어 생명이 에덴이 된다. 세상이라는 바다는 누구에게나 공평하다. 다만, 자존심으로 사는 사람과 자존감으로 사는 사람이 있을 뿐이다.

실패 속에서도 나를 존중하는가? 아니면 자신을 쉽게 포기하는가? 자존감이란 나라는 존재를 끝까지 지켜내는 힘이다. 그리고 그 힘을 가진 사람만이, 삶의 바다 위에서 끝까지 함몰되지 않고 나아갈 수 있다.

영혼의 비대증 vs 영혼의 민감성

"너희는 스스로 조심하라 그렇지 않으면 방탕함과 술취함과 생활의 염려로
마음이 둔하여지고 뜻밖에 그 날이 덫과 같이 너희에게 임하리라" (눅 21:34)

육체의 비대보다 더 무서운 것은 영혼의 비대증이다. 영혼의 비대증은 지도자에게는 더욱 위험하다. 자신의 죄에 대해서도 둔감하고 타인의 대해서도 무관심하게 된다. 이런 사람의 특징은 모든 것에 도전정신이 없을 뿐 아니라 가진 것도 점점 빼앗긴다. 양은 한번 자빠지면 자기 힘으로는 일어나지 못한다. 그래서 목자가 꼭 있어야 하는 이유는 혹시 양이 자빠지게 되면 얼른 찾아가서 막대기와 지팡이로 일으켜 세워야 하기 때문이다. 목회자가 영적으로 혼적으로 둔하면 양을 살필 수가 없다. 목회자는 넘어져 있는 양을 붙들어 일으켜 세울 뿐 아니라 양을 잡아먹는 맹수들의 위협으로부터 지켜주는 일을 한다. 공중의 세력을 잡고 있는 마귀는 하나님의 양 무리 중에 넘어진 양을 먹이로 생각하고 달려든다. 깨어 있고 민감하고 신실한 목자는 하루에도 몇 번이고 양들의 수를 세어보고 혹시 자빠져 있는 양이 발견되면 지체하지 아니하고 붙들어 세워 준다.

목자는 영적으로 민감하여야 양의 상태를 돌볼 수가 있다. 우리가 양을 치는 목자이지만 또한 주님의 돌보시는 양이다. 우리의 선한 목자는 졸지도 주무시지도 않고 우리를 돌보신다. 주님의 돌봄을 받는 우

리가 예수님처럼 선한 목자가 되려면 영혼의 비대증을 버리고 영혼의 민감성을 소유해야 한다.

잘 넘어지는 양들의 특징이 있다. 첫째로, 너무 편한 곳을 찾다가 넘어진다. 양들은 옴폭하고 편한 곳이 있으면 '편해서 좋다.' 하다가 그만 자빠지고 만다. 마찬가지로 우리 생활 속에서 평안이 아닌 편안을 좇다가 영적으로 넘어지기 쉽다.

둘째로, 털이 너무 자라면 넘어진다. 양의 털이 자라는 것은 자연스러운 일이다. 그런데 너무 길게 자라면 거기에 오줌이 묻고 똥이 묻어 마르면 딱딱해지는데 지나가다가 나뭇가지에 걸리면 뱅그르르 돌아서 자빠지게 된다. 성경에서 털은 그리스도인의 낡은 습관에 비유해서 말씀했다. 자기중심의 생활, 꼭 죄라고 말할 수는 없지만 이것이 길어지고 길어지면 자빠지는 경우가 생기게 된다. 우리의 취미나 습관 중에 그것이 꼭 죄는 아니더라도 그것이 길어지고 너무 깊어지면 자빠질 위험이 있는 것이다.

셋째로, 양이 너무 비대해지면 넘어진다. 무기력하고 둔한 사람보다는 민첩하고 눈치도 빠르고 지혜로운 사람이면 좋듯이, 엘리 제사장같이 비대하고 무지한 지도자가 되어서는 안 된다. 우리의 영과 혼이 비대해지면 우리가 사방으로 우겨 싸임을 당해도 모른다. 그러나 영혼이 민감한 사람은 문제의 핵심을 찾아 해결하는 능력이 뛰어나다. 내 영이 편한 자리에 누우려 하지 않는가? 육은 편안을 찾고 영혼은 평안을 찾는다.

늘 겸손과 은혜를 잊지 말아라. 영혼의 비대는 나태하고 게으르다. 둔하고 미련하다. 영혼의 민감성은 영혼이 맑고 투명하다. 지혜롭고 현명하다.

생명을 낳는 기도

기도의 종류는 다양하다. 틈새 기도가 있고, 제자(사도)들이 했던 정시 기도가 있다. 이것은 삶의 우선순위가 기도라는 정해진 시간에 의하여 돌아가는 규칙이다. 호흡 기도도 있다. 들숨과 날숨을 하면서 기도하는 것이다. 그리고 신체 기도가 있다. 금식이나 손가락 기도 등으로 기도에 나의 신체를 굴복시키는 기도이다. 무엇보다 생명을 낳는 기도가 있다. 생명을 낳는다는 것은 내가 죽어도 좋사오니, 내가 죽을 각오를 하고 잉태하는 기도이다. 그리고 낳는 것으로 끝나는 것이 아니라, 자라고 성장하고 독립될 때까지의 책임이 있는 기도이다.

생명을 낳는 기도의 모델은 예수님이시다. 그분의 기도는 참으로 위대한 기도였다. 그 일을 위하여 자기를 굴복시키는 기도, 내가 누구인지, 어디로부터 왔는지, 무엇을 위하여 존재하는지, 반드시 돌아갈 곳이 어디인지에 대한 베이스가 견고하게 깔려 있어야 생명을 낳는 기도가 가능하다. 생명을 낳는 기도가 있다면, 그 생명을 자라게 하는 말씀, 설교가 있다는 것을 명심하자.

기도에 근거를 두지 않는 설교는 자기 과시가 될 수 있기 때문이다. 예수님은 사역과 기도를 따로 떼어 놓지 않으셨다. 일이 기도보다 먼저라고 생각하셨다. 아니, 기도는 가장 중요한 사역이라고 생각하셨다. 기도의 깊이만큼 그 기도는 불병거가 된다. 예수께서 그들에게 항상 기도하고 낙심하지 말아야 할 것을 비유로 말씀하시는 이유는 최고의 적은 낙심이기 때문이다. 그러나 기도하는 사람은 어떠한 상황에서도 낙심하지 않는다.

하나님의 임재 안에 있는 사람은 동행의 기도를 한다. 순간순간 친밀한 대화의 기도를 한다. 듣고 또 묻는다. 하나님께서 우리를 창조하신 목적은 언제나 친밀하게 동행하시는 것이다. 이것이 에녹의 기도이다. 언제나 교제 나누는 것, 교제의 기도는 창조의 목적을 성취하는 중요한 방법이기 때문이다. 그래서 친밀함의 기도는 친구와 이야기함 같은 기도라서 시간 가는 줄 모른다.

모세는 그 친밀한 기도를 즐겼다. 모세를 따르던 여호수아도 그랬다. 우리도 그런 기도를 누려야 한다. 모세보다 더 기도의 자리를 지켰던 여호수아, 엘리야보다 더 큰 은혜를 입은 엘리사처럼 우리는 예수님의 말씀대로 기도가 뒷받침된다면 예수님보다 더 큰 일을 행할 수 있는 자들이다.

시험을 이기는 기도의 힘을 결코 놓치지 말아라. 어떤 사람이 되었든 기도해야 산다. 기도해야 승리한다. 그래서 예수님께서는 기도하지 않음을 강력히 경고하신다. 가장 연약하게 무릎 꿇는 사람이 가장 강한 사람이요 가장 잘 무릎 꿇는 사람이 가장 훌륭한 사람이며, 가장 오래 무릎 꿇는 사람이 가장 오래 서는 자이다.

순종을 가볍게 여기지 말라

"사람의 모양으로 나타나사 자기를 낮추시고 죽기까지 복종하셨으니
곧 십자가에 죽으심이라" (빌 2:8)

기독교 순종의 상징은 십자가이다. 순종은 자기를 비운 만큼 순종할 수 있다. 자기 생각과 자존심, 아집과 교만이 있는 한 순종은 낯설기만 할 것이다. 순종과 비움은 상대성 원리를 가지고 있다. 예수님의 순종은 자기 비움이었다. 하나님과 동등 됨의 포기, 예수님의 자기 비움은 구원의 큰 뜻을 이루시는 순종이었다. 순종이라는 통로를 통하여 뜻을 성취하신 것이다. 반면, 우리가 하나님의 뜻과 영광에 이르지 못하는 이유는 단 하나, 온전히 순종하지 못하기 때문이다. 하나님께서는 예나 지금이나 미래에도 누군가의 순종을 통하여 뜻을 이루신다. 이것이 하나님이 일하시는 방법이다.

순종의 순도는 자신이 비워진 만큼이다. 기독교의 비움은 다시 채우기 위함이다. 나의 죄성을 죽여서 비우고 예수 생명으로 채우고, 땅의 것을 죽이고 하늘의 것을 채우고, 육의 것을 죽이고 영적인 것을 채우는 만큼 순종으로 나타난다.

이 비움을 헬라어로 '케노시스'라고 부른다. 성령께서 예수 안에 충만하게 역사하실 수 있었던 비결이 이 '케노시스'였다. 하나님이신 예수님이 육신으로 살기 위해서는 얼마나 비움의 농도가 깊었는지, 그러

기 때문에 십자가를 지시기까지 순종이 가능했던 것이다.

순종에는 반드시 열매가 따른다. 예수님의 순종의 열매는 모든 하늘의 권세를 그 이름, 예수의 이름에 실어 주셨다. 순종은 마치 시소를 타듯, 자신이 비우고 순종한 만큼 하늘의 권세, 권능, 지혜를 허락하신다. 순종의 열매는 내적으로 외적으로 하늘의 신령한 것으로 채우시는 은혜가 있다.

성경적 케노시스는 내려놓음 정도가 아니라, 죄성의 자아의 죽음이다. 십자가에서의 완전한 죽음이 자기 비움이다. 그리고 반드시 채워야 한다. 비웠으면 채우는 것이 성경의 진리이다. 완전히 비워지지 않고, 신령한 것으로 채워지지 않으면 온전한 순종이 어렵다. 억지로 순종을 흉내는 낼 수 있지만, 순종의 열매는 기대할 수 없다. 온전한 순종은 하늘의 신령한 것들의 열매를 거두게 하는 마지막 관문이다. 하늘의 신령한 것으로 채워진 사람은 순종하고 싶은 마음이 자발적으로 솟아난다. 그 마음의 소원을 따라 하나님께서는 당신의 뜻을 이루게 하신다. 자원하는 마음은 하나님이 가장 기뻐하시는 마음이다.

순종은 최고의 영성이다. 순종은 영적인 영역에서 일어나는 마음이다. 물론, 순종이 영적인 영역의 결정체가 되기 위해서는 혼의 지, 정, 의가 영에 순종해야 한다. 혼이 영에 굴복한 사람을 우리는 겸손한 사람이라 하고 온유한 사람이라 한다. 순종이 어려운 사람은 영적인 사람이라 할 수가 없다. 혼이 강하든지, 육이 강하면 온전한 순종이 어렵기 때문이다. 온전한 순종으로 나의 혼이 영의 지배를 받고, 영을 받쳐 줄 수 있는 영역으로 겸손을 이루고 있는지를 점검할 수 있다.

나의 순종의 레벨은?

"너희가 즐겨 순종하면 땅의 아름다운 소산을 먹을 것이요" (사 1:19)

죄에 순종하면 죄의 종이고, 의에 순종하면 의의 종이 된다. 영이 약하면 순종하기가 힘들고, 죄의 유혹에 약하고, 불안과 두려움이 자리한다. 그러나 영이 강하면 순종이 어렵지 않다. 더 이상 육적인 자아와 싸울 일이 없기 때문이다. 죄성의 자아는 죽고 영적인 자아만이 존재하기 때문이다.

영의 사람에게는 평안과 화평이 있지만 육의 사람은 육적인 관점으로 자신을 바라보기에 모든 것이 불안하다. 그러나 하나님의 관점에서 자신을 바라보는 사람은 순종만 하면 된다는 믿음과 확신이 그를 평안으로 이끌어준다. 평안은 영으로 육을 바라보는 관점이다. 성령의 열매로 사명을 감당하기를 원하는 사람들은 순종의 순도를 높여야 한다. 온전한 순종으로 신의 성품에 참여하기까지 자기 비움과 신령한 것(생명)과 성령으로 채워 창조의 자아 회복으로 거룩을 이루어야 한다.

순종에도 레벨이 있다. 첫째, 제일 낮은 순종은 두려워서 순종하는 것이다. 둘째, 조건부로 순종하는 것이다. 셋째, 수동적이기는 하지만 믿음과 신뢰로 순종하는 것이다. 넷째, 십자가 은혜의 깊이만큼 순종하는 것이다. 다섯째, 가장 아름다운 순종은 능동적인 순종이다. 사랑하기 때문에 결과와 상관없이 순종하고 싶은 마음이다.

이것이 아브라함의 순종이었다. 아브라함의 순종은 관계의 성공이다. 끊어내야 하는 관계(이스마엘)와 혈과 육에 지배받지 않은 사람, 끊어내야 하는 관계와 풀어가는 관계를 분리해서 하나님의 말씀 앞에 철저히 순종한 사람이다. 모리아 산 순종은 하나님의 진심을 다 알고 그분을 믿고 신뢰하는 사랑의 결과로서의 순종이었다. 그가 믿음의 조상이 될 수 있었던 것은 이러한 높은 차원의 순종을 했기 때문이다.

사랑은 온전한 순종으로 완성된다. 작은 것에 순종하고, 입으로 선포한 것에 순종하고 결과에 상관없는 순종이 우리에게도 필요하다. 예수님의 십자가의 순종은 죽음을 넘어 부활을 가져다준 순종이었다. 부활이 없다면 우리는 아무것도 시작할 수 없는 절망적인 죄인에 불과하다. 그러나 예수님의 순종으로 그를 믿는 모든 자들에게 회복의 기회를 주는 영생이 시작 된 것이다.

최고의 순종은 사랑을 위에 기꺼이 희생함으로 하나님을 증명하기 위한 순종, 그 순종을 위해 내가 없다 해도 하나님의 진심만 증명되면 된다는 순종이다. 순종으로 나의 진심을 드러내기 위해서는 하나님의 속성을 잘 아는 사람만이 가능하다. 은혜의 뿌리를 두고 믿음과 신뢰로 사랑을 키워 가는 만큼 순종이 순수해진다. 순종의 레벨이 낮은 사람은 내 생각과 하나님의 뜻이 시소 타기를 하기 때문이다. 자기 이성, 육적인 이기심, 죄에 길들여진 습관은 순종의 레벨을 낮추게 한다. 믿음과 순종은 함께 가는 동행자이다. 믿어지는 만큼 순종하고, 신뢰하는 만큼 순종하는 것이고, 은혜의 깊이만큼, 하나님을 사랑하는 만큼 증명하는 것이 순종이다.

참된 기도는 거룩한 혁명을 낳는다

"이르시되 아빠 아버지여 아버지께는 모든 것이 가능하오니 이 잔을 내게서 옮기시옵소서
그러나 나의 원대로 마시옵고 아버지의 원대로 하옵소서" (막 14:36)

우리는 시대적 사명을 감당하기 위해서 혁명이 필요하다. 하수는 남을 연구하고, 고수는 나를 연구한다. 우리는 전혀 경험해 보지 못했던 새로운 역사의 변곡점을 지나고 있다. 파괴적인 변화를 획기적으로 바꿀 수 있는 대안이 필요하다. 지금은 AI와 기도(성령)과의 대치 시대이다. 성령님은 기도하는 사람을 통해 일하시고, AI는 자기 생각에 사로잡혀 사람의 도구가 된다. 자기 생각에 사로잡힌 사람은 이성과 상식, 합리적인 것에 의지하게 되지만, 기도하는 사람은 하나님의 뜻과 말씀과 성령에 의지한다.

그리스도인에게 기도는 하나님께 공급받는 젖줄이요, 생명줄이다. 영성은 기도하면 살고, 기도하지 않으면 죽는다. 인공지능이 우리의 영성까지는 책임져 주지 못한다. 영적으로 끝까지 살아남을 수 있는 사람은 기도의 사람이다. 우리 삶의 승리의 비결도 기도에 있다. 잘못된 신앙관은 잘못된 신앙을 낳고, 위선적 기도는 위선적 신앙을 낳는다. 참된 기도는 거룩한 혁명을 낳는다.

예수님의 생애는 말씀으로 시작해서 기도로 끝을 맺었다. 예수님의 공생활의 시작에 마귀가 나타나서 세 가지로 유혹했을 때, 예수님께서

는 당신의 권위에 의존하지 않고, 기록된 하나님의 말씀으로 이기셨다. 예수님의 공생애 마지막 순간에 십자가를 지셔야 했을 때, 예수님을 유혹한 것은 "아버지, 하실 수만 있으시면 이 잔이 저를 비켜 가게 해주십시오. 그러나 제가 원하는 대로 하지 마시고 아버지께서 원하시는 대로 하십시오."(마 26:39)였다.

　말씀에서도 알 수 있듯이 십자가 앞에서의 장애물은 마귀가 아니라 예수님, 자기 자신이었다. 마귀보다도 무서운 적은 자기 자신이다. 예수님께 있어서 자기 자신을 이길 수 있었던 비결은 기도였다. 예수님께서 겟세마네 동산에서 땀이 피가 되도록 기도하셨으며, 졸고 있는 제자들에게 기도를 부탁하신 것도 자기와의 싸움에 대한 심각성을 보여주신 것이다. 겟세마네 동산의 예수님의 기도는 자신의 뜻을 하나님의 뜻에 순종시키는 과정이었다. 나 자신을 이기는 비결은 겟세마네 동산의 땀 방울이 핏방울이 되는 예수님의 기도에 있다.

　사단이나 환경을 이기기 위한 기도보다 자기 자신을 이기기 위한 기도는 더 치열하다. 예수님은 마귀, 사단은 말씀으로 충분히 물리치셨다. 그러나 자신을 이기기 위한 기도는 치열했다. 우리는 기도할 때만이 자신을 극복하고 하나님께 영광을 돌릴 수 있다.

변명하는 인생이 아니라 증명하는 인생

변명하는 사람은 자신이 해야 할 일에 있어 책임을 지고자 하는 마음
이 부족해서이다. 그러나 증명하는 사람은 결과로 말한다. 열매로 말
하고자 하는 단호한 결단의 사람이다. 성공하지 못하는 사람들은 한
가지 확연한 공통점이 있다. 실패한 모든 이유를 알고 있으면서 성공
하지 못한 데에 완벽한 변명거리를 가지고 있다는 점이다. 하지만 변
명에는 결과가 바뀌지 않는다. 변명은 자신의 부족함을 품고 가겠다는
자기 선언이다. 부족한 채로 결과를 포기하겠다는 선언이다. 진리는
변명이 아니라 증명이다.

사실 육신의 출생의 계급론으로 자신의 인생을 건다는 것처럼 어리
석은 사람이 없다. 그는 항상 변명하거나 환경 탓을 할 것이다. 흙수저
를 변명 삼지 말고 성장의 발판으로 삼아야 한다. 흙수저이기에 무엇
이든지 도전이 가능하다. 태도를 바꾸면 된다. 변명이 아닌 증명하는
삶으로 말이다. 일반적으로 상흔(상처의 흔적)을 가진 사람은 자신을
흙수저라고 부르는 것은 그만큼 자신이 고생하면서 자랐다는 의미와
환경을 탓하는 마음이 담긴 것이다. 반면, 성흔(보혈의 은혜)의 사람은
고생했던 경험이 성숙해지면서 그것이 은혜였음을 고백하게 된다. 그

소중한 경험을 창피해 하지도 말고 감추려고 하지도 않는다. 나 역시 어린 시절의 갈등이나 어려움 등을 절대로 부끄럽게 생각하지 않는다. 다른 사람을 이해할 수 있는 참고서로 여기고 있다. 그 경험들이 있어서 지금의 내가 존재하기 때문이다.

금은 나무를 키울 수 없지만, 흙은 얼마든지 생명으로 나무를 키워낸다. 내가 흙수저임을 인정하고, 성장, 성숙, 성화하겠다는 의지를 품으면 내 안에서 금보다 귀한 자신감, 확신과 믿음이 이를 증명해 준다. 중요한 건 나의 가치관이다.

"내가 여호와의 명령을 전하노라 여호와께서 내게 이르시되 너는 내 아들이라 오늘 내가 너를 낳았도다"(시 2:7). 이 믿음이 강할수록 의지는 더 강해지고, 의지가 강할수록 믿음은 빛이 나고 결과물을 가져다 준다. 나는 반드시 내가 누구인지를 증명해 내야 하는 사람이다. 성장의 의지 없이 계속 변명거리로서의 흙의 가치를 찾지 못한다면 그 흙은 어두움이요, 두려움 속에서 벗어나지 못할 것이다. 영원히 흙 속에 묻혀서 발굴되지 않는 금덩어리가 되어 버리는 것이다.

어두움(두려움) 속에서 헤어 나오지 못하는 사람은 한번 변명하기 시작하면 한도 끝도 없다. 변명도 습관이다. 변명 자체를 하지 않겠다고 선언하라. 그리고 책임을 지겠다고 선포하라. 그 책임은 내가 누구인지를 증명해 내는 것이다. 심지어 정당한 변명이어도 하지 마라. 그냥 증명하라. 오늘 일어난 일, 이유가 불가항력적일지라도 사과하고, 회개하고, 변명보다는 설명하자. 일단, 죄송하다고 말해라. 그리고 다시 결과로 증명하겠다고 확신 있게 선포하라.

생명나무를 통한 번성과 확장

"그러므로 너희가 그리스도 예수를 주로 받았으니
그 안에서 행하되 그 안에 뿌리를 박으며 세움을 받아 교훈을 받은 대로
믿음에 굳게 서서 감사함을 넘치게 하라"(골 2:6-7)

우리는 생명나무이다. 예수님께서 십자가에서 흘리신 보혈의 피가 생명나무의 씨가 되었다. 그 씨를 우리는 마음의 밭에 심었고, 그 씨앗이 나무가 되었다. 사람들은 사과나무를 심었다면 어디에 관심을 둘까? 목적이 과수라면 열매이고, 관상수라면 꽃일 것이다. 자연의 이치나, 농사 법에는 오차가 없이 순서나 질서를 잘 따른다. 하지만 영적인 것에는 무질서하고, 진리의 법을 따르지 않기에 영적인 효과를 보지 못한다. 생명나무가 꽃으로, 향기와 열매로 풍요를 누리기 위해서는 반드시 나무의 뿌리에 관심을 두어야 한다. 꽃보다 뿌리에 관심을 가지는 것이 영성이다. 표면적인 것보다 이면적인 것, 바깥이 아니라 안을, 외적 활동보다 내면세계에 더 심혈을 기울이는 것이 영성이다. 내가 무슨 일을 얼마나 했느냐보다 그 일을 통해 어떤 영향력을 주는 것인가를 생각하는 것이 영성이다.

나무의 생명은 뿌리에 있다. 많은 사람들이 꽃과 열매에 관심을 두지만 영성이 깊은 사람은 뿌리에 관심을 둔다. 뿌리가 없는 꽃은 조화에 지나지 않는다. 오늘날 많은 사람들은 뿌리를 깊이 내리는 작업보다 열매만 맺으려고 한다. 뿌리를 내리는 인고의 과정을 피하고 싶어 한

다. 영성이 없으면 내면의 소통도 없고 생각의 깊이와 삶의 의미를 찾지 못한다. 겉으로 보이는 것에 만족하다 시간을 허비한다. 영성은 높아짐이 아니라, 깊어짐이다. 깊어질수록 더 많은 것을 채울 수 있다. 영성은 화려한 곳에 있는 것이 아니라 보이지 않는 곳에서 자란다. 뿌리내리는 영성을 가진 자가 세상의 유혹에서 이길 수 있다. 겉으로 보이는 허세와 외형적인 것에 휩쓸리지 않는다. 세상의 것을 많이 가지고 있더라도 마음이 굳어지고 삶의 의미를 찾지 못하고 외형적인 것에 마음을 빼앗기다 보면 그 영혼이 피폐해지고 있다는 증거이다.

그리스도에게 뿌리를 내릴 때 존재론적인 변화가 일어난다. 누구에게 뿌리를 내리느냐에 따라 삶의 내용과 질이 달라진다. 유진 피터슨은 "영성은 살아계신 하나님을 향한 깨어 있는 관심이며 공동체 속에서 우리가 하나님을 향해 드리는 신실한 반응이다."라고 했다. 영성은 하나님과 친밀한 관계에서 자란다. 하나님을 만나는 내면세계 즉 마음의 정원(에덴)을 잘 가꾸어야 한다. 우리 자신의 마음에 온갖 잡다한 세상적인 더러운 것이 자리 잡지 않도록 내면을 가꾸어야 한다.

생명나무이신 예수님께 뿌리를 내린 나무의 많은 열매는 삶의 번성과 내면의 확장이다. 그 생명나무의 다양한 열매는 성령님의 일하심이다. 다양한 열매의 씨앗이 성령의 바람을 타면서 내면에 뿌려진 씨앗으로 또 다른 나무가 되어 번성의 양식이 된다. 우리는 내면의 풍요를 위하여 내면의 것으로 나누고 먹이고, 살리는 생명의 사람들이다.

주님과 함께 걷는 하루는 기적을 낳습니다

하루 영성의 기적

초판 2쇄 ┃ 2026년 1월 25일

지 은 이 ┃ 임교희
펴 낸 이 ┃ 이규종
펴 낸 곳 ┃ 엘맨
　　　　　　 서울시 마포구 토정로 222
　　　　　　 한국출판콘텐츠센터 422-3
전　　화 ┃ 02-6401-7004
팩　　스 ┃ 02-323-6416
홈페이지 ┃ www.elman.kr
메　　일 ┃ elman1985@hanmail.net
등　　록 ┃ 제13-1562호(1985.10.29.)

I S B N ┃ 978-89-5515-823-6
정　　가 ┃ 19,500원